ISBN 978-0-259-02912-0
PIBN 10709051

1 MONTH OF
FREE
READING

at
www.ForgottenBooks.com

By purchasing this book you are eligible for one month membership to ForgottenBooks.com, giving you unlimited access to our entire collection of over 700,000 titles via our web site and mobile apps.

To claim your free month visit: www.forgottenbooks.com/free709051

English
Français
Deutsche
Italiano
Español
Português

www.forgottenbooks.com

Mythology Photography **Fiction**
Fishing Christianity **Art** Cooking
Essays Buddhism Freemasonry
Medicine **Biology** Music **Ancient**
Egypt Evolution Carpentry Physics
Dance Geology **Mathematics** Fitness
Shakespeare **Folklore** Yoga Marketing
Confidence Immortality Biographies
Poetry **Psychology** Witchcraft
Electronics Chemistry History **Law**
Accounting **Philosophy** Anthropology
Alchemy Drama Quantum Mechanics
Atheism Sexual Health **Ancient History**
Entrepreneurship Languages Sport
Paleontology Needlework Islam
Metaphysics Investment Archaeology
Parenting Statistics Criminology
Motivational

DOMINION BUREAU OF STATISTICS
CANADA

SEVENTH CENSUS OF CANADA, 1931

NOVA SCOTIA

CENSUS OF AGRICULTURE

Published by the Authority of
The HON. R. B. HANSON, K.C., M.P., Minister of Trade and Commerce

OTTAWA
J. O. PATENAUDE, I.S.O.
PRINTER TO THE KING'S MOST EXCELLENT MAJESTY
1934

PREFACE

The present bulletin, one of a series which will deal with each province in turn, gives for Nova Scotia the complete results of the Census of Agriculture, taken as of June 1, 1931.

The Introduction reviews briefly the history of agriculture in the province dating back to the earliest times.   Comparative statistics are given back to 1901 for the province as a whole.   In the general tables nearly all the data are given by counties, and in certain cases by county subdivisions.

When all the provinces have been dealt with in this way, the bulletins will be brought together in one volume, with a comprehensive introduction and summary for Canada as a whole.   There is also in the course of preparation a monograph on the agriculture of Canada which will analyse conditions and progress in complete detail.

The materials for this bulletin were prepared under the direction of A. J. Pelletier, Acting Chief of the Branch, and under the immediate supervision of O. A. Lemieux, M.B.A., as in charge of the Agricultural Section of the Census Branch.

R. H. COATS,
Dominion Statistician

November 14, 1931.

PREFACE

TABLE OF CONTENTS

INTRODUCTION

INTRODUCTION—Con.

INTRODUCTION—Con.

GENERAL TABLES

COMPARATIVE TABLES

DETAILED TABLES BY COUNTIES

Dominion Statistician: R. H. Coats, LL.D., F.R.S.C., F.S.S. (Hon.)
Acting Chief, Demography Branch: A. J. Pelletier

INTRODUCTION

This bulletin presents the statistics of agriculture for the province of Nova Scotia, as compiled from the data obtained in the census of June 1, 1931. Preliminary bulletins have been published giving the number and size of occupied farms, the number of live stock on farms, acreages, tenure, values, mortgage debt, farm expenses, the acreages of the various crops for 1931 and the acreages and production for 1930. Wherever possible, the figures for 1921, 1911 and in some cases 1901, were included in order to show the development which has taken place between censuses.

Date of the Census.—The census of 1931, like that of 1921 and 1911 was taken as of June 1st, while the census of 1901 was taken as of April 1st, and that of 1891 as of April 5th. This should be kept in mind when comparisons of live stock are made, as a census taken in June will include a large number of animals not born in April.

Year to which Census Figures Apply.—The statistics of farms, farm operators and farm property, including size, condition, value, tenure, mortgage debt, farm facilities, animals, and acreage under crops, relate to June 1, 1931, while all records of production, values of farm products and expenses relate to the year 1930, except those of maple syrup and sugar which represent the 1931 crop.

Method of Taking the Census.—For the purpose of taking the census, the province was divided into 873 enumeration areas, 711 of which contained farms, the remainder being located in urban centres. An enumerator was appointed for each area, and it was his duty to visit every farm in his district to secure the information asked for on the schedules. The information was secured from the farmer himself or from a competent member of his family. The schedules were then forwarded to Ottawa after having been examined by the census commissioners, where they were edited by a trained staff; any schedule whereon the information did not appear correct was sent back to the enumerator to obtain the necessary data to complete the record.

To render the collection of data easier and more accurate, an advance schedule was mailed to every farmer before the time of taking the census so that he might have an opportunity to study the schedule and to prepare his answers before the visit of the enumerator.

Accuracy of Census Figures.—The census figures are tabulated from information secured directly from the farmers. Those relating to farm population, farm workers, tenure, area and condition of occupied, improved and unimproved lands, acreages planted in the spring of 1931, farm mortgages and taxes, are based on facts which at the time of the visit of the enumerator were fresh in the farmer's mind. The value of individual farms, buildings, implements and live stock at the date of the census also represent conditions with which the farmer and the enumerator were thoroughly familiar and competent to record. On the other hand, the acreage, production and value of crops and data concerning animal products for the year 1930 were in most cases given by the farmer from memory, as few farmers keep actual accounts; however, a close examination of the farm schedules shows that enumerators and farmers alike co-operated in the most effective way possible in the taking of the census.

General Farm Schedule.—The general farm schedule for the census of 1931 contained 605 questions, 19 of which referred to operators, population and farm workers; 7 to farm acreage and tenure; 10 to condition of land; 5 to farm values and mortgage debt; 9 to farm expenses; 21 to farm facilities; 165 to crops and their disposition; 3 to irrigation; 149 to gardens, orchards, greenhouses and nurseries; 30 to forest products on farms; 5 to maple products; 14 to co-operative marketing; 56 to the various classes of live stock; 27 to animal products; 4 to young animals raised on farms; 16 to animals slaughtered on farms; 28 to animals sold alive; 23 to animals bought during 1930 by the farm operator; and 14 to pure-bred live stock.

There were also two other schedules, one for "vacant and abandoned farms" and one for "non-resident farms". In previous censuses, the enumerator was required to obtain from each farm operator the total value of each kind of grain or other field crop produced on his farm in the census year. This inquiry was omitted from the general farm schedule and instead the enumerator was required to give an estimate of the average value per ton, bushel or pound of each of the field crops produced in his enumeration area. The prices quoted were to be those obtained on the average by the farmers in the subdistrict, at the local market.

Several questions were asked for the first time in the census of 1931. These new inquiries were as follows:—

(1) Farm workers, males and females.
(2) Farm population.
(3) Movement of population, *i.e.*, persons who have left the farm to live in a city, town or village, and persons who have left a city, town or village to live permanently on the farm.
(4) The following items of farm expenses were included: expenditures for spraying chemicals, electric current for light and power, and taxes paid or payable on land and buildings.
(5) Farm mortgages.
(6) Kind of road adjoining the farm.
(7) Distance to the nearest market town and railway station.
(8) The number of binders, combines, headers, threshing machines, cream separators, milking machines and silos were collected for the first time.
(9) The number of farmhouses having running water in the kitchen and in the bathroom.
(10) The number of radios.
(11) Animals bought in 1930 by the farm operator and their disposition.

EXPLANATION OF TERMS

Farm.—A "farm" for census purposes consists of any tract of land, whether owned, rented or operated by a manager, of one acre or more which produced in the year 1930 agricultural products to the value of $50 or over or which was under crop of any kind or employed for pasturing in 1931.

"Vacant" or "Abandoned" Farms.—This term refers to parcels of land, part or all of which had been brought under the plough and cropped but are now unoccupied; it refers to farms upon which a certain amount of breaking was done and crops grown, or to farms upon which part or all the trees and stumps had been cleared and cropped but are now either "vacant" or "abandoned".

Farm Workers.—This term relates to the number of persons, male or female, who are employed to perform the work of the farm, exclusive of housework. These may be members of the family of the operator who are 14 years old and over, or hired persons, either employed the year round or to do seasonal work. In the case of temporarily hired employees, a certain amount of duplication is bound to take place, because a person might have worked on three or four different farms during the year 1930, and in that case would have been reported by each farm.

Farm Population.—Each farm operator was required to give the total number of persons living on the farm. The purpose of this inquiry was to elicit information regarding the number of people directly dependent on the farm for their livelihood.

Farm Operator.—This term is employed in the census to designate the person who directly works the farm whether as owner, hired manager, tenant or cropper.

"Fully owned" Farm.—A farm where the total area is owned by the operator, whether or not the farm is free of mortgage debt.

"Partly Owned, Partly Rented" Farm.—A farm where the operator owns a part of the land and rents the remainder.

Farms Reporting.—This term as used in the various tables means the number of farms that reported the item in question.

Acreage of Occupied Land.—This acreage includes considerable areas of land which are not actually under cultivation, and some of it not even under pasture, since the farmer was asked to report all lands under his control or operated by him.

Improved Land.—This term is employed in the census to mean all land which has been brought under cultivation and is now fit for the plough, including orchards, gardens and land occupied by buildings.

Farm Values.—Here is meant the value of the entire farm consisting of all the land, whether owned, rented or managed by the farm operator, and all farm buildings and improvements attached to the land. The enumerators were instructed to accept as true value the amount for which the farm would sell under ordinary conditions and not at forced sale. The valuation given by the person reporting was accepted unless there was reason to believe that such valuation was below the actual value of the farm or was exaggerated.

The value of buildings was not intended to be the original cost or the replacement value, but just a fair estimate of the buildings as they stood at the date of the census. This also applies to the value of implements and machinery and the value of live stock as given by the farmer. These values are largely estimates but they are things that the farmer as well as the enumerator has experience in valuating and can as a rule be taken as trustworthy

Mortgage Debt.—The amount of mortgage to be reported was not only the debt secured by a "mortgage" but also debts protected by deeds of trust, judgments, or by any legal instrument that partakes of the nature of a mortgage and has the same legal effect. The answer to this question did not include any debts covered by crop liens, nor any debts secured by liens on implements and machinery or on live stock.

Taxes.—This inquiry related to the farm property owned by the operator and should not include any farm lands rented or operated by managers.

EARLY DEVELOPMENTS

Of the early agricultural developments of Acadia (now Nova Scotia and New Brunswick) very little is known beyond the fact that in 1604 Mr. de Monts' Company sent settlers to Acadia under the command of Champlain and Poutrincourt, and in 1605 Port Royal was founded with 44 settlers.

In 1671 the population of Acadia reached 423, with 429 "arpents" under cultivation, 866 horned cattle, 407 sheep and 36 goats. Fifteen years later in 1686 the population was 831, the "arpents" under cultivation 896, and the settlers owned 986 horned cattle, 759 sheep and 608 swine. In 1693 the population was 989, the "arpents" under cultivation 1,832, and the live stock was as follows: horned cattle 1,648, sheep 1,910, swine 1,164. In 1698 there were 1,616 fruit trees growing. This statement is of interest in view of the later developments of the fruit industry in Nova Scotia. A record also exists of apple trees being planted in 1633.

In 1701, or nearly one hundred years after Port Royal was founded, the population of Acadia was 1,134 with 1,136 "arpents" under cultivation, 1,807 horned cattle, 1,796 sheep and 1,173 swine. In 1707 the population had increased to 1,473 and domestic animals accounted for 2,419 horned cattle, 2,591 sheep and 2,055 swine.

Several other records of population exist but no other record of agriculture is available until 1767 when a census of Nova Scotia was taken.

It is not surprising that agriculture did not develop in those early days, when the fate of the country was unsettled and the prevalent tendency was to divert the attention of the settlers from agriculture to the fisheries.

In 1767, Michael Francklin, Lieutenant Governor, makes the following statement (Colonial Office Report) regarding the Census of Nova Scotia taken in 1766:—

Total population.. 11,779
    White.. 11,650
    Indians... 28
    Negroes.. 101

Agriculture—

Horses................	1,022	Goats................	22
Horned cattle............	10,773	Swine................	3,101
Sheep................	6,258		

Crop of 1766—

Wheat................	15,906 bushels.	Oats................	14,486 bushels.
Rye................	13,480 "	Beans................	60 "
Peas................	6,343 "	Hemp seed................	28 "
Barley................	11,192 "	Flax seed................	1,625 "

In the early days of British occupation, the settlement of Nova Scotia was attended with countless difficulties. "It has been the misfortune of Nova Scotia to have suffered alike from its enemies and friends. By the former it had been represented as the abode of perpetual fog and unrelenting sterility, and by the latter as the land of the olive and grape. Many of the Loyalists who emigrated to this country and experienced a total failure of their hopes in consequence of their precipitate and ill-judged attempt to make the formation of towns precede the cultivation of the land, returned in disgust to the United States and attributed their misfortunes to the poverty of the soil and the inclemency of the climate, rather than to their own indiscretion. The repining of these people converted the name of Nova Scotia into a proverb, and this "ultima thule" of America became the terror of nurseries. The desertion of Shelburne and other places had the same effect in Great Britain, where it is regarded as a place of great political importance, but of little intrinsic value".—Haliburton's Nova Scotia, Vol. II, page 358.

It was only after these erroneous ideas had disappeared that agriculture in Nova Scotia started to forge ahead. During the period from 1766 to 1871 there are several censuses and statements of population that are available, but not very many data on agriculture. Tables I and II give a summary of some of the agricultural information available for the period.

The population of the province of Nova Scotia has increased about 25 times in the first hundred years of British occupation, and agriculture has increased in about the same proportion during the period.

TABLE I.—POPULATION, ACREAGES AND FIELD CROPS, 1767-1861

Item	Unit	1767	1827	1851	1861
Population........	No.	11,779	123,630		
No. occupied in agriculture........	"	–	–		
Acreage improved........	ac.	4,911	292,009		
Wheat........	bu.	18,230	152,861		
Barley........	"	11,380	–		
Oats........	"	14,799	–		
Rye........	"	16,726	–		
Buckwheat........	"	–	448,627		
Corn........	"	–	–		
Peas and beans........	"	6,801	–		
Hay........	tons	–	163,212		
Potatoes........	bu.	–	3,278,280		
Turnips........	"	–	–		
Other roots........	"	–	–		
Maple sugar........	lb.	–	–		

TABLE II.—NUMBER OF LIVE STOCK, 1767-1861

Item	1767	1827	1851	1861
Horses........	1,237	12,951	28,789	41,927
Horned cattle........	12,602	110,818	243,713	262,297
Sheep........	7,837	173,731	282,180	332,653
Swine........	3,479	71,482	51,533	53,217

POPULATION, FARM WORKERS, FARM HOLDINGS AND LAND AREA, 1931

The total land area of the province of Nova Scotia is placed at 13,275,520 acres, 4,302,031 acres or 32·4 per cent of which were occupied as farm land on June 1, 1931. The area of possible farm land is estimated at 8,092,000 acres and 53·2 per cent of it was occupied at the same date. In 1921, 4,723,550 acres were occupied forming 35·6 per cent of the total land area and 58·4 per cent of the possible farm land.

TABLE III.—POPULATION, FARM HOLDINGS AND AREAS, 1851-1931

Item	Unit	1851	1861	1871	1881	1891	1901	1911	1921	1931
Population	No.	276,854	330,857	387,800	440,572	450,396	459,574	492,338	523,837	512,846
Urban	"	20,749	25,026	32,082	63,542	76,993	129,383	186,128	227,038	231,654
Rural	"	256,105	305,831	355,718	377,030	373,403	330,191	306,210	296,799	281,192
Per cent rural	p.c.	92·5	92·4	91·7	85·6	82·9	71·8	62·2	56·7	54·8
Area of possible farm land	ac.	8,092,000	8,092,000	8,092,000	8,092,000	8,092,000	8,092,000	8,092,000	8,092,000	8,092,000
Number of occupied farms	No.	–	–	46,316	55,873	(1)64,643	54,478	52,491	47,432	39,444
Area of occupied farms	ac.	–	–	5,031,217	5,396,382	6,080,695	5,080,901	5,260,455	4,723,550	4,302,031
Per cent of possible farm land	p.c.	–	–	62·2	66·7	75·1	62·8	65·0	58·4	53·2
Area improved	ac.	839,322	1,028,032	1,627,091	1,880,644	1,993,697	1,257,468	1,257,449	992,467	844,632
Per cent of possible farm land	p.c.	10·4	12·7	20·1	23·2	24·6	15·5	15·5	12·3	10·4
Per cent of area occupied	p.c.	–	–	32·3	34·9	32·8	24·7	23·9	21·0	19·6
Average acreage per farm	ac.	–	–	108·6	96·6	94·1	93·3	100·2	99·6	109·1
verage acreage of improved land per farm	ac.	–	–	35·1	33·6	30·8	23·1	23·9	20·9	21·4
Occupied in agriculture	No.	31,604	47,249	49,769	63,684	61,403	54,084	48,713	49,246	44,032
Acres of land per person occupied in agriculture	ac.	–	–	101·1	84·7	99·0	93·9	108·0	95·2	97·7
Acres of improved land per person occupied in agriculture	ac.	26·5	21·7	32·7	29·5	32·5	23·2	25·8	20·1	19·2

(1)Includes plots of less than one acre. ·

A study of Chart I together with Table III shows that whereas the total population reached its maximum in 1921 the rural population was at its maximum in 1881 and has steadily decreased since. The urban population on the other hand has increased steadily to reach its maximum of 231,654 in 1931. The number of persons occupied in agriculture as shown by the census of occupations reached a maximum of 63,684 persons in 1881 and has decreased to 44,032 in 1931.

For the first time, in the census of 1931, a statement of the farm population and the farm workers was required on the agricultural census schedule. The farm population of Nova Scotia was 177,690 or 34·6 per cent of the total population in 1931 and 63·2 per cent of the rural population. Here, comparison is not possible with the past censuses, but it shows that 36·8 per cent of the rural population has no connection with the farm and principally represents persons living in small hamlets. Of the people occupied in agriculture (Table IV) 54,970 were members of the family, 1,612 were permanently hired men and 17,312 were temporarily employed. In the year 1930, $2,460,200 were paid for 200,798 weeks of hired labour by 10,991 farmers, an average of $223.84 per farm. The remaining 28,453 farmers of Nova Scotia do not have to depend on outside labour for their farm operations. If 83,824 weeks are taken from the total to allow for the time taken for the 1,612 permanent employees, there remains for the 17,312 temporarily employed persons 116,974 weeks or 6·8 weeks per person.

CHART I.—TOTAL, RURAL AND URBAN POPULATION, AND NUMBER OF PERSONS GAINFULLY OCCUPIED IN AGRICULTURE, 1851-1931

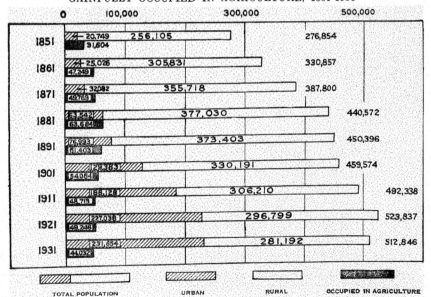

Table IV gives the number of farm workers and the number of weeks of hired labour in 1930 by size of farm, and per 1,000 acres of occupied and improved land.

TABLE IV.—NUMBER OF FARM WORKERS AND NUMBER OF WEEKS OF HIRED LABOUR, 1930, BY SIZE OF FARM AND PER 1,000 ACRES OF OCCUPIED AND IMPROVED LAND, 1931

Size of holding	Family workers	Permanent employees	Temporary employees	Weeks of hired labour
All occupied farms.............................	54,970	1,612	17,312	200,798
1- 4 acres...............	3,117	15	329	1,224
5- 10 "	3,696	19	669	3,018
11- 50 "	12,595	139	2,854	20,567
51-100 "	14,473	330	4,077	43,378
101-200 "	14,007	510	5,440	65,540
201-299 "	3,036	197	1,622	24,148
300-479 "	2,988	·243	1,645	26,840
480-639 "	644	91	295	8,036
640 acres and over...............	414	68	381	8,047

NUMBER OF WORKERS AND WEEKS PER 1,000 ACRES OF OCCUPIED LAND

All occupied farms...............	12·8	0·4	4·0	46·7
1- 4 acres...............	503·6	2·4	53·2	197·7
5- 10 "	162·8	0·8	29·5	132·9
11- 50 "	41·4	0·5	9·4	67·6
51-100 "	16·6	0·4	4·7	49·9
101-200 "	9·2	0·3	3·6	43·2
201-299 "	6·4	0·4	3·4	50·5
300-479 "	4·6	0·4	2·5	41·0
480-639 "	3·3	0·5	1·5	41·1
640 acres and over...............	1·6	0·3	1·5	31·7

NUMBER OF WORKERS AND WEEKS PER 1,000 ACRES OF IMPROVED LAND

All occupied farms...............	65·1	1·9	20·5	237·7
1- 4 acres...............	613·0	2·9	64·7	240·7
5- 10 "	282·4	1·5	51·1	230·6
11- 50 "	133·6	1·5	30·3	218·1
51-100 "	65·4	1·5	18·4	196·0
101-200 "	46·1	1·7	17·9	215·7
201-299 "	35·0	2·3	18·7	278·1
300-479 "	34·5	2·8	19·0	310·1
480-639 "	34·2	4·8	15·7	426·4
640 acres and over...............	28·0	4·6	25·8	543·9

This table indicates that small farms have more workers per acre of land than the larger ones.

Movement of Population.—During the year June 1, 1930, to May 31, 1931, there were 2,354 persons who left the farm to go to a city, town or village and 2,106 who left cities, towns or villages to go to farms, leaving a net decrease in the farm population of 248 persons.

Condition of Farm Land.—Table III and Chart II show that the acreage occupied and the acreage improved reached their maximum in 1891 and have declined since. The average acreage per farm was 108·6 acres in 1871 and declined to 93·3 in 1901 and rose to a maximum of 109·1 in 1931. The number of

CHART II.—ACREAGE OCCUPIED, IMPROVED AND IN FIELD CROPS, 1871-1931

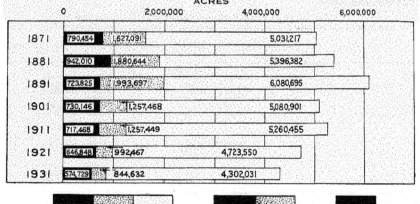

occupied farms increased to reach a maximum of 64,643 in 1891 and steadily declined until 1931 when it stood at 39,444, a decrease of 25,199 or 39·0 per cent in forty years. The decrease in occupied land in the same period was 1,778,664 acres or 29·3 per cent and in improved land 1,149,065 or 57·6 per cent. The average acreage of improved land per farm declined from 35·1 acres in 1871 to a low point of 20·9 acres in 1921, but increased to 21·4 acres in 1931. The ratio of improved land to occupied land has declined from a maximum of 34·9 per cent in 1881 to 19·6 per cent in 1931.

In comparisons involving the census of 1891 it should be remembered that in that census the plots under one acre were included in the number of occupied farms and that natural pasture was included with the improved pasture. These two factors may have unduly increased the number of farms and the acreage of improved land in that year and may tend to destroy the value of comparisons between 1891 and more recent censuses.

The acreage under field crops in 1931 was 574,729 as compared to 646,848 in 1921 and 717,468 acres in 1911, a decrease of 72,119 or 11·1 per cent from 1921 and 142,739 acres or 19·9 per cent from 1911. It is well to remember, however, that while acreages have declined from 1881 to 1931, crops which require more intensive cultivation are now being grown. The acreage under field crops decreased from 942,010 acres in 1881 to 574,729 acres in 1931 a decrease of 39·0 per cent (see Chart II). On the other hand, the acreage under orchard, small fruits and gardens increased from 21,624 acres to 48,943 acres or 126·3 per cent during the same period. It should be noted that in 1881 the area under field crops was calculated by subtracting the area in pasture, gardens and orchards from the improved acreage.

Table V gives the per cent distribution of land according to its condition and use 1891-1931.

TABLE V.—PER CENT DISTRIBUTION OF OCCUPIED LAND ACCORDING TO CONDITION AND USE, 1891-1931

Item	1891	1901	1911	1921	1931
Occupied land..	100·0	100·0	100·0	100·0	100·0
Improved..	*32·8*	*24·7*	*23·9*	*21·0*	*19·6*
Field crops......................................	11·9	14·4	13·6	13·7	13·4
Fallow..	(1)	(1)	(4)	0·4	0·2
Pasture...	(2)16·3	(1)	(1)	5·3	3·9
Orchard and small fruits.................	0·5	0·7	0·8	0·9	1·1
Other..	(1)	(1)	(1)	0·7	1·0
Unimproved...	(3)*67·2*	*75·3*	*76·1*	*79·0*	*80·4*
Woodland..	(1)	56·0	55·4	56·6	58·2
Natural pasture...............................	(1)	(1)	15·8	17·2	17·3
Marsh or waste land........................	(1)	(1)	4·9	5·2	4·9

(1)Not available.
(2)Includes natural pasture (unimproved).
(3)Does not include unimproved pasture
(4) Less than one-tenth of one per cent.

The above table shows that the unimproved land has increased steadily in proportion to the occupied land from 1891 to 1931.

SIZE OF FARMS

Farms by Size.—Table VI shows the distribution of farm holdings by size from 1881 to 1931 and also the per cent distribution. The number of farms from 1 to 10 acres has steadily decreased with the exception of 1891 when a considerable number of plots of less than one acre were included. It will be observed that the group of farms from 51 to 100 acres has been the largest in every census since 1891. The farms from 11 to 50 acres were second in 1881 and from 1901 to 1931, while the group of larger farms of 201 acres and over has fluctuated considerably.

TABLE VI.—FARMS CLASSIFIED ACCORDING TO SIZE, 1881-1931

Item	1881	1891	1901	1911	1921	1931
Total..	55,873	64,643	52,491		47,432	39,444
1- 10 acres.............................	12,471	(1)18,428	10,992		7,848	5,523
11- 50 "	13,536	13,857	12,652		12,031	9,616
51-100 "	14,504	15,324	13,278		12,520	10,325
101-200 "	10,742	11,634	10,717		10,581	9,526
201 acres and over......................	4,620	5,400	4,852		4,452	4,454
Total..	100·0	100·0	100·0		100·0	100·0
1- 10 acres.............................	22·3	(1)28·5	20·9		16·5	14·0
11- 50 "	24·2	21·4	24·1		25·4	24·4
51-100 "	26·0	23·7	25·3		26·4	26·2
101-200 "	19·2	18·0	20·4		22·3	24·1
201 acres and over......................	8·3	8·4	9·3		9·4	11·3

(1)Includes plots of less than one acre.

Table VII shows the number of farms and their acreage classified according to size for 1921 and 1931 together with the numerical and proportional increase or decrease in the decade and the proportional distribution. The number of farms of 1 to 4 acres decreased by 1,408 in the past decade accompanied by a similar proportional decrease in area.

The 5 to 10 acres group of farms decreased by 917 farms bringing the area of the group down by 6,591 acres. In 1921 it contributed 0·6 per cent of the total area of farms as against 0·5 per cent in 1931. The 11 to 50 acres group occupied 25·4 per cent of the total number of farms in 1921 and 24·4 per cent in 1931 but

CHART III.—FARMS BY SIZE, 1931

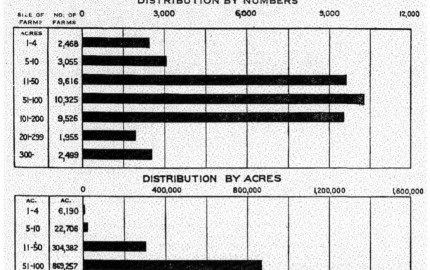

DISTRIBUTION BY NUMBERS

SIZE OF FARMS	NO. OF FARMS	0	3,000	6,000	9,000	12,000
ACRES 1-4	2,468					
5-10	3,055					
11-50	9,616					
51-100	10,325					
101-200	9,526					
201-299	1,955					
300-	2,489					

DISTRIBUTION BY ACRES

AC.	AC.	0	400,000	800,000	1,200,000	1,600,000
1-4	6,190					
5-10	22,706					
11-50	304,382					
51-100	869,257					
101-200	1,517,529					
201-299	478,039					
300-	1,403,928					

occupied only 8·1 per cent of the total area in 1921 and 7·1 per cent in 1931. The next group, 51 to 100 acres, which has the largest number of farms, shows a decrease in number of 17·5 per cent in the decade; it however, comes second in area, occupying 22·6 per cent of the total occupied area in 1921 and 20·2 per cent in 1931. The group of farms of 101 to 200 acres decreased in the decade by 10·0 per cent in number and 10·4 per cent in area but it contributed 35·3 of the total area in 1931, an increase of 0·6 per cent over 1921. The group 201 to 299 acres shows a decrease of 1·7 per cent in number and 1·9 per cent in area during the decade. The only group to increase was the 300 acres and over, the number in 1931 being 1·4 per cent greater and the area 4·3 per cent. In 1931, this group accounted for 6·3 per cent of the total number and 25·7 per cent of the total area in farms. There is a tendency for the larger size groups to increase, which is probably due to the fact that the introduction of modern machinery made it possible and more economical to handle larger units of land than a number of small ones with out-of-date equipment.

TABLE VII.—NUMBER AND AREA OF FARMS CLASSIFIED BY SIZE, 1921-1931

Item	Unit	1921	1931	Increase[1]		p.c. distribution	
				Numerical	p.c.	1921	1931
Total number of farms	No.			−7,988	−16·8	100·0	100·0
Area of farms	ac.			−421,519	−8·9	100·0	100·0
Average area per farm	ac.			9·5	9·5	-	-
1-4 acres	No.			−1,408	−36·3	8·2	6·3
Area of farms	ac.			−3,246	−34·4	0·2	0·1
Average area per farm	ac.			0·1	4·2	-	-
5-10 acres	No.			−917	−23·1	8·3	7·7
Area of farms	ac.			−6,591	−22·5	0·6	0·5
Average area per farm	ac.					-	-
11-50 acres	No.					25·4	24·4
Area of farms	ac.					8·1	7·1
Average area per farm	ac.					-	-
51-100 acres	No.					26·4	26·2
Area of farms	ac.					22·6	20·2
Average area per farm	ac.					-	-
101-200 acres	No.					22·3	24·1
Area of farms	ac.					35·9	35·3
Average area per farm	ac.					-	-
201-299 acres	No.					4·2	5·0
Area of farms	ac.					10·3	11·1
Average area per farm	ac.					-	-
300 acres and over	No.					5·2	6·3
Area of farms	ac.					22·4	25·7
Average area per farm	ac.					-	-

[1]A minus sign (−) denotes a decrease.

TENURE OF FARMS

The classification of farm holdings and farm acreages according to tenure from 1901 to 1931 is shown in Table 1 (General Tables) and the tenure of farms classified according to size for 1921 and 1931 in Table 4 (General Tables). In 1931, of the 39,444 farms, 37,037 were operated by "full owners", 139 by managers, 1,055 by tenants and 1,213 by part owners and part tenants or operators who own part of their farm and rent the rest. These figures show a decrease of 8,177 owners or 18·1 per cent, 222 managers or 159·0 per cent, and an increase of 51 tenants or 5·1 per cent and of 360 part owners and part tenants or 42·2 per cent over 1921. It must be remembered in this connection that the total number of farms in Nova Scotia decreased during the decade by 7,988 or 16·8 per cent. Table VIII shows the percentage of the total number of farms under each type of tenure from 1901 to 1931.

TABLE VIII.—PER CENT DISTRIBUTION OF FARMS BY TENURE, 1901-1931

Item	1901	1911	1921	1931.
Owners(¹)	96·3	95·3	96·1	94·2
Tenants	2·4	3·9	2·1	2·7
Part owners, part tenants	1·3	0·8	1·8	3·1

(¹)Includes managers.

The above table indicates that over a period of thirty years the percentages of farms operated by owners and by tenants have not shown any marked trend. On the other hand, there has been since 1911 a steady increase in the percentage of farms partly owned and partly rented.

Table 1 (General Tables) also shows the acreages under the various tenures for 1921 and 1931. Table IX shows that the acreage in farms "fully owned" has decreased by 478,256 acres or 10·6 per cent.

The acreage of farms operated by managers shows a decrease of 24,569 acres or 46·2 per cent while the acreage of rented farms has increased by 13,874 acres or 21·3 per cent and the acreage of partly owned and partly rented farms by 67,432 acres or a percentage of 71·5.

TABLE IX.—ACREAGE BY TENURE, 1921-1931

Item	1921	1931	Increase (¹)	
			Numerical	Proportional
	ac.	ac.	ac.	p.c.
Owned	4,511,040	4,032,784	−478,256	−10·6
Managed	53,118	28,549	−24,569	−46·2
Rented	65,041	78,915	13,874	21·3
Partly owned, partly rented	94,351	161,783	67,432	71·5

(¹)A minus sign (−) denotes a decrease.

Table X gives the average acreage of farms under various tenures for 1921 and 1931. It shows that the acreage of all farms has increased by 9·5 acres, the owned farms by 9·1, managed by 58·3, rented by 10·0, and partly owned and partly rented by 22·8 acres.

TABLE X.—AVERAGE ACREAGE OF FARMS ACCORDING TO TENURE, 1921-1931

Item	1921	1931	Increase(¹)	
			Numerical	Proportional
	ac.	ac.	ac.	p.c.
All farms	99·6	109·1	9·5	9·5
Owned	99·8	108·9	9·1	9·1
Managed	147·1	205·4	58·3	39·6
Rented	64·8	74·8	10·0	15·4
Partly owned, partly rented	110·6	133·4	22·8	20·6

(¹)A minus sign (−) denotes a decrease.

Farms Partly Owned, Partly Rented.—This class refers to farms where the operator owns part of the farm and rents part. This is a normal condition where a farmer rents a farm before eventually buying it. It is of interest to note that the average acreage of these farms is much greater than that of the others with the exception of the managed farms. Table XI gives the proportion and the average acreage owned and rented of these farms for 1921 and 1931. The acreage of these farms has increased by 71·5 per cent, the acreage owned by 60·1 per cent, and the acreage rented by 95·8 per cent. Of the total acreage 63·6 per cent was owned in 1931 as compared with 68·1 per cent in 1921.

TABLE XI.—DISTRIBUTION OF ACREAGE IN FARMS PARTLY OWNED, PARTLY RENTED, 1921-1931

Item	Unit	1921	1931	Increase[1]	
				Numerical	Proportional
All farms partly owned, partly rented......................	No.	853	1,213	360	42·2
All farms partly owned, partly rented......................	ac.	94,351	161,783	67,432	71·5
Average area per farm......................................	"	110·6	133·4	22·8	20·6
Owned acreage...	"	64,240	102,837	38,597	60·1
Average acreage per farm..................................	"	75·3	84·8	9·5	12·6
Rented acreage...	"	30,111	58,946	28,835	95·8
Average acreage per farm.................................	"	35·3	48·6	13·3	37·7
Percentage owned..	p.c.	68·1	· 63·6	−4·5	−6·6
Percentage rented...	"	31·9	36·4	4·5	14·1

[1]A minus sign (−) denotes a decrease.

Rented Farms.—The number of rented farms has increased during the ten-year period between 1921 and 1931 from 1,004 to 1,055 or 5·1 per cent. As already shown in Table X, the average acreage of rented farms increased from 64·8 acres in 1921 to 74·8 acres in 1931 or 15·4 per cent.

In 1931, for 986 of the rented farms representing 71,832 acres the rent was paid in cash; for 65 farms representing 6,748 acres it was paid in shares and for 4 farms totalling 335 acres it was paid partly in cash and partly in shares.

Similarly for the rented part of the partly owned and partly rented farms, 1,168 farms paid a cash rent for 55,903 acres and 45 farms paid in shares for the rent of 3,043 acres.

In 1930, $154,030 were paid in rent for the farms rented on a cash basis, and no attempt was made to calculate the value of the rent paid in shares. If it be possible to assume that the acreages rented in 1930 and 1931 did not change appreciably, then the average rent per acre, rent of buildings included, for the rent paid in cash would be $1.20 per acre. In 1920, $191,668 were paid in rent, and in 1921, for 95,152 acres figuring on the same basis as 1930, an average rent of $2.01 per acre was paid, but in 1920 the rent paid included an estimate of the rent paid in shares.

Table XII gives the acreage rented and improved and the average rent per acre of occupied and improved land paid by cash tenants in 1930 classified according to size of farm. It will be noticed that there is proportionally more land improved in the smaller size groups than in the larger ones. It is interesting to observe that the rent per acre decreases from $18.96 in the farms of 1 to 4 acres to $0.51 in the farms of 300 acres and over.

TABLE XII.—ACREAGE RENTED, RENT PAID BY CASH TENANTS AND AVERAGE RENT PER ACRE OF OCCUPIED AND IMPROVED LAND BY SIZE OF FARM, 1931[1]

Size of holding	Acres rented	Acres rented improved	Rent paid	Average rent per acre	Average rent per acre improved
	ac.	ac.	$	$	$
All farms...	127,735	29,725	153,860	1·20	·5·18
1- 4 acres..	414	355	7,850	18·96	22·11
5- 10 "	1,255	865	9,880	7·87	11·42
11- 50 "	11,785	4,372	33,430	2·84	7·65
51-100 "	22,913	6,346	31,880	1·39	5·02
101-200 "	42,715	9,905	35,820	0·84	3·62
201-299 "	18,766	4,084	19,700	1·05	4·82
300 acres and over....................................	29,887	3,798	15,300	0·51	4·03

[1]These calculations are based on the acreage rented in 1931, and the rent paid in 1930, and therefore cannot be taken as exact for either year. These figures do not include farms operated by cash and share tenants.

Table 4 (General Tables) gives the tenure of farms in Nova Scotia by size groups for 1921 and 1931. Table XIII shows the percentage distribution of the farms under each tenure for both census years.

89540—2

TABLE XIII.--PER CENT DISTRIBUTION OF FARMS ACCORDING TO SIZE BY TENURE, 1921-1931

Size of farm	All farms	1921 Occupied by				All farms	1931 Occupied by			
		Owner	Manager	Tenant	P.O., P.T.		Owner	Manager	Tenant	P.O., P.T.
All occupied farms...........	100·0	95·3	0·8	2·1	1·8	100·0	93·9	0·3	2·7	3·1
1– 4 acres.........., ...	100·0	91·9	0·3	6·4	1·4	100·0	92·3	0·2	5·5	2·0
5– 10 "	100·0	95·0	0·5	3·0	1·5	100·0	92·9	0·3	4·7	2·1
11– 50 "	100·0	95·1	0·7	2·3	1·9	100·0	93·5	0·3	3·2	3·0
51–100 "	100·0	96·3	0·8	1·4	1·5	100·0	95·1	0·3	2·3	2·3
101–200 "	100·0	96·1	0·7	1·3	1·9	100·0	94·5	0·3	1·8	3·4
201–299 "	100·0	94·5	1·5	0·8	3·2	100·0	91·0	0·7	1·6	6·7
300 acres and over.........	100·0	94·7	1·6	1·3	2·4	100·0	93·1	1·0	1·2	4·7

The outstanding fact shown in the above table is the general increase in farms partly owned and partly rented (P.O. and P.T.) more particularly in the larger size groups.

VALUE OF FARM PROPERTY

Tables 1 and 5 (General Tables) give the value of farm property and the average value per farm, per acre and per acre of improved land for each census from 1901 to 1931.

Table XIV gives the per cent distribution of the increase in farm values from 1901 to 1931. The total value of farm property decreased in the ten-year period between 1921 and 1931 by $30,964,163 or 22·6 per cent. The acreage occupied, as already shown, decreased by 421,519 acres or 8·9 per cent. The average value of farms in Nova Scotia in 1931 was $2,685 as compared with $2,886 in 1921, $2,209 in 1911 and $1,333 in 1901, making a decrease of 7·0 per cent over 1921, and increases of 21·5 and 101·3 per cent respectively over 1911 and 1901. The value of farm property has therefore doubled in thirty years, in spite of the present depression, while the acreage occupied has decreased by 778,870 acres or 15·3 per cent and the average size of farms has increased.

The value of farm property per acre was $24.61 in 1931 as compared with $28.97 in 1921, a decrease of 15·1 per cent. The per cent increases over 1911 and 1901 are 11·6 and 72·2 per cent respectively. The value of land itself apart from the value of buildings, implements and machinery and live stock has decreased by $16,856,112 or 30·4 per cent in the decade between 1921 and 1931 with a corresponding decrease per farm, per acre occupied and per acre of improved land. It shows a decrease of 25·9 per cent from 1911 and an increase of 11·7 per cent over 1901.

In 1931 the farm property was valued at $125.35 per acre of improved land as compared with $137.88 in 1921, $92.23 in 1911 and $57.71 in 1901. The farm property, then, has gained $67.64 in value per acre of improved land since the beginning of the twentieth century.

The value of buildings was $43,890,500 in 1931, a decrease of $7,282,200 or 14·2 per cent from 1921. It should be remembered in this connection that there were 7,988 less farms in 1931 than in 1921. The decrease in the value of buildings is much less proportionally than in the value of land and the average value of buildings per farm shows an actual increase of $34.00 or 3·1 per cent during the decade.

CHART IV.—PER CENT DISTRIBUTION OF THE VALUE OF FARM PROPERTY, 1901-1931

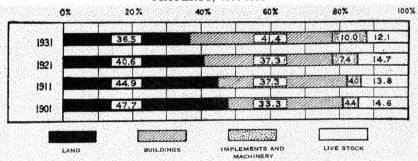

The value of implements and machinery shows an increase of $408,032 or 4·0 per cent during the decade and an increase of 228·9 per cent during the thirty-year period between 1901 and 1931.

The value of live stock in 1931 was lower than in either 1921 or 1911 but shows an increase of 20·8 per cent over 1901

TABLE XIV.—PER CENT INCREASE IN THE VALUE OF FARM PROPERTY, 1901-1931(¹)

Item	1931 over 1921	1921 over 1911	1911 over 1901	1931 over 1911	1931 over 1901
Total	−22·6	18·0	59·8	−8·7	45·9
Land	−30·4	6·5	50·9	−25·9	11·7
Buildings	−14·2	18·2	79·9	1·4	81·6
Implements and machinery	4·0	121·6	42·7	130·5	228·9
Live stock	−36·1	25·2	51·0	−20·0	20·8
Average per farm—					
Total	−7·0	30·6	65·7	21·5	101·3
Land	−16·3	17·8	56·4	−1·4	54·2
Buildings	3·1	30·9	85·6	35·1	150·7
Implements and machinery	25·2	146·0	47·5	208·0	354·2
Live stock	−23·4	38·7	56·4	6·2	66·1
Average per acre—					
Total	−15·1	31·4	54·3	11·6	72·2
Land	−23·6	18·6	45·5	−9·4	31·9
Buildings	−5·8	31·6	72·9	23·9	114·3
Implements and machinery	13·9	147·1	38·1	181·6	288·9
Live stock	−29·7	39·5	45·4	−2·0	42·6
Average per acre of improved land					
Total	−9·1	49·5	59·8	35·9	117·2
Land	−18·2	34·9	50·6	10·4	62·6
Buildings	0·8	49·8	79·1	50·9	170·3
Implements and machinery	22·3	180·8	42·7	243·4	390·2
Live stock	−24·9	60·1	51·1	19·0	79·8

(¹)The minus sign (−) denotes a decrease.

In 1931 the value of land represented 36·5 per cent of the total value of farm property as compared with 40·6 per cent in 1921, 44·9 per cent in 1911 and 47·7 per cent in 1901. In the thirty-year period the ratio of the value of land to the value of the whole property including land and buildings has decreased by 11·2 per cent. The ratio of the value of buildings to the value of the whole farm property has increased by 8·1 per cent, implements and machinery by 5·6 per cent, and live stock has decreased by 2·5 per cent. It is of interest to note the growing importance of buildings and machinery in the farmer's capital investment as shown in Table XV.

TABLE XV.—PER CENT DISTRIBUTION OF THE VALUE OF FARM
PROPERTY, 1901-1931

Item	1901	1911	1921	1931
Total	100·0	100·0	100·0	100·0
Land	47·7	44·9	40·6	36·5
Buildings	33·3	37·3	37·3	41·4
Implements and machinery	4·4	4·0	7·4	10·0
Live stock	14·6	13·8	14·7	12·1

FARM MORTGAGES

For the first time in a Canadian census, the farm operator was required in 1931 to state the amount of mortgage on all lands owned and operated by him. Tenants were not asked this question and the part owners and part tenants were asked to report only for the part of the farm which they owned, leaving out of this inquiry the rented lands in the province. Table 23 (General Tables) gives in detail the information regarding farm mortgages.

For purposes of calculation and in order to state the ratio of the mortgage debt to the value of the farm (land and buildings), only the "fully owned" farms were considered, because in the case of the "partly owned and partly rented" farms, the value of the farm was stated as a whole, consequently it is impossible to determine the value of the part which is owned and covered by the mortgage. Since, in the province, 95·0 per cent of the farms reporting mortgages are "fully owned", the ratio of mortgage debt to the value of the farm should be representative of all farms reporting.

There were 4,049 farms, or 10·3 per cent of all occupied farms in the province, reporting mortgage debt to the value of $6,570,000 or an average mortgage debt of $1,623 per farm reporting. Out of 37,037 "fully owned" farms, 3,848 or 10·4 per cent reported a mortgage. Of these, 135 were farms of 1 to 4 acres, 185 of 5 to 10 acres, 718 of 11 to 50 acres, 1,022 of 51 to 100 acres, 1,163 of 101 to 200 acres, 283 of 201 to 299 acres, and 342 over 300 acres, a total of 509,670 acres out of the 4,032,784 acres of "fully owned" land. The mortgage debt amounted to $5,962,500 and the value of the "fully owned" farms was $75,299,100. The ratio of the mortgage debt to the value of the "fully owned" farms was therefore, 7·9 per cent.

Table XVI. gives the number, acreage and value of "fully owned" farms together with the number and acreage of "fully owned" farms reporting mortgage debt and the amount of debt reported by size of farm.

TABLE XVI.—"FULLY OWNED" FARMS: NUMBER, ACREAGE, VALUE AND
MORTGAGE DEBT, 1931

Size of holding	No. of "fully owned" farms		Acreage of "fully owned" farms		Value of "fully owned" farms	Value of mortgage debt
	Total	Reporting mortgage debt	Total	Reporting mortgage debt		
	No.	No.	ac.	ac.	$	$
All farms	37,037	3,848	4,032,784	509,670	75,299,100	5,962,500
1- 4 acres	2,279	135	5,707	334	2,600,800	113,900
5- 10 "	2,888	185	21,102	1,389	3,529,600	183,400
11- 50 "	8,992	718	285,603	23,248	13,577,400	824,800
51-100 "	9,816	1,022	828,581	83,987	18,420,400	1,484,300
101-200 "	9,004	1,163	1,437,422	178,669	22,120,300	2,070,700
201-299 "	1,780	283	435,909	69,269	5,672,800	550,100
300-479 "	1,771	256	613,723	90,543	6,451,000	553,800
480-639 "	332	49	177,570	25,966	1,394,100	108,500
640 acres and over	226	37	227,167	36,265	1,532,700	73,400

Table XVII gives the ratio of the number, acreage, and amount of mortgage to the number, acreage, and value of "fully owned" farms and the value of farm land and buildings per acre and the value of mortgage debt per acre of "fully owned" farms and per acre of mortgaged farms. It will be noticed that on smaller farms where the value per acre is high the amount of mortgage debt per acre is correspondingly high, while the ratio of the mortgage debt to the value of the "fully owned" farms is highest in the intermediate size groups, reaching a maximum of 9·7 on farms of 201 to 299 acres.

TABLE XVII.—RATIO OF NUMBER, ACREAGE AND VALUE OF "FULLY OWNED" MORTGAGED FARMS
TO ALL "FULLY OWNED" FARMS ACCORDING TO SIZE, 1931

Size of holding	Ratio of number of farms reporting mortgage debt to total of "fully owned" farms	Ratio of acreage of farms reporting mortgage debt to total acreage of "fully owned" farms	Ratio of mortgage debt to value of all "fully owned" farms	Value of property per acre of all "fully owned" farms	Value of mortgage per acre of all "fully owned" farms	Value of mortgage per acre of "fully owned" farms reporting mortgage
	p.c.	p.c.	p.c.	$	$	$
All farms	10·4	12·6	7·9	18·67	1·48	11·70
1- 4 acres	5·9	5·9	4·4	455·72	19·96	341·02
5- 10 "	6·5	6·8	5·2	167·26	8·69	132·04
11- 50 "	8·0	8·1	6·1	47·54	2·89	35·46
51-100 "	10·4	10·1	8·1	22·23	1·79	17·67
101-200 "	12·9	12·4	9·4	15·39	1·44	11·59
201-299 "	15·9	15·9	9·7	13·01	1·26	7·94
300-479 "	14·5	14·8	8·6	10·51	0·90	6·19
480-639 "	14·8	14·6	7·8	7·85	0·61	4·18
640 acres and over	16·4	16·0	4·8	6·75	0·32	2·02

A closer examination of the farm schedules as shown in Table XVIII reveals the fact that of the 3,848 farmers reporting mortgage debt on "fully owned" farms, 1,085 or 28·2 per cent have been operating the same farm for 20 years or more, but there does not seem to be any relation between the time the farmer has been operating his farm and the amount of the mortgage reported.

Table XVIII gives the number of farmers reporting mortgages classified according to the number of years they have operated the same farm.

TABLE XVIII.—NUMBER OF FARM OPERATORS REPORTING MORTGAGE DEBT BY NUMBER OF YEARS ON PRESENT FARM, 1931

Years on present farm	Farmers reporting mortgages	Amount of mortgage reported	Average per farm
	No.	$	$
All "fully owned" farms reporting mortgage........	3,848	5,962,500	1,550
Farmers reporting years on present farm...............	3,731	5,800,400	1,555
" " less than 2 years................	290	408,200	1,408
" " 2 years..........................	169	228,900	1,354
" " 3 "	193	287,900	1,492
" " 4 "	158	207,600	1,314
" " 5– 9 years......................	711	1,212,400	1,705
" " 10–14 "	765	1,279,700	1,673
" " 15–19 "	360	499,100	1,386
" " 20 years and over...............	1,085	1,676,600	1,545

Of the 3,848 farmers who reported a mortgage on "fully owned" farms, 3,475 were born in Canada, 209 in other British countries, 101 in foreign countries and the remainder did not report their birthplace.

FARM FACILITIES

Table XIX gives the number of automobiles, motor trucks, tractors, etc., in the province for 1921 and 1931. There were 9,982 farmers reporting automobiles and 1,633 reporting motor trucks in 1931 as compared with 3,266 reporting automobiles or motor trucks in 1921. These farmers reported 10,297 automobiles and 1,704 motor trucks in 1931 and 3,464 of both in 1921, which gives one automobile or motor truck for every 3·3 farms in 1931 and one for every 13·7 farms in 1921, an increase of over 300 per cent during the decade. The number of tractors increased from 164 in 1921 to 424 in 1931. The number of farms reporting gasoline engines decreased from 2,982 in 1921 to 2,578 in 1931; the number reporting electricity or gas increased from 1,296 to 3,760 and the number reporting telephones from 8,243 to 10,266 in the same period.

TABLE XIX.—FARM FACILITIES, 1921–1931

Item	Number of farms reporting		Number of items reported	
	1921	1931	1921	1931
	No.	No.	No.	No.
Automobiles...	} 3,266	9,982	} 3,464	10,297
Motor trucks..		1,633		1,704
Tractors..	155	415	164	424
Gasoline engines..	2,982	2,578	(1)	2,848
Gas or electric light......................................	1,296	3,760	1,296	3,760
Telephone..	8,243	10,266	8,243	10,266

(1) Not available.

In the census of 1931 a number of farm facilities were included which had never been included before and therefore cannot be compared with previous censuses. Tables 34 and 35 (General Tables) give a detailed statement of these facilities by counties.

Table XX gives the number of farms reporting farm facilities, the number of these reported and the number of farms reporting more than one of each.

TABLE XX.—FARMS REPORTING FACILITIES BY NUMBER REPORTED, 1931

Item	Number of farms reporting	Farms reporting					Number reported
		1	2	3	4	5 and over	
Threshing machines..............................	836	835	1	–	–	–	837
Tractors..	415	406	9	–	–	–	424
Automobiles.....................................	9,982	9,683	283	16	–	–	10,297
Motor trucks....................................	1,633	1,565	65	3	–	–	1,704
Combines..	–	–	–	–	–	–	–
Binders...	2,013	2,011	2	–	–	–	2,015
Headers...	–	–	–	–	–	–	–
Milking machines................................	41	41	–	–	–	–	41
Cream separators................................	19,349	19,306	43	–	–	–	19,392
Silos...	261	245	15	1	–	–	278
Gasoline engines.................................	2,578	2,352	192	26	6	2	2,848
Electric motors..................................	355	290	55	8		2	437

Farm Facilities by Size of Farm.—A large number of studies have been made by agricultural economists, in this and other countries, as to the most economical size of farm in order to lower the cost of production and to make for the most economical use of farm machinery. In an attempt to throw some light on this subject, Table XXI gives the number of certain farm machinery classified by size of farm and per 1,000 acres of occupied land in each size group.

TABLE XXI.—FARM FACILITIES BY SIZE OF FARM AND PER 1,000 ACRES OF
OCCUPIED LAND, 1931

Size of farm	Binders		Gasoline engines		Silos		Threshing machines		Tractors	
	No.	No. per 1,000 acres	No.	No. per 1,000 acres	No.	No. per 1,000 acres	No.	No. per 1,000 acres	No.	No. per 1,000 acres
All farms........................	2,015	0·5	2,848	0·7	278	0·06	837	0·2	424	0·1
1– 4 acres.....................	2	0·3	32	5·2	–	–	1	0·2	2	0·3
5– 10 "	3	0·1	60	2·6	–	–	5	0·2	5	0·2
11– 50 "	45	0·1	334	1·1	12	0·04	57	0·2	33	0·1
51–100 '	399	0·5	663	0·8	64	0·07	194	0·2	66	0·1
101–200 "	841	0·6	942	0·6	97	0·06	296	0·2	145	0·1
201–299 "	299	0·6	322	0·7	41	0·08	103	0·2	74	0·2
300–479 '	314	0·5	338	0·5	42	0·06	125	0·2	66	0·1
480–639 "	65	0·3	85	0·3	18	0·10	32	0·2	16	0·1
640 acres and over..............	47	0·2	72	0·3	8	0·03	24	0·1	17	0·1

The above table does not reveal that the number of these facilities per 1,000 acres of occupied land is affected consistently by the size of the farm. This is probably due to the fact that in Nova Scotia, only 19·6 per cent of the occupied land is improved, and that on the large farms, large areas are unimproved. Table XXII gives the average acreage occupied and improved by size of farm and helps to explain why the number of farm facilities per 1,000 acres does not vary as much with the size of farm as one would expect.

TABLE XXII.—AVERAGE ACREAGE OCCUPIED AND IMPROVED BY SIZE OF FARM, 1931

Size of farm	Number of farms	Average acreage occupied	Average acreage improved
All farms..	39,444	109·1	21·4
1– 4 acres...	2,468	2·5	2·1
5– 10 "	3,055	7·4	4·3
11– 50 '	9,616	31·7	9·8
51–100 '	10,325	84·2	21·4
101–200 "	9,526	159·3	31·9
201–299 "	1,955	244·5	44·4
300–479 "	1,886	347·1	45·9
480–639 "	366	534·6	51·5
640 acres and over...	247	1,026·7	59·9

Due to the small improved acreage in the large farms, and because the implements mentioned in Table XXI are used in a more mixed type of farming than is carried on in the province, there is not much room for variation in the number of these machines per 1,000 acres of occupied land in the various sizes of farms.

In 1931, 4,047 farms or 10·3 per cent of the total number had running water in the kitchen and 1,689 or 4·3 per cent in the bathroom; 10,266 had telephones, 4,770 had radios and 3,760 were equipped with gas or electric light. For the first time, the type of road adjoining the farm was asked for. Of the 38,918 farms answering this inquiry, 24 were located on asphalt roads, 27 on concrete, 134 on macadam, 18,134 or 46·6 per cent on gravel, 12,150 or 31·2 per cent on improved dirt and 8,449 or 21·7 per cent on unimproved dirt roads.

The same inquiry showed that 10,471 farms or 26·5 per cent of the total number of farms were located less than 5 miles from a market town, 8,755 or 22·2 per cent were located between 5 and 9 miles, 5,926 or 15·0 per cent between 10 and 14 miles, 6,311 or 16·0 per cent between 15 and 24 miles, 7,325 or 18·6 per cent 25 miles and over and the remainder did not report.

There were 19,653 farms or 49·8 per cent of the total which were located less than five miles from a railway station, 9,142 or 23·2 per cent between 5 and 9 miles, 3,876 or 9·8 per cent between 10 and 14 miles, 2,822 or 7·1 per cent between 15 and 24 miles, 2,931 or 7·4 per cent 25 miles and over, and the remainder did not report.

FARM EXPENSES

The census schedule in 1931 elicited information relating to cash expenditure for feed, commercial fertilizers, spraying chemicals, field and garden seeds, electric current for light and power, taxes and the cost of farm labour. The amount of money expended for these items is given in Table 1 (General Tables) and detailed account by counties in Table 23.

Feed.—An expenditure of $2,782,420 was reported in 1930 for 28,426 farms or an average of $97.88 per farm reporting. This is compared with a cash expenditure of $3,835,966 in 1920, a decrease of $1,053,546 or 27·2 per cent during the period, due mostly to the large decrease in prices during the period rather than to a decrease in consumption.

Commercial Fertilizers.—In the year 1930, 18,504 farms reported an expenditure of $879,540 or an average of $47.53 per farm reporting for commercial fertilizers as compared with $1,193,206 in 1920, a decrease in value of $313,666 or 26·3 per cent. It is of interest to note that 46·9 per cent of the farmers of the province use commercial fertilizers.

Spraying Chemicals.—In 1930, $249,677 were spent in Nova Scotia for spraying chemicals, used mainly for the spraying of potatoes and fruits. Since this question was asked for the first time in 1931, no comparison is possible with previous censuses.

Seeds.—Of all farmers, 17,108 reported an expenditure of $368,120 or an average of $21.52 per farm reporting. This is compared with $557,630 in 1920, a decrease of $189,510 or 33·9 per cent.

Light and Power.—There were 3,267 farms reporting an expenditure of $99,460 for light and power, an average of $30.44 per farm reporting.

Labour (Cash and Board).—Labour was the second largest item of expense on the farms of the province, feed coming first. There were 10,991 farms which reported an expenditure of $2,460,200 for labour, averaging $223.84 per farm reporting, compared with expenditures of $2,703,275 in 1920, $815,246 in 1910 and $960,227 in 1900. There were 200,798 weeks of hired labour employed, making an average of 18·27 weeks per farm reporting and an average wage of $12.25 per week including board.

Taxes.—For the first time, the schedule of 1931 asked for the amount of taxes paid or payable on land and buildings in 1930. This question was asked only for property owned by the operator. The part owners and part tenants being able to answer only for the part of their farm which they owned, were left out for purposes of calculations. The amount of money paid in taxes by "full owners" was $1,229,670 making an average of $33.20 per farm, 30cts. per acre of occupied land and $1.63 per acre of improved land, and $16.33 per $1,000 valuation. The farms of 1 to 4 acres paid an average of $7.83 per acre, those of 5 to 10 acres $2.92, of 11 to 50 acres 81cts., of 51 to 100 acres 37cts., of 101 to 200 acres 25cts., of 201 to 299 acres 20cts., of 300 to 479 acres 16cts., of 480 to 639 acres 13cts., and of 640 acres and over 10 cts. This clearly indicates the influence of buildings and location on the amount of taxes paid. Small farms are usually located in or adjoining towns and villages and have more expensive residences.

Average Expenditure per 100 Acres of Occupied and Improved Land.—The expenditure for feed per 100 acres of improved land was $329.42 as compared with $386.51 in 1920. The expenditure for fertilizers in 1930 was $104.13 as compared with $120.23 in 1920, for seed, $43.58 as compared with $56.19, and for labour $291.27 as compared with $272.38. The expenditure for the items mentioned above per 100 acres of occupied and improved land in the province is given in Table XXIII.

TABLE XXIII.—AVERAGE EXPENDITURE, 1930, PER 100 ACRES OF OCCUPIED AND IMPROVED LAND. 1931

Item	Average per 100 acres of occupied land	Average per 100 acres of improved land
	$	$
Feed	64·70	329·42
Fertilizers	20·44	104·13
Spraying chemicals	5·80	29·56
Seed	8·55	43·58
Electric light and power	2·31	11·78
Farm labour (cash and board)	57·18	291·27
Taxes(1)	31·14	159·63

(1) Calculated for owned land only.

VALUE OF FARM PRODUCTS

The value of farm products for 1930 is given in Tables 1 and 6 (General Tables) in comparison with the corresponding values for 1910 and 1920. The farm products of the province amounted to a value of $33,510,392 in 1930 as compared with $51,582,917 in 1920, a decrease of $18,072,525 or 35·04 per cent, the decrease in prices being largely responsible for the decrease in value. The value of farm products, however, shows increases of $5,764,529 or 20·78 per cent over 1910, and of $17,213,293 or 105·62 per cent over 1900. The value of forest products was not available for 1900. Then if the comparisons be considered for the

CHART V.—VALUE OF FARM PRODUCTS, 1900-1930

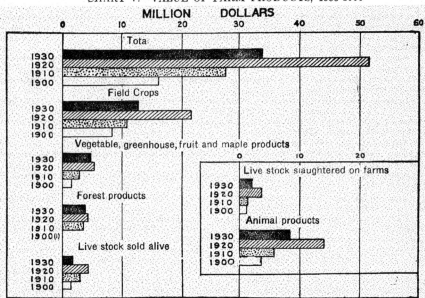

(¹) The value of forest products for 1900 is not available.

thirty-year period rather than the ten-year period, the total value of farm products has increased in a most satisfactory fashion. Table XXIV shows the distribution of the increase or decrease in the various items which make the total of the agricultural products for the province. Vegetables are the only class of products to show an increase in value over 1920. On the other hand, vegetables and stock sold alive are the only two items which show decreases of 7·5 and 49·8 per cent respectively over 1910. In connection with stock sold alive, it must be kept in mind that in the censuses of 1921 and 1931 the inquiry was limited to animals raised on the farm reporting, while in previous censuses the value of all animals sold off the farms was reported whether home raised or previously purchased. All items show a large increase over 1900.

TABLE XXIV.—NUMERICAL AND PER CENT INCREASE IN VALUE OF FARM PRODUCTS, 1900-1930

Item	Numerical(¹)			Proportional(¹)		
	1930 over 1920	1930 over 1910	1930 over 1900	1930 over 1920	1930 over 1910	1930 over 1900
	$	$	$	p.c.	p.c.	p.c.
All farm products	−18,072,525	5,764,529	17,213,293	−35·0	20·8	105·6
Field crops	−8,802,742	2,026,343	4,446,420	−40·3	18·4	51·8
Vegetables	234,996	−104,191	} 3,322,892	22·3	− 7·5	} 234·2
Fruits and maple products	−720,380	1,799,921		−17·4	108·8	
Forest products	−604,304	323,659	(²)	−13·4	9·1	(²)
Stock sold alive	−1,093,906	− 1,541,931	124,320	−41·3	−49·8	8·8
Stock slaughtered	−1,522,211	420,028	493,229	−46·7	31·8	39·5
Animal products	−5,649,565	2,666,880	4,754,480	−40·3	46·7	131·4

(¹) A minus sign (−) denotes a decrease.
(²) Not available.

Average Value of Agricultural Products per Farm.—Table XXV gives the average value of farm products for the four census years between 1900 and 1930. The average value per farm was lower in 1930 than in 1920 by $238 but higher than in 1910 and 1900 by $321 and $551 respectively. In the figures for 1900, however, the value of forest products is not included; were it included the value of products per farm would be raised by a few dollars. The values of field crops, vegetables and animal products are the ones which show the largest increases during the period under consideration. In 1930, the value of field crops was 38·8 per cent of the total value of agricultural products, whereas in 1920 it was 42·3 per cent, in 1910, 39·7 per cent, and in 1900, 52·5 per cent. Fruits and vegetables formed 8·7 per cent of the total value of agricultural products in 1900, while in 1930 they had reached 14·3 per cent. Live stock sold alive and slaughtered show a reduction in their ratio to all agricultural production of 4·1 and 2·5 per cent respectively between 1900 and 1930. The changes which have taken place between 1920 and 1930 are due more to price variations than to changes in types of production.

TABLE XXV.—AVERAGE VALUE PER FARM OF PRODUCTS AND PER CENT
DISTRIBUTION, 1900-1930

Item	1900	1910	1920	1930
	$	$	$	$
All farm products	(1)299	529	(3)1,088	(3)850
Field crops	157	210	460	330
Vegetables	26	26	22	33
Fruits and maple products	}	31	88	88
Forest products	(2)	68	98	99
Stock sold alive	26	59	156	(4)139
Stock slaughtered	23	25	69	(4)144
Animal products	66	109	296	212
			Per cent of total value	
	p.c.	p.c.	p.c.	p.c.
All farm products	100·0	100·0	100·0	100·0
Field crops	52·5	39·7	42·3	38·8
Vegetables	8·7	4·9	2·0	3·9
Fruits and maple products	}	5·9	8·1	10·4
Forest products	(2)	12·9	8·7	11·6
Stock sold alive	8·7	11·2	5·1	4·6
Stock slaughtered	7·7	4·7	6·3	5·2
Animal products	22·1	20·6	27·2	24·9

(1) Forest products not included.
(2) Not available.
(3) Includes the value of greenhouse and hothouse products in 1920 and 1930, and nursery products in 1930.
(4) Limited to stock raised on farms reporting.

Average Value per 100 Acres of Improved Land.—Table XXVI gives the average value of farm products per 100 acres of improved land from 1900 to 1930. Here again, the value of forest products is not included for the year 1900, making the figures for that census not strictly comparable with the others. The average value of farm products per 100 acres of improved land for 1930 shows a decrease of $1,230 or 23·7 per cent when compared with 1920, but increases of $1,760 or 79·7 per cent over 1910 and of $2,671 or 206·1 per cent over 1900. Forest products and vegetables are the only two items where the value of 1930 shows an increase over 1920.

TABLE XXVI.—AVERAGE VALUE OF FARM PRODUCTS, 1900-1930, PER 100 ACRES OF
IMPROVED LAND, 1901-1931

Item	1900	1910	1920	1930
	$	$	$	$
All farm products	(1)1,296	2,207	(3)5,197	(3)3,967
Field crops	682	875	2,200	1,543
Vegetables	} 113	111	106	152
Fruits and maple products		131	421	409
Forest products	(2)	284	454	462
Stock sold alive	113	246	(4)267	(4)184
Stock slaughtered	99	105	329	(4)206
Animal products	288	453	1,413	991

(1) Forest products not included.
(2) Not available.
(3) Includes the value of greenhouse and hothouse products in 1920 and 1930, and nursery products in 1930.
(4) Limited to stock raised on farms reporting.

FIELD CROPS

The census of 1931 as well as the censuses of 1921 and 1911 gives the acreage, yield and value of field crops for the year previous to the census and the area under crop for the year of the census.

Of the General Tables, No. 7 deals with the acreage sown, No. 9 with the crop yields and No. 10 with crop values for the three censuses of 1911, 1921 and 1931.

The total area of field crops in 1931 was 574,729 acres as compared with 574,021 acres in 1930, 646,848 acres in 1921, 652,985 acres in 1920, 717,468 acres in 1911 and 710,966 acres in 1910. Chart VI shows the acreage under field crops collected in the censuses from 1871 to 1931.

CHART VI.—ACREAGE UNDER FIELD CROPS, 1870-1931

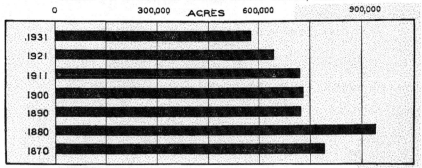

Proportion of Farms Growing Certain Crops, 1921-1931.—The per cent proportion which farms producing certain field crops bore to all farms as recorded in the censuses of 1921 and 1931 is given in Table XXVII. The growing of wheat was reported by 4·1 per cent of the farms in 1931 as compared with 16·6 in 1921. Only 11·4 per cent of the farms grew barley in 1931 as compared with 12·7 in the census of 1921. The most widely grown crops were oats, cultivated hay and potatoes with 48·1, 90·8 and 82·1 per cent of the farms growing them.

TABLE XXVII.—PER CENT OF FARMS REPORTING CERTAIN FIELD CROPS, 1921-1931

Crop	Census of 1921	Census of 1931
Wheat.....	16·6	4·1
Barley...........	12·7	11·4
Oats.........	58·1	48·1
Peas or beans...........	7·7	8·3
Flax.......	0·1	(²)
Hay, cultivated(¹).........	93·5	90·8
Corn, for forage........	(²)	1·4
Other forage crops...........	15·6	(²)
Potatoes.........	85·9	82·1
Tobacco.........	(³)	(³)

(¹) Cultivated hay in 1921, timothy and clover in 1931.
(²) Not available.
(³) Less than one-tenth of one per cent.

Proportion of Total Acreage in Certain Crops, 1911-1931.—Table XXVIII gives for the province the percentage of the total acreage under field crops occupied by each crop.

TABLE XXVIII.—PER CENT OF THE TOTAL ACREAGE OF FIELD CROPS POSSESSED BY CERTAIN CROPS, 1911-1931

Crop	1911	1921	1931
All field crops...................			100·00
Wheat...........			0·51
Barley...........			1·36
Oats...........			14·85
Rye...........			0·03
Corn, for husking...........			(¹)
Buckwheat...........			0·73
Beans...........			0·10
Peas...........			0·01
Flax...........			(¹)
Mixed grains...........			0·67
Hay, cultivated...........			73·22
Corn, for forage...........			0·09
Other forage crops...........			2·93
Potatoes...........			3·94
Turnips and other roots...........			1·53

(¹) Less than one-tenth of one per cent.

Average Acreage of Field Crops per Farm, 1911-1931.—Table XXIX presents the average acreage in field crops per farm for the three census years 1911, 1921 and 1931. It must be kept in mind that these figures refer to all farms in the province and not only to farms reporting certain crops. In 1931 the area under field crops was only 13·36 per cent of the total area of the farms, but 68·04 per cent of the improved acreage, the remaining 31·96 per cent being under pasture, orchards, gardens, buildings, roadways, etc. In 1921, 13·69 per cent of the acreage in farms was under field crops and in 1911, 13·63 per cent.

The largest acreages per farm were under cultivated hay, oats and potatoes, having remained practically stationary during the period under study, while wheat shows a large decrease and barley and mixed grains an increase.

TABLE XXIX.—AVERAGE ACREAGE OF THE PRINCIPAL FIELD CROPS PER FARM HOLDING, · 1911-1931

Item	1911	1921	1931
	ac.	ac.	ac.
Average size of farm	100·22	99·59	109·07
Average acreage of improved land	23·96	20·92	21·41
All field crops	13·66	13·64	14·57
Wheat			0·07
Barley			0·20
Oats			2·16
Rye			(1)
Corn, for husking			(1)
Buckwheat			0·11
Beans			0·01
Peas			(1)
Flax			(1)
Mixed grains			0·10
Hay, cultivated			10·67
Corn, for forage			0·01
Other forage crops			0·43
Potatoes			0·57
Turnips and other roots			0·22

(1) Less than one-tenth of one per cent.

Average Acreage of Crops per 100 Acres of Improved Land, 1911-1931.—Table XXX gives the average acreage of the main crops per 100 acres of improved land. Out of 100 acres of improved land 68·04 acres were devoted to the growing of field crops in 1931 as compared with 65·18 acres in 1921 and 57·06 in 1911. Of these in 1931, 49·82 acres were devoted to cultivated hay, 10·11 to oats, 2·06 to forage crops and 2·68 to potatoes. It is of interest to note the increase in the proportion devoted to cultivated hay, forage crops, oats and barley during the twenty-year period between 1911 and 1931. Wheat shows a large decrease in acreage.

TABLE XXX.—AVERAGE ACREAGE OF THE PRINCIPAL FIELD CROPS PER 100 ACRES OF IMPROVED LAND, 1911-1931

Crop	1911	1921	1931
All field crops	57·06	65·18	68·04
Wheat	1·06	1·27	0·35
Barley	0·44	0·62	0·93
Oats	7·97	10·36	10·11
Other cereals and flax	1·43	0·88	1·06
Hay, cultivated	42·57	47·18	49·82
Other forage crops	0·19	0·47	2·06
Potatoes	2·45	3·49	2·68
Field roots	0·94	0·91	1·04

Field Crop Acreages.—Table 7 (General Tables) gives the acreages under field crops for the years 1930 and 1931, 1920 and 1921, 1910 and 1911, and 1900. There are no wider variations between the acreages under field crops of 1930 and 1931, or 1920 and 1921, than the yearly fluctuations in acreages which are to be expected.

Comparison of Acreages of Individual Crops.—In order to extend comparisons of acreages further than 1911, the acreages of 1930, 1920, etc., have to be taken, because in the censuses previous to 1911 the acreages under crop were not asked for the census year, but only for the year previous to the census.

Wheat.—Chart VII gives the acreages of wheat in Nova Scotia from 1870 to 1930 and the yields from 1827 to 1930. A study of the returns of the census of 1881 shows that there was undoubtedly some error in compilation and that the figure for that year is too high. There is shown a large decrease in the acreage of wheat in 1930 as compared to 1920.

CHART VII.—WHEAT—ACREAGE, 1870-1930; PRODUCTION, 1827-1930

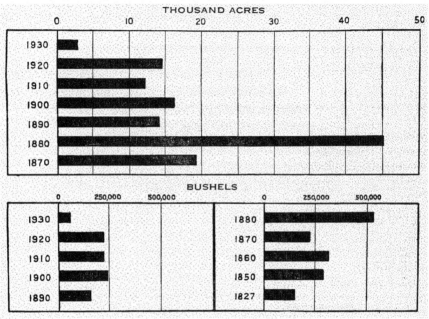

In the census of 1921, 7,879 farms reported the growing of wheat while in the census of 1931 only 1,650 reported, a decrease of 6,229 in the number of farms reporting. Table XXXI shows the number of farms growing wheat classified according to size of farm and acreage sown. It shows that 1,584 farms or exactly 96 per cent of the number of farms reporting grew less than 5 acres of wheat, 58 farms grew 5 acres and over but less than 10 acres, and only 8 farms grew 10 acres and over. The largest number of farms growing wheat, 618 or 37·5 per cent, was the group from 101 to 200 acres. The next largest was the group between 51 and 100 acres where 529 farms or 32·1 per cent of the total reporting grew wheat. There were 127 farms of less than 50 acres and 376 farms over 200 acres reporting wheat.

TABLE XXXI.—FARMS REPORTING WHEAT ACCORDING TO SIZE OF FARM, 1931, AND ACREAGE SOWN, 1930

Size of farm	Farms reporting	Under 5 acres	5–9 acres	10–14 acres	15–19 acres	20 acres and over
All farms	1,650	1,584	58	6	–	
1- 4 acres	3	3	–	–	–	–
5- 10 "	7	7	–	–	–	–
11- 50	117	114	3	–	–	–
51-100	529	511	16		–	–
101-200	618	593	24	1	–	–
201-299	183	177	2		–	–
300-479	155	147	7	1	–	–
480-639 "	28	23	5	–	–	–
640 acres and over	10	9	1	–	–	–

Barley.—Barley never was grown very extensively in the province of Nova Scotia. Chart VIII gives the acreage of barley from 1890 to 1930 and the production from 1850 to 1930. The acreage under barley increased steadily from 1890 to 1930 while the production reached its maximum in 1870 with 296,050 bushels. It is of interest to note that the production of barley in 1850 exceeded that of 1920 by 22·5 per cent.

CHART VIII.—BARLEY—ACREAGE, 1890-1930; PRODUCTION, 1850-1930

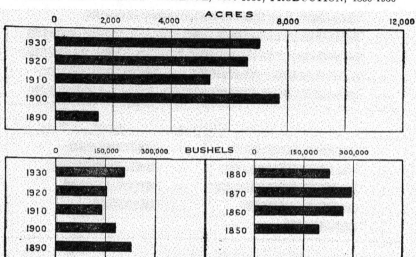

Table XXXII gives the number of farms reporting barley classified according to size of farm 1931, and acreage sown in 1930. Of the total number of farms in the province, 4,513 or 11·4 per cent reported the growing of barley and of these, 4,281 or 94·9 per cent grew less than 5 acres. Of the farms reporting barley, 2,842 or 63·0 per cent of the total are farms between 51 and 200 acres, but only 9 farms in the whole province grew more than 15 acres of barley. In the census of 1921, 6,039 farms reported barley, which shows a decrease of 25·3 per cent for the number reporting in 1931 but an increase in acreage of 6·3 per cent during the same period.

TABLE XXXII.—FARMS REPORTING BARLEY ACCORDING TO SIZE OF FARM, 1931, AND ACREAGE SOWN, 1930

Size of farm	Farms reporting	Under 5 acres	5-9 acres	10-14 acres	15-19 acres	20-24 acres	25 acres and over
All farms................................	4,513	4,281	191	32	4	3	2
1- 4 acres..............................	24	24	–	–	–	–	–
5- 10 "	121	121	–	–	–	–	–
11- 50 '	780	768	10	2	–	–	–
51-100 "	1,293	1,246	37	9	–		–
101-200 "	1,549	1,446	87	13	3	–	–
201-299 "	376	340	32	3	–		–
300-479 '	294	268	21	3	1	1	–
480-639 '	43	38	3	1	–	–	
640 acres and over......................	33	30	1	1	–	–	

Oats.—The acreage of oats in Nova Scotia was 78,750 in 1930 as compared to 95,547 in 1920, a decrease of 16,797 acres or 17·6 per cent during the decade with the production also showing a decrease of 117,269 bushels or 4·3 per cent during the same period. Chart IX gives the acreages of oats from 1890 to 1930 and the production from 1850 to 1930. The maximum production is to be found in 1910 when it reached 2,973,857 bushels.

CHART IX.—OATS—ACREAGE, 1890-1930; PRODUCTION, 1850-1930

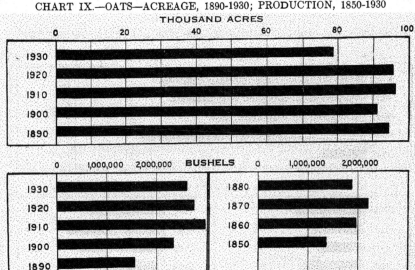

Oats was grown by 48·1 per cent of the farmers in 1930 as compared with 58·1 per cent in 1920. Table XXXIII gives the number of farms reporting oats in 1930 classified according to the size of the farm, 1931, and the acreage sown in 1930. Of the total reporting, 12,513 or 65·9 per cent reported less than 5 acres of oats.

Oats was reported by 72·7 per cent of the farms from 201 to 299 acres, by 71·6 per cent of those of 300 to 479 acres, by 66·9 per cent of those of 480 to 639 acres, by 66·0 per cent of those between 101 and 200 acres, by 60·3 per cent of those over 640 acres, by 56·0 per cent of those between 51 and 100 acres, by 33·1 per cent of those between 11 and 50 acres, by 14·0 per cent of those between 5 and 10 acres, and by 5·7 per cent of the farms under 5 acres.

TABLE XXXIII.—FARMS REPORTING OATS ACCORDING TO SIZE OF FARM, 1931, AND ACREAGE SOWN, 1930

Size of farm	Farms reporting	Under 5 acres	5-9 acres	10-14 acres	15-19 acres	20-24 acres	25-49 acres	50 acres and over
All farms	18,983	12,513	4,572	1,368	319	117	85	9
1- 4 acres	140	140	-	-	-	-	-	-
5- 10 "	428	418	10	-	-	-	-	-
11- 50 '	3,184	2,868	286	23	6	-	1	-
51-100 '	5,782	4,107	1,302	293	59	14	6	1
101-200 '	6,284	3,643	1,874	576	116	43	31	1
201-299 '	1,421	629	501	188	55	23	22	3
300-479 '	1,350	577	461	213	63	22	12	2
480-639 "	245	86	91	44	10	6	6	2
640 acres and over	149	45	47	31	10	9	7	-

Rye.—Rye was never grown to any extent in Nova Scotia as only 138 acres of fall rye and 8 acres of spring rye are reported in 1930 compared with 226 acres in 1920 and 350 acres in 1910. Of the 66 farms which reported rye in 1930, all but 6 reported less than 5 acres.

Corn for Husking.—Like rye, corn for husking was never extensively grown in the province as only 36 acres were reported in 1930 by 88 farms, 70 acres in 1920 and 66 acres in 1910.

Flax.—Only 27 acres of flax were reported in 1931 and 4 in 1930 while 8 farms reported growing small quantities of flax in 1930.

Buckwheat.—Buckwheat ranks about with barley in acreage. In 1930, 3,710 acres were reported compared with 5,834 acres in 1920, 9,541 acres in 1910 and 9,371 acres in 1900. Chart X gives the acreages of buckwheat from 1900 to 1930 and the production from 1850 to 1930 with the maximum quantity of 339,718 bushels produced in 1880. It is of interest to note that the production of 1850 exceeds that of 1930 by 96,397 bushels. In 1930, 2,098 farms reported the growing of buckwheat with only very small acreages reported.

CHART X.—BUCKWHEAT—ACREAGE, 1900-1930; PRODUCTION, 1850-1930

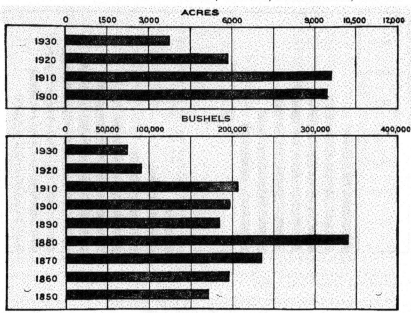

Beans and Peas.—In 1931, 569 acres of beans were grown in the province compared with 723 acres in 1930, 682 acres in 1921 and 770 acres in 1920. In 1931, 58 acres of peas were reported and 64 acres in 1930 compared with 85 acres in 1921 and 67 acres in 1920. Beans and peas were reported by 3,273 farms in 1930 compared with 3,671 in 1920, a decrease of 398 or 10·8 per cent. In 1930, only 3 farms reported more than 5 acres of beans. The farms reporting beans gave an average of 0·26 acres per farm and those reporting peas 0·14 acres.

Mixed Grains.—Tables 7 and 9 (General Tables) give the acreages of mixed grains from 1900 to 1931 and the yields from 1900 to 1930. In 1931, 3,883 acres were reported as compared with 2,141 in 1921 an increase of 81·4 per cent during the decade. Mixed grains were reported by 901 farms in 1931. Table XXXIV gives the number of farms reporting mixed grains classified according to size of farm and acreage sown. It is of interest to note that 69 per cent of the farms reporting had less than 5 acres of mixed grains and that 65·4 per cent of these were farms between 51 and 200 acres.

TABLE XXXIV.—FARMS REPORTING MIXED GRAINS ACCORDING TO SIZE OF FARM, 1931, AND ACREAGE SOWN, 1930

Size of farm	Farms reporting	Under 5 acres	5-9 acres	10-14 acres	15-19 acres	20-24 acres	25 acres and over
All farms	901	622	196	54	19	6	4
1- 4 acres	1	1	–	–	–	–	–
5- 10 "	11	11	–	–	–	–	–
11- 50 "	82	64	15	–	3	–	–
51-100 "	223	159	51	11	1	1	–
101-200 '	366	255	68	28	10	2	3
201-299 '	100	56	32	8	3	–	1
300-479 "	86	53	23	7	1	2	–
480-639 "	18	14	4	–	–	–	–
640 acres and over	14	9	3	–	–	–	–

Cultivated Hay.—Cultivated hay is the crop which occupies the greatest proportion of the total area under field crops. 73·2 per cent of the total area of field crops was under hay in 1931 as compared with 72·4 per cent in 1921. Chart XI gives the acreages of hay from 1870 to 1930 and the production from 1827 to 1930. The acreage under hay reached its maximum in 1900 with 554,371 acres and the production in 1910 with 724,318 tons. Of the 420,816 acres of cultivated hay in 1931, 106,136 acres were in timothy, 311,073 acres in timothy and clover, 713 acres in alfalfa and the remainder in sweet clover and grasses.

CHART XI.—CULTIVATED HAY—ACREAGE, 1870-1930; PRODUCTION, 1827-1930

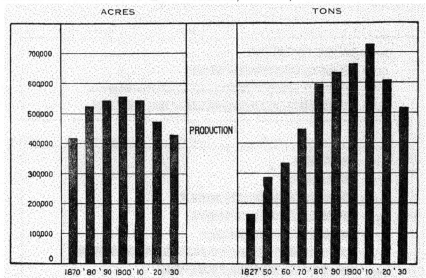

Table XXXV gives the number of farms reporting timothy and clover classified according to size of farm, 1931, and acreage grown in 1930.

TABLE XXXV.—FARMS REPORTING TIMOTHY AND CLOVER ACCORDING TO SIZE OF FARM, 1931, AND ACREAGE GROWN. 1930

Size of farm	Farms reporting	Under 5 acres	5-9 acres	10-14 acres	15-19 acres	20-24 acres	25-49 acres	50-99 acres	100 acres and over
All farms...........................	35,802	12,428	7,832	4,949	3,376	2,552	3,905	712	48
1- 4 acres....................	1,797	1,797	-	-	-	-	-	-	-
5- 10 "	2,626	2,169	457	-	-	-	-	-	-
11- 50 "	8,607	4,429	2,509	991	399	190	89	-	-
51-100 "	9,520	2,282	2,579	1,758	1,214	743	894	50	-
101-200 '	8,991	1,335	1,706	1,604	1,251	1,086	1,748	258	3
201-299 '	1,873	177	264	256	252	254	507	150	13
300-479 '	1,811	171	242	269	204	228	310	174	13
480-639 "	348	43	46	44	31	30	104	43	7
640 acres and over................	229	25	29	27	25	21	53	37	12

Natural Grass.—In 1930, 27,609 tons of natural hay valued at $287,492 were harvested compared with 16,749 tons valued at $189,500 in 1920.

Corn for Forage.—In 1930, 5,597 tons of corn for forage were harvested compared with 2,250 tons in 1920 and 5,210 tons in 1910. Of the 555 farms reporting the growing of corn for fodder in 1930, there were 537 which reported less than 5 acres.

Other Fodder Crops.—In 1930, 18,710 acres of other fodder crops (grains cut for hay, sunflower, etc.) yielded 29,530 tons valued at $334,822 compared with 10,787 acres which yielded 18,215 tons valued at $350,341 in 1920.

Potatoes.—Chart XII gives the acreage of potatoes from 1870 to 1930 and the production from 1827 to 1930. The maximum acreage and yield were reached in 1880 and have decreased since. Hay, oats and potatoes are the three crops most widely grown in the province. In 1930, 82·1 per cent of the farms reported the growing of potatoes as compared with 85·8 per cent in 1920.

CHART XII.—POTATOES—ACREAGE, 1870-1930; PRODUCTION, 1827-1930

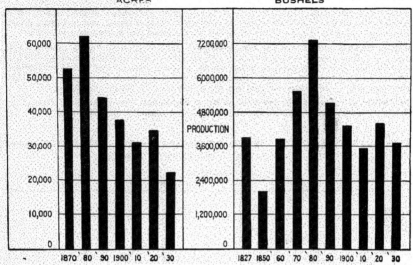

Table XXXVI gives the number of farms reporting potatoes classified according to size of farm and acreage sown. A study of this table reveals the fact that only 0·79 per cent of the farms reporting grew 5 acres or more of potatoes. It also reveals that 61·8 per cent of the farms under 5 acres, 67·7 per cent of the 5 to 10 acres, 77·9 per cent of the 11 to 50 acres, 85·1 per cent of the 51 to 100 acres, 88·9 per cent of the 101 to 200 acres, 92·1 per cent of the 201 to 299 acres, 91·1 per cent of the 300 to 479 acres, 88·8 per cent of the 480 to 639 acres and 84·2 per cent of the farms 640 acres and over reported the growing of potatoes. It also shows that less than 1 per cent of the farms reporting potatoes possess approximately 10 per cent of the total acreage under potatoes in the province.

TABLE XXXVI.—FARMS REPORTING POTATOES ACCORDING TO SIZE OF FARM, 1931, AND ACREAGE SOWN, 1930

Size of farm	Farms reporting	Under 5 acres	5-9 acres	10-14 acres	15-19 acres	20-24 acres	25 acres and over
All farms	32,394	32,137	209	33	7	5	3
1– 4 acres	1,526	1,526	–	–	–	–	–
5– 10 "	2,067	2,066	1	–	–	–	.
11– 50 "	7,490	7,478	10	2	–	–	–
51–100 "	8,788	8,718	62	8	–	–	–
101–200 '	8,471	8,373	77	12	6	3	–
201–299 '	1,800	1,766	23	6	1	2	2
300–479 "	1,719	1,694	22	3	–	–	–
480–639 "	325	318	5	2	–	–	–
640 acres and over	208	198	11	–	–	–	.

Turnips and Other Roots.—Tables 7 and 9 (General Tables) give the acreages of turnips and other roots from 1900 to 1931 and the yields from 1900 to 1930. Between 1920 and 1930 there was a decrease in the acreage of turnips and swedes of 24·2 per cent although the production shows a slight increase. The increasing popularity of commercial fertilizers and the quick response of roots to their application have increased the yield per acre to a great extent. In 1930, 14,560 farms reported turnips and other field roots and of these 14,516 reported less than 5 acres, 42 between 5 and 9 acres and 2 reported 10 acres or more. The farms between 11 and 200 acres contributed 77·6 per cent of the farms reporting field roots.

TABLE XXXVII.—FARMS REPORTING TURNIPS AND OTHER FIELD ROOTS ACCORDING TO SIZE OF FARM, 1931, AND ACREAGE SOWN, 1930

Size of farm	Farms reporting	Under 5 acres	5-9 acres	10-14 acres	15 acres and over
All farms	14,560	14,516	42	1	'
1– 4 acres	258	258	–	–	–
5– 10 "	482	482	–	–	–
11– 50 "	2,591	2,590	1	–	–
51–100 '	4,082	4,076	6	–	–
101–200 '	4,626	4,610	15	1	–
201–299 '	1,125	1,116	9	–	–
300–479 "	1,074	1,069	5	–	–
480–639 "	194	190	3	–	–
640 acres and over	128	125	3	–	–

Tobacco.—Tobacco never was grown extensively in Nova Scotia and there was none reported in the census of 1931.

Grass Seed Harvested.—Table 9 (General Tables) gives the amount of grass and clover seed harvested in the province from 1900 to 1930. In 1930, 3,840 pounds of clover seed and 23,232 pounds of grass seed were harvested compared with 32,340 pounds and 68,064 pounds respectively in 1920.

Average Yield of Field Crops per Acre, 1890-1930.—Table 11 (General Tables) gives the average yield per acre of field crops for the period between 1890 and 1930. The outstanding fact shown in this table is that during that period of 40 years, no change has taken place in yield per acre beyond the fluctuations that one might expect from year to year. Potatoes, however, in 1930 yielded an average of 164·7 bushels per acre which is 37·5 bushels more per acre than was ever produced in the province before.

Production of Certain Crops per Head of Rural Population, 1900-1930.—Chart XIII gives the production of the most important field crops per head of rural population since 1900.

CHART XIII.—PRODUCTION OF WHEAT, BARLEY, OATS AND POTATOES PER
HEAD OF RURAL POPULATION, 1900-1930

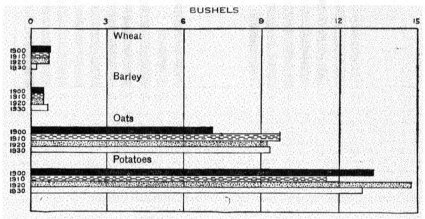

Production of Certain Crops per Person Occupied in Agriculture, 1880-1930.—Chart XIV gives the production of wheat, barley, oats and potatoes per person occupied in agriculture from 1880 to 1930.

CHART XIV.—PRODUCTION OF WHEAT, BARLEY, OATS AND POTATOES PER
PERSON GAINFULLY OCCUPIED IN AGRICULTURE, 1880-1930

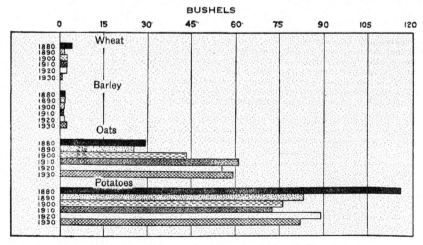

Crop Failure.—In 1930, 1,900 farms reported failure of certain crops as compared with 878 in 1920, the acreage reported being 4,978 acres and 1,885 acres respectively. Of the farms reporting, 1,395 gave the cause of failure as being drought, 11 frost, 53 hail and excessive rain, 119 insects, 7 rust, 93 plant diseases and 222 gave other causes. The largest acreage (4,153 acres) was attributed to drought and the next largest (596 acres) to what was given as other causes. Of the total acreage on which crops failed, 3,784 acres were sown to hay and forage crops, 388 to oats, 290 to potatoes, 266 to turnips and swedes and the remainder was distributed in small amounts among various other crops.

Value of Field Crops.—The value of field crops by kind is given in Table 10 (General Tables) for the last three censuses. The value of all field crops for the province was $13,031,376 in 1930 compared with $21,834,118 in 1920 and $11,005,033 in 1910, a decrease of 40·3 per cent from 1920 and an increase of 18·4 per cent over 1910. Chart XV gives the value of the main crops for 1910, 1920 and 1930.

TABLE XXXVIII.—PER CENT OF THE TOTAL VALUE OF FIELD CROPS CONTRIBUTED BY CERTAIN CROPS, 1910-1930

Crop	1910	1920	1930
All field crops	100·0	100·0	100·0
Wheat	2·1	2·1	0·4
Barley	1·0	1·0	1·4
Oats	13·3	11·5	12·3
Rye	(1)	(1)	(1)
Corn, for husking	(1)	(1)	(1)
Flax, for seed	(1)	(1)	(1)
Buckwheat	1·1	0·6	0·5
Beans and peas	0·3	0·3	0·3
Mixed grains	0·4	0·4	0·6
Clover and grass seed	(1)	0·1	(1)
Hay, cultivated	59·4	57·9	54·4
Marsh hay	(2)	0·9	2·2
Other forage crops	0·5	1·7	2·8
Potatoes	15·8	16·9	15·6
Turnips	5·0	6·1	8·1
Other roots	0·9	0·5	1·5

(1) Less than one-tenth of one per cent.
(2) Not available.

Table XXXVIII shows the position of each crop in relation to the total value of field crops. It shows that wheat formed only 0·4 per cent of the total value in 1930 as compared with 2·1 per cent in 1920. In 1930 oats was 12·3 per cent of the total, in 1920, 11·5 per cent, and in 1910, 13·3 per cent. Cultivated hay has decreased steadily since 1910 in its proportion to the total value as in 1930 it constituted 54·4 per cent of the total, 57·9 per cent in 1920 and 59·4 per cent in 1910. On the other hand the percentage of both

CHART XV.—VALUE OF THE PRINCIPAL FIELD CROPS, 1910-1930

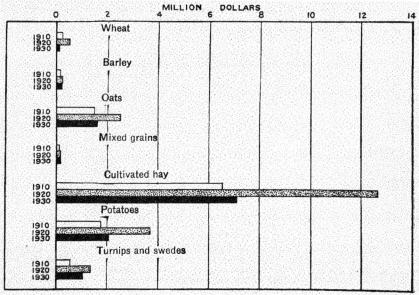

natural hay and other forage crops increased; the latter from 0·5 per cent in 1910 to 2·8 per cent in 1930. Potatoes remained at practically the same proportion during the thirty-year period, in 1910 they occupied 15·8 per cent, in 1920, 16·9 per cent and in 1930, 15·6 per cent of the total value of field crops.

In each census the value of cultivated hay was the greatest proportion of the total with potatoes in second and oats in third place.

Unit Values.—Table XXXIX gives the average value of field crops per unit of quantity for 1920 and 1930, which shows that nearly every crop has suffered a very drastic reduction in price per unit of quantity when compared with 1920. This is, of course, the reason why the total value of field crops has not increased proportionately with the production.

TABLE XXXIX.—AVERAGE VALUE OF FIELD CROPS PER UNIT OF QUANTITY, 1920-1930

Crop	Unit	1920	1930
		$	$
Wheat	bush.		
Barley	"		
Oats	"		
Rye	"		
Corn, for husking	"		
Buckwheat	"		
Beans	"		
Peas	"		
Flax, for seed	"		
Mixed grains	"		
Timothy and clover	tons		
Alfalfa	"		
Millet and Hungarian grass	"		
Marsh hay	"		
Corn, for forage	"		
Grains cut for hay	"		
Other fodder crops	"		
Potatoes	bush.		
Turnips	"		
Mangolds	tons		(1) 20·26
Carrots	"		
Sugar beets	"		(1) 12·58
Other field roots	"		—
Tobacco	lb.		0·12
Hops	"	—	0·25
Flax, for fibre	"		

(1) Included with other field roots.

Average Value per Acre.—In Table XL the average value per acre of the different crops is given for 1910, 1920 and 1930 showing that with the exception of turnips and other field roots, the value of the various crops per acre has decreased when compared with 1920, but increased over 1910 in every crop except corn for husking and forage crops. The increase in the value of turnips and other field roots from 1920 to 1930 is remarkable in view of the pronounced decline in the value per acre of the other crops.

TABLE XL.—AVERAGE VALUE OF FIELD CROPS PER ACRE, 1910-1930

Crop	1910	1920	1930
	$		
All field crops	15·48		
Wheat	18·84		
Barley	21·21		
Oats	15·23		
Rye	14·75		
Corn, for husking	34·33		
Flax, for seed	—		
Buckwheat	12·63		
Beans and peas	38·30		
Mixed grains	20·17		
Hay, cultivated	12·08		
Forage crops	20·21		
Potatoes	56·42		
Turnips	65·83		
Other field roots	80·27		

VEGETABLES

The acreage, quantity and value of vegetables produced in 1930 are given in Table 19 (General Tables) with corresponding figures for 1920. The total value of vegetables amounted to $1,287,848 in 1930 as compared with $1,052,852 in 1920. The farm garden produce alone was valued at $835,217 and the value of vegetables grown on holdings of less than one acre, $163,323.

The vegetables grown in appreciable quantities in market gardens were as follows:—beets 19,748 bushels valued at $17,795, cabbages 158,025 bushels at $109,561, carrots 41,039 bushels at $35,283, celery 71,650 heads at $4,562, lettuce 173,446 heads at $8,272, parsnips 10,077 bushels at $9,790, sweet corn 39,296 bushels at $18,332 and tomatoes 18,658 bushels at $16,446. Asparagus, cantaloupes and melons, cauliflowers, cucumbers, green beans and green peas, onions and rhubarb were also reported in small quantities. While these figures are small, they show substantial gains over 1920. In 1931, 1,065 acres of land were devoted to market gardens as compared with 293 acres in 1921.

GREENHOUSES, HOTHOUSES AND NURSERIES

Table 19 (General Tables) gives the statistics of greenhouses, hothouses and nurseries for 1920 and 1930. In 1930 the total receipts of greenhouse and hothouse establishments amounted to $163,330 and those of nurseries to $10,481. There were 54,271 forest trees planted and growing in 1931.

FRUIT TREES, FRUITS AND MAPLE PRODUCTS

Tables 12 and 13 (General Tables) give the number of trees of bearing age and not of bearing age from 1901 to 1931 and the production of fruits on farms and elsewhere from 1900 to 1930. The value of all fruits and maple products produced in 1930 was $3,453,663 as compared with $4,183,043 in 1920 a decrease of $729,380 or 17·4 per cent. There was a marked increase in the production of all fruits with the exception of cherries between 1920 and 1930. The most important crop, apples, amounted in 1930 to 4,971,476 bushels which is 140·7 per cent greater than the production of 1901. There were 21,297 farms reporting orchards in the province in 1931 compared with 25,417 in 1921. It appears as though orchards which died out in that period were never replaced.

Table LXVIII gives the number of fruit trees and the production of fruits elsewhere than on farms for 1921 and 1931. These form only a very small proportion of the total fruit produced.

Table XLI gives the production of various kinds of fruits from 1880 to 1930. Considering the production of fruits in the province over the past 50 years, a considerable development has taken place especially that of apples and pears, the other fruit crops showing irregular fluctuations. In 1930 the production of apples was more than five times as much as in 1880. It should be noted that the production of a fruit crop depends to a large extent upon seasonal conditions and that therefore care should be taken in making deductions as to trend from figures of production gathered at ten-year intervals.

The area and production of grapes and small fruits show a marked increase between 1920 and 1930, the area under small fruits increasing 73·5 per cent during the decade. Maple products have decreased very materially in the past fifty years. In 1880, 217,481 pounds of maple sugar were produced, whereas in 1931, production had declined to 26,854 pounds, and maple syrup production declined from 8,941 gals. in 1911 to 5,878 gals. in 1931.

TABLE XLI.—PRODUCTION OF FRUITS. 1880-1930

Fruit	Unit	1880	1890	1900	1910	1920	1930
Apples	bush.	908,519	1,051,592	2,065,104	1,666,977	4,322,436	4,971,476
Peaches	"		534	3,231	1,043	287	426
Pears	"	18,485	7,115	14,881	23,506	11,556	23,456
Plums	"		9,246	28,931	16,984	8,961	11,254
Cherries	"		7,482	16,669	10,004	4,770	4,267

Table XLII gives the number of farms reporting orchards classified by size of farm and the number of trees reported in 1931. It shows that 22·2 per cent of the farms reporting orchards reported less than 10 trees, 31·5 per cent reported between 10 and 24, 17·3 per cent between 25 and 49, 7·7 per cent between 50 and 74, 3·0 per cent between 75 and 99 and 18·2 per cent 100 trees and over. The fact that only 28·9 per cent of the orchards had fifty trees and over indicates that the bulk of the production is distributed over a large number of farms and therefore does not provide a large cash income on these farms. Of the farms reporting orchards 77·3 per cent are between 11 and 200 acres.

TABLE XLII.—FARMS REPORTING ORCHARDS ACCORDING TO SIZE OF FARM AND NUMBER OF TREES REPORTED, 1931

Size of farm	Farms reporting	1–9 trees	10–24 trees	25–49 trees	50–74 trees	75–99 trees	100–149 trees	150–299 trees	300–499 trees	500 trees and over
All farms	21,297	4,730	6,718	3,690	1,640	638	879	1,131	778	1,093
1– 4 acres	785	283	223	124	64	31	41	19	–	–
5– 10 "	1,053	356	305	130	74	33	36	94	21	4
11– 50 "	4,540	1,248	1,560	656	242	111	168	259	165	131
51–100 "	5,892	1,314	1,909	1,027	450	163	185	259	252	333
101–200 "	6,040	1,126	1,857	1,177	486	188	280	311	232	383
201–299 "	1,329	169	393	271	135	48	63	93	47	110
300–479 "	1,280	197	378	226	136	46	77	65	52	103
480–639 "	233	25	63	48	35	11	17	17	4	13
640 acres and over	145	12	30	31	18	7	12	14	5	16

FOREST PRODUCTS OF FARMS

Table 20 (General Tables) gives the quantity of forest products and their value for 1910, 1920 and 1930.

The area of woodland on farms was 2,502,773 acres in 1931 as compared with 2,671,904 acres in 1921 and 2,914,033 acres in 1911. Firewood is the most important of all forest products in the province forming 52·1 per cent of the total value of forest products in 1930. The production of forest products was reported by 28,369 farms or 71·9 per cent of all the farms in the province.

Average Price per Unit, 1930, and Average Value per Farm, 1910-1930.—The average price of forest products per unit for the last census was as follows:—firewood, $5.05 a cord; pulpwood $5.63 a cord; fence posts and rails $0.06 a piece; railway ties $0.59 a piece; and the logs for lumber averaged $15.00 per M. ft. B.M. which in each case except firewood and railway ties was lower than in 1920. The average value of forest products per farm was $98.83 in 1930 as compared with $94.92 in 1920 and $68.10 in 1910.

LIVE STOCK

Table 14 (General Tables) gives the number and value of the various classes of live stock from 1901 to 1931. The total value of live stock for 1931 shows a decrease of 36·9 per cent from 1921, 15·2 per cent from 1911 and an increase of 28·1 per cent over 1901. It must be remembered, however, that in 1901 the census was taken as of April 1st which would make a considerable difference in the number of live stock on hand at the time of the census.

Table XLIII gives a summary of the total number of the various classes of live stock on farms and elsewhere from 1827 to 1931, a period of over 100 years.

TABLE XLIII,—NUMBER OF LIVE STOCK, 1827-1931

Class	1827	1851	1861	1871	1881
Horses	12,951	28,789	41,927	49,579	57,167
Cattle	110,818	243,713	262,297	273,967	325,603
Sheep	173,731	282,180	332,653	398,377	377,801
Swine	71,482	51,533	53,217	54,162	47,256
Poultry	–	–	–	–	–

Class	1891	1901	1911	1921	1931
Horses	65,047	62,508	61,420	59,383	46,013
Cattle	324,772	316,174	287,492	276,406	230,941
Sheep	331,492	285,244	221,074	272,024	196,344
Swine	48,048	45,405	63,380	51,313	47,429
Poultry	792,184	798,145	954,251	1,196,434	1,474,237

A comparison of Tables XLIII and XLIV shows that prices have been subject to fluctuations during the period 1901-1931, and that the changes in value are due more to differences in prices than to changes in numbers. For example, the number of horses decreased by 16,495 between 1901 and 1931 and their value increased by $414,781 and the number of cattle decreased by 85,233 and their value increased by $1,672,918 in the same period. It must be kept in mind that during this period great efforts were made by the various departments of agriculture, by agricultural societies and individuals to improve the quality of live stock in the provinces of the Dominion. What is said of horses and cattle also applies to the other classes of live stock.

TABLE XLIV.—VALUE OF LIVE STOCK, 1901-1931

Class	1901	1911	1921	1931
	$	$	$	$
Horses	3,854,382	7,110,946	7,711,197	4,269,163
Cattle	5,381,824	7,236,371	10,654,320	7,054,742
Sheep	757,278	795,773	1,536,614	946,054
Swine	387,380	538,809	746,741	467,868
Poultry	218,223	326,130	843,941	830,915

Number of Live Stock per Farm.—Table XLV gives the average number of live stock per farm from 1871 to 1931. There are no wide variations in the average number of live stock per farm except in the case of sheep which decreased from 8·6 in 1871 to 5·0 in 1931 and poultry which increased from 12·3 in 1891 to 37·4 in 1931.

TABLE XLV.—NUMBER OF LIVE STOCK PER FARM, 1871-1931[1]

Class	1871	1881	1891	1901	1911	1921	1931
Horses	1·1	1·0	1·0	1·1	1·2	1·3	1·2
Cattle	5·9	5·8	5·0	5·8	5·5	5·8	5·9
Sheep	8·6	6·8	5·1	5·2	4·2	5·7	5·0
Swine	1·2	0·8	0·7	0·8	1·2	1·1	1·2
Poultry	–	–	12·3	14·7	18·2	25·2	37·4

[1] Includes a small number of animals owned by persons not on farms.

The decrease in the number of sheep and the increase in the number of poultry per farm seem indicative of the change in farming conditions over that period of time.

Number of Live Stock per 100 Acres of Occupied and Improved Land.—Tables XLVI and XLVII give the number of live stock per 100 acres of occupied and improved land. A glance at these two tables shows numerous fluctuations from census to census. The only regular trend is in poultry which increased steadily from 1891. The trend in sheep was downward to 1891 but since then irregular.

TABLE XLVI.—NUMBER OF LIVE STOCK PER 100 ACRES OF OCCUPIED LAND, 1871-1931

Class	1871	1881	1891	1901	1911	1921	1931
Horses	1·0	1·1	1·1	1·2	1·2	1·3	1·1
Cattle	5·4	6·0	5·3	6·2	5·5	5·9	5·4
Sheep	7·9	7·0	5·5	5·6	4·2	5·8	4·6
Swine	1·1	0·9	0·8	0·9	1·2	1·1	1·1
Poultry	–	–	13·0	15·7	18·1	25·3	34·3

TABLE XLVII.—NUMBER OF LIVE STOCK PER 100 ACRES OF IMPROVED LAND, 1827-1931

Class	1827	1851	1861	1871	1881
Horses	4·4	3·4	4·1	3·0	3·0
Cattle	36·0	29·0	25·5	16·8	17·3
Sheep	39·5	33·6	32·4	24·5	20·1
Swine	24·5	6·1	5·2	3·3	2·5
Poultry	–	–	–	–	–

Class	1891	1901	1911	1921	1931
Horses	3·3	5·0	4·9	6·0	5·4
Cattle	16·3	25·1	22·9	27·9	27·3
Sheep	16·6	22·7	17·6	27·4	23·2
Swine	2·4	3·6	5·0	5·2	5·6
Poultry	39·7	63·5	75·9	120·6	174·5

Number of Live Stock per Capita.—Table XLVIII shows the number of live stock per capita for Nova Scotia from 1827 to 1931 and Chart XVI plots the variations which have taken place during the period. The number of horses per capita was at its maximum of 0·14 in 1891 and 1901, but declined to 0·09 in 1931. This is explained by the increase in tractors, motor trucks, and automobiles in recent years. The number per capita of cattle, sheep and swine has been declining generally with some slight variations. The number of poultry per capita on the other hand has increased from 1.76 in 1891 to 2·87 in 1931.

TABLE XLVIII.—NUMBER OF LIVE STOCK PER CAPITA, 1827-1931

Class	1827	1851	1861	1871	1881
Horses	0·10	0·10	0·13	0·13	0·13
Cattle	0·90	0·88	0·90	0·71	0·74
Sheep	1·41	1·02	1·01	1·03	0·86
Swine	0·58	0·19	0·16	0·14	0·11
Poultry	–	–	–	–	–

Class	1891	1901	1911	1921	1931
Horses	0·14	0·14	0·10	0·11	0·09
Cattle	0·72	0·69	0·58	0·53	0·45
Sheep	0·74	0·62	0·45	0·52	0·38
Swine	0·11	0·10	0·13	0·10	0·09
Poultry	1·76	1·74	1·94	2·28	2·87

CHART XVI.—NUMBER OF LIVE STOCK PER CAPITA, 1827-1931

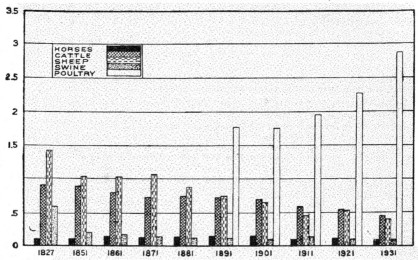

Horses.—Table 14 (General Tables) gives the number and value of horses in the province from 1901 to 1931. The decrease in the number of horses in the decade was 13,370 or 22·5 per cent whereas the value decreased 44·6 per cent, that is, from $7,711,197 in 1921 to $4,269,163 in 1931. All classes of horses have decreased in much the same proportion. The average value per horse in 1931 was $92.78 as compared with $129.86 in 1921, $115.78 in 1911 and $61.66 in 1901. Chart XVII gives the number of horses from 1827 to 1931 and shows that it increased steadily up to 1891 and since then has declined. In 1921, 29,558 or 62·3 per cent of all the farms reported horses while in 1931 only 23,821 or 60·4 per cent reported them. Table XLIX gives the number of farms reporting horses classified as to size of farm and the number of horses reported. Of the farms reporting horses 94·4 per cent reported less than four horses, 5·4 per cent from 4 to 7 and the remaining 0·2 per cent reported 8 horses and over. It also shows that only 23·0 per cent of the

CHART XVII.—NUMBER OF HORSES, 1827-1931

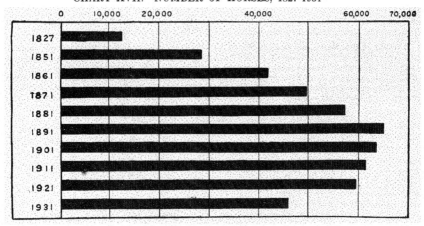

farms 1 to 10 acres reported horses whereas 66·5 per cent of the farms of 11 acres and over possessed them. It must be remembered in this connection that of the total number of farms in the province, 1,415 were "non-resident", that is, they were operated by people who lived in some other enumeration district at the time and that generally the live stock and machinery were enumerated at the place of residence of the operator, which accounts for a certain number of the farms not reporting live stock.

TABLE XLIX.—NUMBER OF FARMS REPORTING HORSES ACCORDING TO SIZE OF FARM AND
NUMBER REPORTED, 1931

Size of farm	All farms reporting	Farms reporting			
		1-3 horses	4-7 horses	8-9 horses	10 horses and over
All farms	23,821	22,498	1,277	25	21
1- 4 acres	463	460	2	–	1
5- 10 "	809	804	4	–	1
11- 50 "	4,197	4,160	36	1	–
51-100 '	7,042	6,794	246	1	1
101-200 '	7,546	7,055	479	6	6
201-299 '	1,664	1,460	198	3	3
300-479 "	1,608	1,393	201	8	6
480-639 "	301	239	60	2	–
640 acres and over	191	133	51	4	3

Of the 43,074 horses reported on farms, 40,969 or 95·1 per cent were mares and geldings two years old and over. In addition there were 951 colts and fillies under one year, 973 between one and two years and 181 stallions two years old and over for breeding.

Cattle.—There were 230,941 cattle valued at $7,054,742 enumerated in the census of 1931 as compared with 276,406 in 1921 valued at $10,654,320, a decrease of 16·4 per cent in number and 33·8 per cent in value. Chart XVIII illustrates the decennial numerical movement of cattle from 1827 to 1931. Table L gives the number of cattle on farms by age classes for 1921 and 1931 together with the numerical and percentage increase or decrease. It will be noticed that the only class which shows an increase over 1921 is the class of bulls one year old and over, all other classes showing decreases.

CHART XVIII.—NUMBER OF CATTLE, 1827-1931

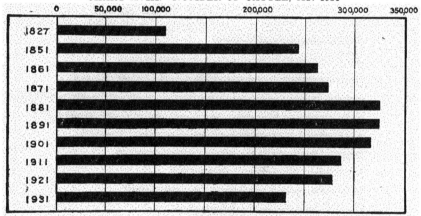

TABLE L.—NUMBER OF CATTLE ON FARMS BY AGE CLASSES, 1921-1931

Class	Unit	1921	1931	Increase (²)	
				Numerical	p.c.
Total number (¹)	No.	266,363	221,001	−45,362	−17·0
Total value (¹)	$	10,141,074	6,718,873	−3,422,201	−33·7
Under 1 year	No.	51,176	43,126	−8,050	−15·7
Heifers 1-2 years	"	34,329	28,584	−5,745	−16·7
Steers 1-2 years	"	17,513	11,674	−5,839	−33·3
Cows and heifers 2 years and over	"	135,785	118,790	−16,995	−12·5
Steers 2 years and over	"	23,714	14,376	−9,338	−39·4
Bulls 1 year and over	"	3,846	4,451	605	15·7
Cows in milk or in calf	"	119,738	108,146	−11,588	−9·7

(¹) Does not include 9,940 cattle valued at $335,869 elsewhere than on farms in 1931 and 10,043 valued at $513,246 in 1921 which were not divided into these age classes.
(²) A minus sign (−) denotes a decrease.

Table LI gives the number of farms reporting cows in milk or in calf by size of farm and by number reported. Of the total number of farms, 31,155 or 79·0 per cent reported cows in milk or in calf in 1931 while 40,474 or 85·3 per cent of all farms reported them in 1921. Of the farms reporting in 1931, 74·5 per cent reported less than 5 cows, 20·8 per cent between 5 and 9 cows, and the remaining 4·7 per cent reported

10 cows and over. It will be of interest to note that only 51·3 per cent of the farms 1 to 4 acres kept cows in milk or in calf, 60·9 per cent of the 5 to 10 acres, 73·9 per cent of the 11 to 50 acres, 83·0 per cent of the 51 to 100 acres, 87·7 per cent of the 101 to 200 acres, 90·0 per cent of the 201 to 299 acres, 90·5 per cent of the 300 to 479 acres and 87·6 per cent of the farms 480 acres and over. It must be remembered that the great majority of "non-resident" farms being in the two classes 11 to 50 acres and 51 to 100 acres will consequently bring down the relative number of farms reporting cows in milk or in calf in these two classes.

TABLE LI.—NUMBER OF FARMS REPORTING COWS IN MILK OR IN CALF ACCORDING TO SIZE OF FARM AND NUMBER REPORTED, 1931

Size of farm	All farms reporting	Farms reporting					
		1–4 cows	5–9 cows	10–14 cows	15–19 cows	20–29 cows	30 cows and over
All farms	31,155	23,209	6,487	1,073	250	111	25
1- 4 acres	1,265	1,254	10	1	-	-	-
5- 10 "	1,859	1,830	24	4	-	1	-
11- 50 "	7,104	6,707	359	31	5	2	-
51-100 "	8,571	6,533	1,816	178	33	10	1
101-200 "	8,352	4,994	2,779	440	93	39	7
201-299 "	1,760	847	668	171	45	22	7
300-479 "	1,707	794	655	178	54	23	3
480-639 "	329	146	115	47	11	6	4
640 acres and over	208	104	61	23	9	8	3

Sheep.—The number of sheep decreased by 27·8 per cent and the value by 38·4 per cent between 1921 and 1931. Chart XIX gives the number of sheep from 1827 to 1931. The number of sheep in the province rose steadily up to 1871 when it reached a maximum of 398,377 and has decreased since then. The average value per head in 1931 was $4.82 as compared with $5.65 in 1921, $3.60 in 1911 and $2.65 in 1901

CHART XIX.—NUMBER OF SHEEP, 1827-1931

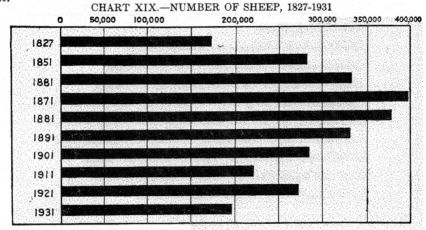

Table LII gives the number of farms reporting sheep classified according to size of farm and the number of sheep reported. The farms reporting sheep in 1931 numbered 9,723 as compared with 14,905 in 1921 Of the farms reporting, 2,446 or 25·2 per cent reported less than 10 sheep, 3,131 or 32·2 per cent between 10 and 19, 2,137 between 20 and 29, 1,126 between 30 and 39, 483 between 40 and 49, 363 between 50 and 99, and 37 reported 100 or more sheep.

TABLE LII—NUMBER OF FARMS REPORTING SHEEP ACCORDING TO SIZE OF FARM AND NUMBER REPORTED, 1931

Size of farm	All farms reporting	Farms reporting					
		1–9 sheep	10–19 sheep	20–29 sheep	30–39 sheep	40–49 sheep	50–99 sheep	100 sheep and over
All farms	9,723	2,446	3,131	2,137	1,126	483	363	37
1- 4 acres	196	135	51	6	3	-	1	-
5- 10 "	261	164	72	15	6	2	2	-
11- 50 "	1,347	629	493	161	44	12	8	-
51-100 "	2,910	755	1,072	640	276	108	55	4
101-200 "	3,404	585	1,060	910	495	209	139	6
201-299 "	719	88	196	182	112	69	65	7
300-479 "	704	72	155	180	152	68	67	10
480-639 "	126	11	27	29	27	10	19	3
640 acres and over	56	7	5	14	11	5	7	7

Swine.—There were 47,429 swine enumerated in the census of 1931 valued at $467,868 which represented a decrease in number of 3,884 or 7·6 per cent and a decrease in value of $277,873 or 37·3 per cent when compared with 1921. Table LIII gives the number of swine on farms for 1921 and 1931 and shows that a decrease in the number of swine took place in each class.

TABLE LIII.—NUMBER OF SWINE ON FARMS, 1921-1931

Class	Unit	1921	1931	Increase (²)	
				Numerical	p.c.
Total number (¹)................................	No.	47,457	43,865	−3,592	−7·6
Total value (¹).................................	$	685,543	432,713	−252,830	−36·9
Under 6 months.................................	No.	34,160	33,266	−894	−2·6
Sows 6 months old and over......................	"	6,474	5,949	−525	−8·1
Boars 6 months old and over.....................	"	643	454	−189	−29·4
Other hogs 6 months old and over................	"	6,180	4,196	−1,984	−32·1

(¹) Does not include 3,564 swine valued at $35,155 elsewhere than on farms in 1931 and 3,856 valued at $60,198 in 1921 which were not divided into age classes.
(²) A minus sign (−) denotes a decrease.

Chart XX gives the number of swine for each census from 1827 to 1931 and shows that the number of swine has fluctuated with less regularity by census periods than any other class of live stock. There were more swine in Nova Scotia in 1827 than in any census year from 1851 to 1931.

CHART XX.—NUMBER OF SWINE, 1827-1931

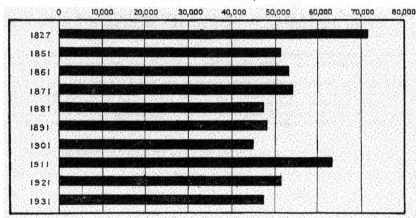

Table LIV shows the number of farms reporting swine classified according to size of farm and number of swine reported. There were 51·7 per cent of the farms which reported swine in 1931 and of that number 97·6 per cent reported less than 10 pigs, 1·8 per cent between 10 and 19 and the remaining 0·6 per cent reported 20 and over.

TABLE LIV.—NUMBER OF FARMS REPORTING SWINE ACCORDING TO SIZE OF FARM AND NUMBER REPORTED, 1931

Size of farm	All farms reporting	Farms reporting					
		1–9 swine	10–19 swine	20–29 swine	30–39 swine	40–49 swine	50 swine and over
All farms................................	20,383	19,887	373	65	25	10	23
1– 4 acres............................	724	718	5	–	–	–	1
5– 10 "	1,064	1,056	3	3	–	1	1
11– 50 "	4,429	4,375	39	4	3	3	5
51–100 "	5,512	5,412	75	17	6	–	2
101–200 "	5,752	5,573	138	20	9	4	8
201–299 "	1,286	1,224	47	10	2	1	2
300–479 "	1,234	1,177	45	8	2	–	2
480–639 "	239	219	14	2	2	1	1
640 acres and over....................	143	133	7	1	1	–	1

Poultry.—There were 1,474,237 poultry valued at $830,915 in the census of 1931 as compared with 1,196,434 valued at $843,941 in 1921, an increase of 277,803 or 23·2 per cent in number but a decrease of $13,026 or 1·5 per cent in value during the decade. Table LV gives in detail the number of the various classes of poultry for the five censuses from 1891 to 1931. Poultry was enumerated in the province for the first time in 1891 and their numbers have increased steadily since as the table shows. The number of hens and chickens has increased consistently from census to census but the numbers of the other classes of poultry declined from 1891 to 1921 and increased from 1921 to 1931.

TABLE LV.—NUMBER OF POULTRY BY KIND, 1891-1931

Class	1891	1901	1911	1921	1931
All poultry..........................	792,184	798,145	954,251	1,196,434	1,474,237
Hens and chickens...................	707,260	739,591	912,609	1,171,661	1,436,046
Turkeys............................	25,547	23,564	11,945	6,800	11,182
Ducks.............................	16,286	12,801	10,897	8,382	9,794
Geese.............................	39,630	22,189	18,800	9,591	14,329
Other poultry......................	3,461	(1)	(1)	(1)	(2)2,886

(1) Not available.
(2) Includes turkeys, ducks and geese elsewhere than on farms as these were not enumerated by separate classifications.

The 1931 schedule of agriculture reveals the fact that 30,167 farms or 76·5 per cent of the total number of farms in the province reported the keeping of poultry. Of these 15,650 kept less than 25 birds, 8,850 from 25 to 49, 2,977 from 50 to 74, 1,137 from 75 to 99, 767 from 100 to 149, 235 from 150 to 199, 299 from 200 to 299, 169 from 300 to 499 and 153 kept 500 birds and over.

Bees.—The number of hives of bees in the province totalled 990 with a value of $9,910, an increase in number of 17·6 per cent over 1921. There were 115 farms reporting bees in 1931 as compared to 143 in 1921

Per Cent of the Total Value of Live Stock Contributed by Each Kind, 1901-1931.—Table LVl shows that cattle provided the largest percentage of the total value of live stock in each census year from 1901 to 1931. The percentage of the value in horses occupied second place in each year. Poultry which occupied fifth place in 1901 and 1911 took fourth place in 1921 and 1931. Sheep remained third in the percentage of value for each census while swine declined from fourth place in 1901 and 1911 to fifth place in 1921 and 1931.

TABLE LVI.—PER CENT OF THE TOTAL VALUE OF LIVE STOCK CONTRIBUTED BY EACH KIND, 1901-1931

Class	1901	1911	1921	1931
All live stock.......................	100·0	100·0	100·0	100·0
Horses............................	36·3	44·4	35·8	31·4
Cattle.............................	50·8	45·2	49·5	51·9
Sheep.............................	7·1	5·0	7·1	7·0
Swine.............................	3·7	3·4	3·5	3·4
Poultry............................	2·1	2·0	3·9	6·1

PURE-BRED LIVE STOCK

Table 18 (General Tables) gives the number of the various classes of pure-bred live stock and its ratio to all live stock for 1911, 1921 and 1931· horses and swine being the only two classes showing a decrease from 1921 to 1931. All classes show increases when the 1931 numbers are compared with 1911. The number of farms reporting pure-bred sheep and swine show increases from 1921 to 1931 while those reporting pure-bred horses and poultry declined. This decline in the number reporting poultry is accompanied by a large increase in the number of pure-bred poultry reported, indicating a larger number per farm.

Table LVII gives the number of pure-bred live stock classified according to breed for the three censuses of 1911, 1921 and 1931.

TABLE LVII.—PURE-BRED LIVE STOCK BY BREED, 1911-1931

Breed	1911	1921	1931
Horses—			
All breeds	359	432	424
Clydesdale	147	231	156
French Canadian	1	2	18
Hackney	28	12	3
Percheron	10	43	137
Standard Bred	98	87	80
Other breeds	75	57	30
Cattle—			
All breeds	2,315	5,533	8,976
Aberdeen-Angus	–	4	6
Ayrshire	356	1,290	1,811
French Canadian	–	–	14
Guernsey	179	711	2,591
Hereford	50	96	195
Holstein	283	1,350	1,173
Jersey	467	1,199	2,485
Shorthorn	771	862	656
Other breeds	209	21	45
Sheep—			
All breeds	862	1,781	2,739
Cheviot	32	90	67
Cotswold	43	36	18
Dorset	18	39	18
Hampshire	11	10	14
Leicester	65	70	26
Oxford Down	80	462	964
Shropshire	407	897	1,605
Southdown	72	50	24
Other breeds	134	127	3
Swine—			
All breeds	662	751	666
Berkshire	187	161	20
Chester White	52	104	82
Yorkshire	354	454	552
Other breeds	69	32	12
Poultry (hens and chickens)—			
All breeds	(1)	36,428	65,357
Jersey Giants		–	540
Leghorns		11,109	25,987
Minorcas		184	345
Plymouth Rocks		11,299	31,586
Rhode Island		4,716	3,629
Wyandottes		7,513	2,653
Other breeds		1,607	617

(1) Not available.

The main breeds of horses reported are Clydesdale, Percheron and Standard Bred. Guernsey, Jersey, Ayrshire, Holstein and Shorthorn are the most important pure breeds of cattle. In sheep, the Oxford Down and the Shropshire comprise 93·8 per cent of the pure-bred sheep reported. The Yorkshire and Chester White breeds comprise most of the pure-bred swine in the province. In poultry, the Plymouth Rocks and Leghorns constitute 88·1 per cent of the total number of pure-bred.

STOCK SOLD ALIVE OFF FARMS

Table 16 (General Tables) gives the statistics of live stock sold alive in 1920 and 1930. In order to prevent duplication which might result from stock passing through the hands of two or more farmers, this item on the schedules in both censuses was limited to live stock sold alive off the farms on which they were raised.

The value of stock sold alive in 1930 amounted to $1,552,097 as compared with $2,646,003 in 1920, a decrease of $1,093,906 or 41·3 per cent during the decade. Of the total value of live stock sold in 1930, $120,599 were contributed by horses, $853,084 by cattle, $292,612 by sheep, $200,045 by swine and $85,757 by poultry. Table LVIII shows the per cent distribution of value among the different kinds of stock sold for 1920 and 1930. This table shows the increased importance of swine and poultry along with the decline in the percentage of value in horses, cattle and sheep.

TABLE LVIII.—PER CENT OF THE TOTAL VALUE OF STOCK SOLD ALIVE CONTRIBUTED BY EACH KIND, 1920-1930

Class	1920	1930
Total	100·00	100·00
Horses	8·94	7·77
Cattle	60·96	54·96
Sheep	14·77	18·85
Swine	8·81	12·89
Poultry	1·52	5·53

STOCK SLAUGHTERED ON FARMS

The details of stock slaughtered on farms in 1920 and 1930 are given in Table 15 (General Tables) The value of stock slaughtered amounted to $1,740,587 in 1930 as compared with $3,262,798 in 1920, a decrease of $1,522,211 or 46·7 per cent.

In comparing 1930 with 1920 it should be remembered that in 1930 the stock slaughtered was limited to stock raised on the farms reporting whereas in 1920 this limitation did not apply and consequently there may have been some duplication between the stock sold alive and the stock slaughtered.

There were 26,428 cattle valued at $584,212, 21,695 sheep at $125,190, 30,360 swine at $703,586 and 327,337 poultry valued at $327,599 which were slaughtered in 1930. Table LIX gives the per cent of the total value of slaughtered stock contributed by each kind in 1920 and 1930. Cattle, sheep and swine each declined in percentage of the total value while poultry showed an increase of over 100 per cent.

TABLE LIX.—PER CENT OF THE TOTAL VALUE OF STOCK SLAUGHTERED CONTRIBUTED BY EACH KIND, 1920-1930

Class	1920	1930
Total	100·00	100·00
Cattle	37·99	33·56
Sheep	7·33	7·19
Swine	47·29	40·42
Poultry	7·48	18·82

ANIMALS BOUGHT IN 1930 BY FARM OPERATORS

For the first time, in the census of 1931, the farmers were asked the number of animals bought during the previous year. Table LX gives the details of these transactions. A study of the table reveals that in every case the number of animals bought is not completely accounted for as sold alive in 1930, slaughtered in 1930 or on hand June 1, 1931. This is explained by the fact that some of these animals died a natural death, and others were disposed of between the first of January and the first of June 1931.

TABLE LX.—ANIMALS BOUGHT BY FARM OPERATORS IN 1930

Class	Number bought	Sold alive in 1930	Slaughtered on the farm in 1930	On hand June 1, 1931
Horses	3,219	421	–	2,517
Steers	3,304	945	389	1,779
Cows and heifers	6,447	1,080	653	4,353
Calves	2,794	254	400	1,979
Sheep and lambs	2,308	200	453	1,557
Pigs (born in 1930)	25,399	3,089	17,758	3,472

YOUNG ANIMALS RAISED ON FARMS

Table 31 (General Tables) gives the number of young animals raised on farms in 1930. Each class shows a decrease when compared with 1920 although the decline in young pigs is not as marked proportionally as in the other animals.

ANIMAL PRODUCTS

The quantities and values of animal products on farms for 1920 and 1930 comprising dairy products, eggs, honey and wax and wool are summarized for the province in Table 17 (General Tables).

The value of all animal products was $7,712,492 in 1930 as compared with $12,941,548 in 1920 a decrease of $5,229,056 or 40·4 per cent. Of this figure for 1930, $5,901,523 or 76·5 per cent was contributed by dairy products, $1,739,358 or 22·6 per cent by eggs, $66,538 or 0·86 per cent by wool and $5,073 or 0·07 per cent by honey and wax.

Dairy Products.—In 1930, 101,953 cows were milked as compared with 114,373 in 1920 a decrease of 12,420 or 10·9 per cent. The milk production only declined by 19,608,954 pounds or 4·4 per cent. The reduction in value of all milk products amounted to $4,598,459 or 43·8 per cent. The average yield of milk per cow for the province was 4,131 pounds in 1930 as compared with 3,854 pounds in 1920 and 3,296 pounds in 1910. The average value of milk per pound was 1·40 cents as compared with 2·38 cents in 1920 and 1·08 cents in 1910. The average production of milk per farm was 10,677 pounds in 1930 and 9,292 in 1920. The amount of cream sold on a butterfat basis increased by 107·2 per cent over 1920 while the amount of butter made on the farm decreased by 28·1 per cent. The amount of cheese made on farms declined 60·4 per cent between 1920 and 1930.

Eggs.—While the production of eggs shows an increase of 1,159,225 dozens or 24·9 per cent, the value shows a decrease of $469,699 or 21·3 per cent. Of the 5,809,231 dozens of eggs produced, 3,416,439 dozens were sold for $1,024,253 or an average price of 30 cents per dozen as compared with 47 cents per dozen in 1920. The number of chickens raised in 1930 exceeded that of 1920 by 251,877 or 64·7 per cent.

Wool.—In 1930, 104,998 sheep produced 532,610 pounds of wool valued at $66,538. This shows a reduction of 34·1 per cent in the number of sheep shorn, 27·5 per cent in the production of wool and 70·6 per cent in the value from 1920.

Honey and Wax.—The production of honey in 1930 was 34,693 pounds, an increase of 79·2 per cent over 1920, and that of wax 455 pounds or an increase of 172·5 per cent while the value of both declined 20·7 per cent. In 1931 there were 990 hives of bees owned by 115 farmers.

AGE, BIRTHPLACE AND FARM EXPERIENCE OF OPERATORS

The farm schedule of the census of 1931 as well as that of 1921 called for the age and the birthplace of the farm operator together with the number of years he had farmed as owner or tenant, and the number of years he had operated the present farm. In the case of operators not born in Canada, the number of years of Canadian residence was also asked for.

Age.—Of the 38,091 farmers of the province who reported their age in 1931, 23·7 per cent were between 50 and 59 years, 21·6 per cent between 40 and 49 years, 21·0 per cent between 60 and 69, 14·5 per cent 70 years and over, 8·6 per cent between 35 and 39, 6·0 per cent between 30 and 34, 3·1 per cent between 25 and 29, 1·2 per cent between 20 and 24, and 0·2 per cent under 20 years of age. Table LXI gives the age of farm operators for 1921 and 1931 with the percentage of the total contributed by each class. It is of interest to note that in 1921, 76·4 per cent of the farmers were 40 years of age and over while in 1931, 80·8 per cent were in that age group. This would appear to indicate that the present younger generation has not taken up farming to the same extent as did the generation of an earlier period. This conclusion is also strengthened by the fact that only 10·5 per cent of the farmers reporting were under 35 years of age in 1931 as compared with 13·8 per cent in 1921.

TABLE LXI.—FARM OPERATORS BY AGE, 1921-1931

Age	1921		1931	
	Number	p.c.	Number	p.c.
Operators reporting age	45,897	100·0	38,091	100·0
Reporting under 20 years	1,010	2·2	80	0·2
" 20–24 years			469	1·2
" 25–29 "	2,100	4·6	1,191	3·1
30–34 "	3,219	7·0	2,297	6·0
35–39 "	4,518	9·8	3,282	8·6
40–49 '	10,646	23·2	8,244	21·6
50–59 "	10,143	22·1	9,021	23·7
60–69 "	14,261	31·1	7,996	21·0
" 70 years and over			5,511	14·5

Farm Experience of Operators.—Table LXII gives the number of years the operators have been farming and the number of years they have been operating the present farm.

TABLE LXII.—FARM OPERATORS CLASSIFIED ACCORDING TO YEARS A FARMER, AND YEARS ON PRESENT FARM, 1931

Years	Operators reporting years a farmer		Operators reporting years on present farm	
	No.	p.c.	No.	p.c.
Total reporting	37,991	100·0	37,069	100·0
Less than 2 years	1,506	4·0	1,826	4·9
2 years	1,237	3·3	1,304	3·5
3 "	1,167	3·1	1,186	3·2
4 "	993	2·6	1,058	2·9
5– 9 years	4,499	11·8	4,689	12·6
10–14 '	5,313	14·0	5,420	14·6
15–19 "	5,038	13·3	3,954	10·7
20 years and over	18,238	48·0	17,632	47·6

Of the 37,991 farm operators reporting, 18,238 or 48·0 per cent have been farming 20 years and over and only 4,903 or 12·9 per cent have become farm operators within the five years previous to June 1, 1931. Of 37,069 who reported, 17,632 operators or 47·6 per cent have been operating the same farm for 20 years and over and 5,374 or 14·5 per cent have been on the present farm less than five years.

Birthplace of Farm Operators.—Of the 38,017 farmers reporting their birthplace, 36,655 or 96·4 per cent were born in Canada and 36,211 or 95·2 per cent were born in Nova Scotia. Of the immigrant farmers, 832 were born in British Possessions and 530 in foreign countries.

Table LXIII gives the birthplace of farm operators, the acreage occupied and the tenure of farms in the province in 1931. It shows that the farmers born in Nova Scotia operated 95·3 per cent of the land operated by farmers reporting their birthplace, the British born operators 2·1 per cent and the foreign born operators 1·5 per cent. The percentage of ownership was approximately the same among British and foreign born operators but among the Canadian born it was slightly higher.

TABLE LXIII.—FARM HOLDINGS BY BIRTHPLACE OF OPERATOR, TENURE AND ACREAGE OCCUPIED, 1931

Birthplace	Total	Number of farms occupied by			Farm acreage		
		Owner(1)	Tenant	P.O., P.T.(2)	Total	Owned	Rented
	No.	No.	No.	No.	ac.	ac.	ac.
Number of occupied farms	39,444	37,176					
Operators reporting birthplace	38,017	35,811					
Canadian born	36,655	34,569					
Born in Prince Edward Island	109	96					
" Nova Scotia	36,211	34,172					
" New Brunswick	256	234					
" Quebec	39	29					
" Ontario	27	26					
" Manitoba	5	5			–	–	–
" Saskatchewan	–	–			–	–	–
" Alberta	3	3			499	499	–
" British Columbia	3	2	1		367	362	5
" unspecified province	2	2	–		25	25	–
British born	832	761	51	20	88,343	81,630	6,713
Born in England and Wales	498	454	35	9	53,418	49,368	4,050
" Ireland	57	54	1	2	6,153	5,820	333
" Scotland	156	143	8	5	19,459	17,960	1,499
" Newfoundland	94	85	6	3	5,694	5,303	391
" other British Possessions	27	25	1	1	3,619	3,179	440
Foreign born	530	481	34	15	60,949	56,750	4,199
Born in Belgium	15	14	1	–	1,144	1,044	100
" Czechoslovakia	15	14	1	–	1,447	1,422	25
" Denmark	51	44	6	1	7,834	6,892	942
" France	20	19	1	–	2,030	2,010	20
" Germany	19	16	2	1	1,690	1,440	250
" Italy	14	12	2	–	1,213	1,185	28
" Poland	27	25	–	2	2,775	2,675	100
" United States	311	285	18	8	35,901	33,905	1,996
" other countries	58	52	3	3	6,915	6,177	738

(1)Includes farms operated by managers.
(2)P.O., P.T.—Part owner, part tenant.

The table also shows that 311 of the 530 foreign born farm operators were born in the United States, the majority of these probably being descendants of parents born in the province. The next largest group consisted of 51 operators born in Denmark. Other birthplaces reported by more than ten operators were Belgium, Czechoslovakia, France, Germany, Italy and Poland.

Table LXIV gives the period of residence in Canada of farm operators born in other countries. Of the 1,362 farm operators born outside of Canada, 869 or 63·8 per cent have resided in Canada 20 years and over, 232 or 17·0 per cent between 10 and 19 years and the remainder less than 10 years.

TABLE LXIV.—RESIDENCE IN CANADA OF IMMIGRANT FARM OPERATORS, 1931

Period of residence	Total	British born	Born in U.S.A.	Born in other foreign countries
Total	1,362	832	311	219
Less than 2 years	28	6	7	15
2 years	36	17	2	17
3 "	42	19	10	13
4 "	41	38	–	3
5- 9 years	102	72	13	17
10-14 "	71	57	11	3
15-19 "	161	96	26	39
20 years and over	869	520	239	110
Not given	12	7	3	2

AGRICULTURE ON FARMS OF LESS THAN 5 ACRES

All tracts of land of one acre or more which produced in the year 1930 agricultural products to the value of $50 or over or which were under crop of any kind or employed for pasturing in 1931 were considered as farms. A number of small plots were included which from the point of view of agricultural production have very little importance. The following tables give a summary of production on these small farms.

A study of these tables shows that the importance of these farms in the agriculture of the province is very small and that the operator of such a farm and his family are not solely dependent on the returns of the farm for their subsistence.

TABLE LXV.—NUMBER, ACREAGE AND LIVE STOCK OF FARMS
OF LESS THAN 5 ACRES, 1921-1931

Item	Unit	1921	1931
Number of occupied farms	No.	3,876	2,458
Acreage occupied	ac.	9,436	6,190
Improved	"	7,904	5,085
Pasture	"	424	221
Field crops	"	5,615	3,013
Orchard	"	586	421
Garden	"	(1)	5
Live stock—			
Horses	No.	865	530
	$	111,534	43,271
Cattle	No.	3,704	2,877
	$	193,984	98,266
Cows in milk or in calf	*No.*	*2,391*	*1,584*
Sheep	No.	2,077	1,546
	$	9,432	6,264
Swine	No.	1,190	1,122
	$	15,407	9,879
Hens and chickens	No.	45,082	32,744
	$	29,639	14,766
Turkeys	No.	28	72
	$	30	52
Ducks	No.	321	559
	$	297	286
Geese	No.	55	500
	$	98	280

(1)Not available.

TABLE LXVI.—PRODUCTION OF FARMS OF LESS THAN 5 ACRES, 1920-1930

Item		Unit	1920	1930
Field crops—				
Cereal crops		ac.	254	124
Forage crops		"	4,811	2,533
Potatoes		"	905	408
Other field roots		"	67	24
Fruits (trees 1921-1931, production 1920-1930)—				
Apples	Trees	No.	35 327	21,734
	Production	bu.	65 109	46,298
Peaches	Trees	No.	133	34
	Production	bu.	8	39
Pears	Trees	No.	667	433
	Production	bu.	417	364
Plums	Trees	No.	677	529
	Production	bu.	233	211
Cherries	Trees	No.	540	374
	Production	bu.	204	119
Animal products—				
Value		$	326,572	143,105
Milk produced		lb.	10,475,744	6,605,718
Eggs produced		doz.	208,154	165,806
Honey and wax		lb.	6,300	4,360
Wool produced		lb.	2,701	3,596
Stock slaughtered—				
Value		$	57,607	29,357
Cattle		No.	366	184
Sheep		"	236	213
Swine		"	1 026	734
Poultry		"	6 730	7,722
Stock sold alive—				
Value		$	18,563	10,123
Horses		No.	36	70
Cattle		"	307	205
Sheep		"	278	262
Swine		"	89	101
Poultry		"	1,442	2,397

AGRICULTURE ELSEWHERE THAN ON FARMS

The census of 1931 like that of 1921 collected statistics of live stock, fruits and animal products elsewhere than on farms. Tables LXVII and LXVIII give these statistics for both censuses.

TABLE LXVII.—LIVE STOCK, 1921-1931, AND ANIMAL PRODUCTS, 1920-1930, ELSEWHERE THAN ON FARMS

Item	Unit	1921	1931
Live stock—			
Total value......................	$	(¹)1,467,832	773,276
Horses—			
Number......................	No.	4,944	2,939
Value........................	$	728,560	283,955
Under 1 year................	No.	38	18
From 1-2 years..............	"	66	35
Mares 2 years and over......	"	1,311	887
All other horses.............	"	3,529	1,999
Mules—			
Number......................	No.	48	14
Value........................	$	7,659	1,219
Cattle—			
Number......................	No.	10,043	9,940
Value........................	$	519,246	335,569
Under 1 year................	No.	1,161	1,139
Heifers 1-2 years............	"	725	829
Cows and heifers 2 years old and over.....	"	7,359	6,544
Cows and heifers 2 years old and over in milk or in calf...	"	7,087	5,585
All other cattle.............	"	798	1,428
Swine—			
Number......................	No.	3,856	3,564
Value........................	$	60,198	35,155
Poultry—			
Number......................	No.	202,300	194,122
Value........................	$	153,122	116,229
Hens, old stock..............	No.	119,837	112,807
Chickens hatched............	"	79,415	78,521
Other fowl..................	"	3,048	2,794
Bees—			
Number of hives.............	No.	226	85
Value........................	$	3,115	851
Animal products, 1920-1930—			
Value of all animal products............	$	1,080,886	660,327
Milk produced...............	lb.	26,715,340	24,205,770
	$	636,445	339,123
Butter, home-made...........	lb.	315,430	345,789
	$	155,895	109,515
Eggs produced...............	doz.	929,867	1,071,906
	$	441,748	320,929
Honey produced..............	lb.	3,129	2,215
Wax produced...............	"	92	38
Value of honey and wax......	$	2,693	325

(¹) In 1921, 282 sheep valued at $1,832 are included.

TABLE LXVIII.—FRUITS ELSEWHERE THAN ON FARMS—TREES, 1921-1931—PRODUCTION AND VALUE, 1920-1930

Item		Unit	1921	1931
Total value....................		$	76,4	54,286
Orchard fruits...............		$	66,562	46,787
Grapes and small fruits........		$	9,895	7,499
Orchard fruits—				
Apples.....................	Trees	No.	43,303	39,971
	Production	bu.	65,933	54,010
Peaches....................	Trees	No.	157	261
	Production	bu.	41	86
Pears......................	Trees	No.	3,521	2,110
	Production	bu.	1,521	2,311
Plums......................	Trees	No.	3,606	3,903
	Production	bu.	1,120	1,755
Cherries....................	Trees	No.	3,124	3,162
	Production	bu.	803	1,379
Grapes and small fruits—				
Grapes.....................		lb.	1,364	3,645
Strawberries................		qts.	15,318	27,243
Raspberries.................		"	12,493	13,958
Currants and gooseberries.....		"	16,434	11,256
Other small fruits...........		"	1,911	1,614

VACANT AND ABANDONED FARMS

Table 32 (General Tables) gives the number, acreage and value of vacant or abandoned farms in Nova Scotia. The instructions to enumerators specified that the farms reported under this heading were to refer to parcels of land part or all of which had been cleared of trees and stumps and cropped, but which were, at the date of the census, either "vacant" or "abandoned". By vacant farm, was meant one which was unoccupied at the date of the census and on which no crop of any kind was harvested in 1930, nor was under crop of any kind in 1931. An abandoned farm was meant to signify a farm which had been unoccupied for several years before the census, was in arrears for taxes, and had to all appearances been deserted by the owner. In Nova Scotia there were 3,064 such farms reported with an acreage of 322,807 acres and 43,536 acres of improved land. The total value of these farms was estimated at $2,008,893 and the value of buildings located on them at $749,053. Two counties, Cape Breton and Inverness together reported over 33 per cent of all the vacant or abandoned farms in the province. There were some, however, in every county.

BUREAU FÉDÉRAL DE LA STATISTIQUE

CANADA

SEPTIÈME RECENSEMENT DU CANADA, 1931

NOUVELLE-ÉCOSSE

RECENSEMENT AGRICOLE

Imprimé par ordre de
L'HON. R. B. HANSON, K.C., M.P., Ministre du Commerce

OTTAWA
J. O. PATENAUDE, O.S.I.
IMPRIMEUR DE SA TRÈS EXCELLENTE MAJESTÉ LE ROI
1934

PRÉFACE

Le présent bulletin donne les résultats complets du recensement de l'agriculture de la Nouvelle-Écosse fait conjointement avec le recensement décennal de la population le 1er juin 1931. Il fait partie d'une série traitant séparément de chaque province.

L'introduction donne une brève esquisse historique de l'agriculture de cette province depuis les premiers colons. Des statistiques comparatives pour l'ensemble de la province sont données depuis 1901. Les tableaux d'ensemble contiennent presque toutes les données par comtés et, dans certains cas, par subdivisions de comté.

Quand auront paru les bulletins de chaque province, ceux-ci seront réunis en un volume avec une introduction générale et un résumé pour l'ensemble du Canada. Est aussi en préparation une monographie sur l'agriculture du Canada qui en analysera la situation et les progrès dans tous leurs détails.

La matière de ce bulletin a été préparée sous la direction de A. J. Pelletier, chef suppléant de la Branche du Recensement et sous la surveillance immédiate de O. A. Lemieux, M.S.A., chargé de la section agricole de cette Branche.

R. H. COATS,
Statisticien du Dominion.

Le 24 novembre 1934

TABLE DES MATIÈRES

INTRODUCTION

INTRODUCTION—suite

INTRODUCTION—fin

Statisticien du Dominion: R. H. Coats, LL. D., F.R.S.C., F.S.S. (Hon.)
Chef Suppléant, Division de la Démographie: A. J. Pelletier

INTRODUCTION

Le présent bulletin donne les statistiques de l'agriculture de la province de Nouvelle-Ecosse telles que compilées des données recueillies dans le recensement du 1er juin 1931. Des bulletins préliminaires ont paru montrant le nombre de fermes occupées, le nombre de bestiaux sur les fermes, la superficie, la tenure, la valeur, la dette hypothécaire, les dépenses des fermes, les étendues des différentes grandes cultures en 1931, avec les chiffres des emblavures et de la production de 1930. Partout où possible les chiffres de 1921, 1911 et dans certains cas de 1901 sont donnés afin de montrer le développement au cours des périodes entre les recensements.

Date du recensement.—Le recensement de 1931, comme celui de 1921 et celui de 1911, est à la date du 1er juin, tandis que le recensement de 1901 est à la date du 1er avril et celui de 1891 à la date du 5 avril. Il faut tenir compte de ces changements en faisant des comparaisons entre les nombres de bestiaux parce que le recensement pris en juin doit couvrir un plus grand nombre d'animaux puisqu'il porte sur ceux nés depuis avril.

Année sur laquelle portent les chiffres du recensement—Les statistiques des fermes, de leurs exploitants et de la propriété agricole, couvrant la superficie, l'état, la valeur, la tenure, les hypothèques, les facilités, les animaux et les superficies en culture se rapportent au 1er juin 1931, tandis que les chiffres de la production, de la valeur des produits de la ferme et des dépenses de l'année se rapportent à 1930, à l'exception du sirop et du sucre d'érable dont les chiffres sont ceux de la récolte de 1931.

Méthode suivie dans le dénombrement.—Pour les fins du recensement la province a été divisée en 873 régions d'énumération, dont 711 couvertes de fermes et le reste dans les centres urbains. Un énumérateur fut nommé pour chaque région, chargé de visiter chaque ferme dans son district et d'y recueillir les informations prévues par le questionnaire agricole. L'information a été obtenue du fermier lui-même ou d'un membre compétent de la famille. Les questionnaires ont ensuite été expédiés à Ottawa après avoir été examinés par les commissaires du recensement. Les formules ont ensuite été soigneusement dépouillées par un personnel spécial et toute réponse qui ne semblait pas à point a été retournée à l'énumérateur pour obtenir les données nécessaires et compléter l'information.

Pour rendre plus facile et plus exacte la collection des données, un questionnaire avait été envoyé à chaque cultivateur un certain temps avant le recensement afin qu'il eût le temps nécessaire pour étudier les questions et préparer ses réponses avant la visite de l'énumérateur.

Exactitude des chiffres du recensement.—Les chiffres du recensement ont été pris sur les informations fournies directement par les fermiers. Ceux portant sur la population de la ferme, la main-d'œuvre de la ferme, la tenure, la superficie et l'état des terres soit occupées, défrichées ou en friche, les superficies ensemencées le printemps de 1931, les hypothèques et les taxes des fermes, sont basés sur des informations qui, à la date de la visite de l'énumérateur, étaient absolument fraîches dans l'esprit du cultivateur. La valeur des fermes individuelles, bâtiments, machines et bestiaux à la date du recensement représente des conditions avec lesquelles le fermier et l'énumérateur étaient complètement familiers et bien qualifiés pour les apprécier. D'un autre côté, la superficie, la production, la valeur des récoltes et les données sur les produits animaux de l'année 1930 ont été, dans la plupart des cas, données de mémoire par le fermier parce que très peu de fermiers tiennent une comptabilité absolue; toutefois, un examen minutieux des questionnaires agricoles montre que l'énumérateur aussi bien que le fermier ont collaboré aussi étroitement que possible dans le relevé de ces données.

Questionnaire général des fermes.—Le questionnaire général des fermes pour le recensement de 1931 contenait 605 questions dont 19 portant sur les exploitants de ferme, la population et la main-d'œuvre; 7 sur la superficie et la tenure de la ferme; 10 sur l'état de la terre; 5 sur les valeurs et les dettes hypothécaires; 9 sur les dépenses de la ferme; 21 sur les facilités de la ferme; 165 sur les récoltes et leur écoulement; 3 sur l'irrigation; 149 sur les jardins, vergers, serres et pépinières; 30 sur les produits forestiers de la ferme; 5 sur les produits de l'érable; 14 sur les ventes coopératives; 56 sur les différentes classes de bestiaux; 27 sur les produits animaux; 4 sur les jeunes animaux élevés sur les fermes; 16 sur les animaux abattus sur les fermes; 28 sur les animaux vendus vivants; 23 sur les animaux achetés en 1930 par l'exploitant et 14 sur les animaux de race pure.

Il y avait aussi deux autres questionnaires, un pour "les fermes vacantes ou abandonnées" et l'autre pour "fermes inhabitées". Dans les recensements antérieurs, l'énumérateur devait obtenir de chaque exploitant agricole la valeur globale de chaque récolte produite sur sa ferme l'année de recensement. Cette question a été omise du questionnaire général des fermes et à sa place l'énumérateur a demandé une estimation de la valeur moyenne par tonne, par boisseau ou par livre de chaque céréale ou autre récolte cultivée dans son district d'énumération. Les prix ainsi donnés sont ceux obtenus en moyenne par les cultivateurs de ce district sur le marché local.

Plusieurs questions ont été posées pour la première fois dans le recensement de 1931. Ces nouvelles questions sont les suivantes:

(1) Main-d'œuvre agricole, hommes et femmes.
(2) Population de la ferme.
(3) Mouvement de la population, c'est-à-dire, des personnes qui ont laissé la ferme pour aller vivre dans une ville ou un village et des personnes qui ont laissé une ville ou un village pour venir habiter la ferme.
(4) Les item suivants sur les dépenses de la ferme ont été ajoutés: dépenses pour vaporisants chimiques, courant électrique pour lumière ou énergie et taxes payées ou payables sur la terre et les bâtiments.

(5) Hypothèques sur les fermes.
(6) Genre de route conduisant à la ferme.
(7) Distance du marché le plus rapproché, ou de la gare de chemin de fer.
(8) Le nombre de lieuses, combines, épieuses, batteuses, écrémeuses, trayeuses et silos.
(9) Le nombre de fermes ayant l'eau courante dans la cuisine et la chambre de toilette.
(10) Nombre de radios.
(11) Nombre d'animaux achetés en 1930 par l'exploitant, et comment il en a été disposé.

EXPLICATION DES TERMES

Ferme.—Pour les fins du recensement, une "ferme" désigne toute étendue de terre ayant produit en 1930 des récoltes d'une valeur de $50, que la terre fût la propriété de l'exploitant ou que celui-ci en fût locataire, ou qu'elle fût exploitée par un gérant, d'une étendue d'une acre ou plus, et qui en 1931 était en culture ou pâturage.

Fermes "vacantes ou abandonnées".—Ce terme s'applique aux parcelles de terre qui ont déjà été labourées et cultivées, mais qui sont maintenant inoccupées. Il s'applique aux fermes sur lesquelles on a déjà fait un commencement de défrichement et de culture et aux fermes sur lesquelles tous les arbres et les souches ont été déblayés mais qui sont actuellement inoccupées ou abandonnées.

Main-d'œuvre agricole.—Ce terme s'applique au nombre de personnes, hommes ou femmes, employées sur la ferme à des travaux autres que ceux du ménage. Celles-ci peuvent être des membres de la famille âgés de 14 ans ou plus, ou des personnes engagées, employées à l'année ou à la saison. Dans le cas d'employés temporaires un certain montant de duplication est inévitable parce qu'une personne peut avoir travaillé sur trois ou quatre fermes différentes en 1930 et dans ce cas avoir été l'objet de la déclaration de chacun de ceux pour qui elle a travaillé.

Population de la ferme.—Chaque exploitant de ferme avait à déclarer le nombre de personnes vivant sur cette ferme. Le but de cette question était d'établir le nombre de personnes tirant leur vie directement de la ferme

Exploitant de la ferme.—Ce terme est employé dans le recensement pour désigner la personne qui cultive directement une ferme, soit comme propriétaire, soit comme régisseur à gages ou salaire, soit comme locataire ou comme récolteur.

Ferme "propriété entière".—Une ferme dont toute la superficie est la propriété de l'exploitant.

Ferme "propriété partielle".—Une ferme dont l'exploitant est propriétaire d'une partie et locataire de l'autre partie.

Ferme faisant rapport.—Ce terme sert dans les différents tableaux pour désigner le nombre de fermes ayant répondu à l'item en question.

Superficie des terres occupées.—Cette superficie comprend des étendues considérables de terre qui ne sont pas actuellement sous culture et même dans certains cas qui ne sont pas en pâturage, parce que l'exploitant a dû déclarer toutes les terres sous son contrôle ou exploitées par lui.

Terre défrichée.—Cette expression signifie toute terre qui a déjà été mise en culture et qui est maintenant capable de recevoir la charrue, y compris les vergers, les jardins et la surface occupée par les bâtiments.

Valeur de la ferme.—C'est la valeur de la ferme entière, couvrant toute la terre, peu importe qu'elle soit exploitée par le propriétaire ou le locataire, ainsi que tous les bâtiments et améliorations sur cette terre. Les énumérateurs avaient instruction d'accepter comme valeur véridique le montant pour lequel la ferme se vendrait dans des conditions ordinaires et non pas à vente forcée. La valeur donnée par la personne répondant a été acceptée, à moins qu'il n'y ait eu une raison de croire que telle évaluation était trop inférieure à la valeur réelle, ou exagérée.

La valeur des bâtiments n'est pas celle du coût initial ou la valeur de remplacement, mais une estimation raisonnable des bâtiments dans l'état où ils se trouvent à la date du recensement. Ceci s'applique aussi à la valeur de l'outillage, de la machinerie et des bestiaux. Ces valeurs sont en grande partie estimatives, mais ce sont des choses que le cultivateur aussi bien que l'énumérateur était qualifié pour évaluer et par conséquent la valeur donnée peut être prise comme juste.

Dette hypothécaire.—Le montant de l'hypothèque à déclarer n'était pas seulement la dette protégée par une "hypothèque" mais aussi toutes celles protégées par des transferts, jugements et tous autres instruments légaux de la nature d'une hypothèque et ayant le même effet en loi. La réponse à cette question ne couvre pas la dette ou engagement garanti par la récolte ni la dette garantie par des liens sur les instruments et machines agricoles ou sur les bestiaux.

Taxes.—Cette question couvre la partie de la ferme qui est la propriété de l'exploitant et ne comprend pas les terres louées ou celles exploitées par des gérants.

RECENSEMENTS ANTÉRIEURS

Les débuts de l'agriculture en Acadie, aujourd'hui la Nouvelle-Ecosse et le Nouveau-Brunswick, sont plutôt obscurs. On sait toutefois qu'en 1604 la Compagnie de M. de Monts envoyait en Acadie des colons sous la direction de Champlain et Poutrincourt, et qu'en 1605 Port-Royal était fondé avec 44 colons.

En 1671 la population de l'Acadie était de 423 habitants qui avaient 429 arpents en culture et 866 bêtes à cornes, 407 moutons et 36 chèvres. Quinze ans plus tard, en 1686, il y avait 831 habitants, 896 arpents en culture et 986 bêtes à cornes, 759 moutons et 608 porcs. En 1693 la population était de 989 avec 1,832 arpents en culture et le bétail se répartissait comme suit: bêtes à cornes 1,648; moutons 1,910; porcs 1,164. En

1698 il y avait 1,616 arbres fruitiers. Cette dernière constatation est intéressante en face des développements ultérieurs de l'industrie fruitière dans la Nouvelle-Ecosse. Il existe un relevé des pommiers plantés en 1633·

En 1701, ou près de cent ans après la fondation de Port-Royal, la population de l'Acadie était de 1,134 qui avait 1,136 arpents en culture, 1,807 bêtes à cornes, 1,796 moutons et 1,173 porcs. En 1707, la population avait augmenté à 1,473 et les animaux domestiques se répartissaient en 2,419 bêtes à cornes, 2,591 moutons et 2,055 porcs.

Il y a plusieurs autres relevés de la population mais aucun de l'agriculture n'est disponible jusqu'en 1767 alors que fut fait un recensement de la Nouvelle-Ecosse.

Il n'est pas surprenant que l'agriculture n'ait pas pris un plus grand développement parce qu'à cette époque le sort du pays était en dispute constante et la tendance était à détourner de l'agriculture l'attention des colons pour la diriger sur les pêcheries.

En 1767, Michael Franklin, lieutenant-gouverneur, fait la déclaration suivante (Rapport du Colonial Office) dans un rapport sur le recensement de la Nouvelle-Ecosse en 1766.

```
Population totale.....................................................................................  11,779
     Blancs...........................................................................................  11,650
     Indiens..........................................................................................      28
     Nègres...........................................................................................     101

Agriculture—
     Chevaux...........................    1,022        Chèvres...........................         22
     Bêtes à cornes....................   10,773        Porcs.............................      3,101
     Moutons...........................    6,258

Récoltes de 1766—
     Blé......        15,906 boisseaux     Avoine................       14,486 boisseaux
     Seigle...        13,480    "          Haricots..............           60    "
     Pois.....         6,343    "          Graine de chanvre.....           28    "
     Orge.....        11,192    "          Graine de lin.........        1,625    "
```

La colonisation de la Nouvelle-Ecosse fut accompagnée de difficultés sans nombre dans les débuts de l'occupation anglaise. "La Nouvelle-Ecosse a eu la mauvaise fortune de souffrir également de ses ennemis et de ses amis. Par ces derniers elle avait été représentée comme enveloppée constamment de brouillards et condamnée à la stérilité mais pour les autres elle était une terre d'abondance, la terre de l'olivier et du raisin. Plusieurs des Loyalistes qui émigrèrent en ce pays et qui manquèrent complètement leur but à la suite de leur précipitation et d'une tentative mal dirigée de former des villages avant même d'avoir commencé à labourer le sol, retournèrent de dégoût aux Etats-Unis, attribuant leur infortune à la pauvreté du sol et à la rigueur du climat plutôt qu'à leur propre manque de jugement. Les récriminations de ces gens convertirent le nom de la Nouvelle-Ecosse en un proverbe, "ultima thule" de l'Amérique et devint la terreur des enfants. La désertion de Shelburne et autres places eut le même effet en Grande-Bretagne où elle était regardée toutefois comme une place de grande importance politique mais de peu de valeur intrinsèque."—Haliburton, Nova Scotia, Vol. II, page 358.

Il fallut dissiper toutes ces idées erronées avant que l'agriculture commençât à faire des progrès en Nouvelle-Ecosse. Au cours de la période entre 1766 et 1871 il y eut plusieurs recensements et relevés de la population qui ont été conservés mais on y trouve très peu de renseignements sur l'agriculture. Les tableaux I et II donnent un résumé de quelques-unes des informations sur cette période.

La population de la province de Nouvelle-Ecosse a augmenté d'environ 25 fois les premiers cent ans de l'occupation britannique et l'agriculture a augmenté dans à peu près la même proportion au cours de cette période.

TABLEAU I.—POPULATION, SUPERFICIES ET GRANDES CULTURES, 1767-1861

Item	Unité	1767	1827	1851	1861
Population	Nomb.	11,779	123,630		
Employés dans l'agriculture	"	–	–		
Superficie défrichée	acre	4,911	292,009		
Blé	boiss.	18,230	152,861		
Orge	"	11,380	–		
Avoine	"	14,799	–		
Seigle	"	16,726	–		
Sarrasin	"	–	448,627		
Maïs	"	–	–		
Pois et haricots	"	6,801	–		
Foin	tonne	–	163,212		
Pommes de terre	boiss.	–	3,279,280		
Navets	"	–	–		
Autres racines	"	–	–		
Sucre d'érable	lb.	–	–		

TABLEAU II.—BÉTAIL, 1767-1861

Item	1767	1827	1851	1861
Chevaux	1,237	12,951	28,789	41,927
Bêtes à cornes	12,602	110,818	243,713	262,297
Moutons	7,837	173,731	282,180	332,653
Porcs	3,479	71,482	51,533	53,217

POPULATION, TRAVAILLEURS DES FERMES, EXPLOITATIONS AGRICOLES ET SUPERFICIES, 1931

La superficie totale de la province de Nouvelle-Ecosse est placée à 13,275,520 acres, dont 4,302,031 acres ou 32·4 p.c. occupées comme exploitations agricoles le 1er juin 1931. La superficie en terre arable potentielle est estimée à 8,092,000 acres et 53·2 p.c. en étaient occupées à la même date. En 1921, 4,723,550 acres étaient occupées, formant 35·6 p.c. de toute la superficie et 58·4 p.c. de toute la terre arable potentielle.

TABLEAU III.—POPULATION, EXPLOITATIONS AGRICOLES ET SUPERFICIES, 1851-1931

Item	Unité	1851	1861	1871	1881	1891	1901	1911	1921	1931
Population	nomb.	276,854	330,857	387,800	440,572	450,396	459,574	492,338	523,837	512,846
Urbaine	"	20,749	25,026	32,082	63,542	76,993	129,383	186,128	227,038	231,654
Rurale	"	256,105	305,831	355,718	377,030	373,403	330,191	306,210	296,799	281,192
Pourcentage, rurale	p.c.	92·5	92·4	91·7	85·6	82·9	71·8	62·2	56·7	54·8
Superficie en terre arable potentielle	ac.	8,092,000	8,092,000	8,092,000	8,092,000	8,092,000	8,092,000	8,092,000	8,092,000	8,092,000
Nombre de fermes occupées	nomb.	–	–	46,316	55,873	(1) 64,643	54,478	52,491	47,432	39,444
Superficie des fermes occupées	ac.	–	–	5,031,217	5,396,382	6,080,695	5,080,901	5,260,455	4,723,550	4,302,031
Pourcentage de la terre arable potentielle	p.c.	–	–	62·2	66·7	75·1	62·8	65·0	58·4	53·2
Superficie défrichée	ac.	839,322	1,028,032	1,627,091	1,880,644	1,993,697	1,257,468	1,257,449	992,467	844,632
Pourcentage de la terre arable potentielle	p.c.	10·4	12·7	20·1	23·2	24·6	15·5	15·5	12·3	10·4
Pourcentage de la superficie occupée	p.c.	–	–	32·3	34·9	32·8	24·7	23·9	21·0	19·6
Moyenne de superficie par ferme	ac.	–	–	108·6	96·6	94·1	93·3	100·2	99·6	109·1
Moyenne de superficie de terre défrichée par ferme	ac.	–	–	35·1	33·6	30·8	23·1	23·9	20·9	21·4
Nombre de la main-d'œuvre agricole	nomb.	31,604	47,249	49,769	63,684	61,403	54,084	48,713	49,246	44,032
Acres de terre par personne occupée dans l'agriculture	ac.	–	–	101·1	84·7	99·0	93·9	108·0	95·2	97·7
Acres de terre défrichée par personne occupée dans l'agriculture	ac.	26·5	21·7	32·7	29·5	32·5	23·2	25·8	20·1	19·2

(1) Comprend les lopins de moins d'une acre.

GRAPHIQUE I.—POPULATION TOTALE, RURALE ET URBAINE ET NOMBRE DE PERSONNES ACTIVES DANS L'AGRICULTURE, 1851-1931

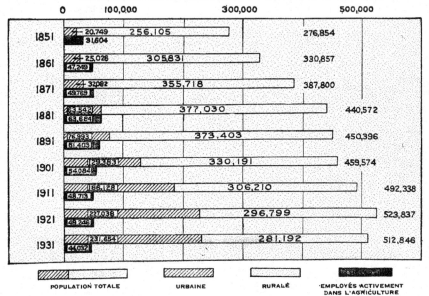

Une étude du graphique I en juxtaposition avec le tableau III montre que si la population totale a atteint son maximum en 1921, la population rurale était à son maximum en 1881 et depuis cette date a décliné constamment. D'un autre côté la population urbaine a augmenté sans arrêt pour atteindre son maximum à 231,654 en 1931. D'après le recensement des occupations le nombre de personnes occupées dans l'agriculture a touché son maximum, 63,684, en 1881, et il avait baissé à 44,632 en 1931.

Le recensement de 1931 a relevé pour la première fois un état de la population des fermes et de la main-d'œuvre agricole. La population des fermes de la Nouvelle-Ecosse en 1931 est de 177,690 ou 34·6 p.c. de la population totale, et 63·2 p.c. de la population rurale. Ici la comparaison n'est pas possible avec les recensements antérieurs mais on y voit que 36·8 p.c. de la population rurale ne peut être classifiée comme population agricole et ne participe pas aux activités de l'agriculture mais représente principalement les personnes vivant dans les villages et hameaux. Des personnes occupées dans l'agriculture (tableau IV) 54,970 appartiennent à la famille de l'exploitant et 1,612 sont des manœuvres engagés en permanence et 17,312 des manœuvres engagés temporairement. En l'année 1930 les exploitants agricoles ont payé pour main-d'œuvre $2,460,200, ce qui représente 200,798 semaines de travail réparties sur 10,991 fermes, ce qui donne une moyenne de $223.84 par ferme. Les autres 28,453 fermiers de la Nouvelle-Ecosse ont pu procéder à leur travail sans recourir à la main-d'œuvre en dehors de leur famille. Si les 83,824 semaines sont déduites du total, afin de mettre le travail des 1,612 manœuvres permanents, il reste pour les 17,312 employés temporaires 116,974 semaines ou 6·8 semaines par personne.

Le tableau IV donne le nombre de manœuvres agricoles et le nombre de semaines de travail agricole loué par grandeur de ferme et par 1,000 acres occupées et défrichées.

TABLEAU IV.—NOMBRE DE TRAVAILLEURS DES FERMES ET DE SEMAINES DE TRAVAIL LOUÉ EN 1930, SELON LA GRANDEUR DE LA FERME ET PAR 1,000 ACRES OCCUPÉES ET DÉFRICHÉES, 1931

Grandeur de la ferme	Membres de la famille	Employés permanents	Employés temporaires	Semaines de travail loué
Toutes fermes occupées....................................	54,970	1,612	17,312	200,798
1- 4 acres..	3,117	15	329	1,224
5- 10 "	3,696	19	669	3,018
11- 50 "	12,595	139	2,854	20,567
51-100 "	14,473	330	4,077	43,378
101-200 '	14,007	510	5,440	65,540
201-299 '	3,036	197	1,622	24,148
300-479 '	2,988	243	1,645	26,840
480-639 '	644	91	295	8,036
640 acres et plus.......................................	414	68	381	8,047

NOMBRE DE TRAVAILLEURS ET DE SEMAINES PAR 1,000 ACRES OCCUPÉES

Grandeur de la ferme	Membres de la famille	Employés permanents	Employés temporaires	Semaines de travail loué
Toutes fermes occupées....................................	12·8	0·4	4·0	46·7
1- 4 acres..	503·6	2·4	53·2	197·7
5- 10 "	162·8	0·8	29·5	132·9
11- 50 "	41·4	0·5	9·4	67·6
51-100 "	16·6	0·4	4·7	49·9
101-200 '	9·2	0·3	3·6	43·2
201-299 '	6·4	0·4	3·4	50·5
300-479 ''	4·6	0·4	2·5	41·0
480-639 "	3·3	0·5	1·5	41·1
640 acres et plus.......................................	1·8	0·3	1·5	31·7

NOMBRE DE TRAVAILLEURS ET DE SEMAINES PAR 1,000 ACRES DÉFRICHÉES

Grandeur de la ferme	Membres de la famille	Employés permanents	Employés temporaires	Semaines de travail loué
Toutes fermes occupées....................................	65·1	1·9	20·5	237·7
1- 4 acres..	613·0	2·9	64·7	240·7
5- 10 "	282·4	1·5	51·1	230·6
11- 50 "	133·6	1·5	30·3	218·1
51-100 "	65·4	1·5	18·4	196·0
101-200 "	46·1	1·7	17·9	215·7
201-299 ''	35·0	2·3	18·7	278·1
300-479 '	34·5	2·8	19·0	310·1
480-639 '	34·2	4·8	15·7	426·4
640 acres et plus.......................................	28·0	4·6	25·8	543·9

Ce tableau montre que les petites fermes emploient plus de personnes à l'acre que celles d'une plus grande étendue.

Mouvement de la population.—Au cours de l'année écoulée entre le 1er juin 1930 et le 31 mai 1931, 2,354 personnes ont laissé la terre pour se diriger vers les cités, villes et villages et 2,106 ont abandonné les cités, villes et villages pour retourner à la terre, laissant une diminution nette de 248 de la population des fermes.

Etat des terres.—Le tableau III et le graphique II montrent que la superficie occupée et la superficie défrichée ont atteint leur maximum en 1891 pour ensuite décliner. La superficie moyenne par ferme était de 108·6 acres en 1871 et a décliné à 93·3 en 1901 pour monter à un maximum de 109·1 en 1931. Le nombre de fermes occupées a atteint un maximum de 64,643 en 1891 pour ensuite baisser jusqu'en 1931 alors qu'il est de 39,444, une diminution de 25,199 ou 39·0 p.c. en quarante ans. La diminution en superficie de la terre occupée pendant cette même période est de 1,778,664 acres ou 29·3 p.c., et de terre défrichée, 1,149,065 ou 57·6 p.c. La superficie moyenne de terre défrichée par ferme a décliné de 35·1 acres en 1871 à 20·9 acres en 1921 mais a augmenté à 21·4 acres en 1931. La proportion de terre défrichée comparativement à la superficie de terre occupée a décliné d'un maximum de 34·9 p.c. en 1881 à 19·6 p.c. en 1931

GRAPHIQUE II.—SUPERFICIE OCCUPÉE, DÉFRICHÉE ET EN GRANDE CULTURE, 1871-1931

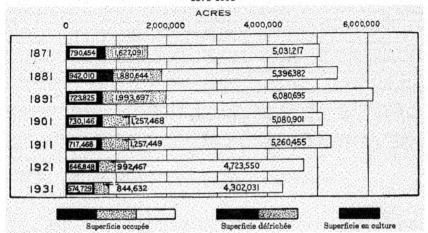

Superficie occupée   Superficie défrichée   Superficie en culture

Dans les comparaisons portant sur le recensement de 1891 il faut se rappeler que lors du recensement de cette année les lots de terre de moins d'une acre étaient compris comme fermes naturels et les superficies occupées et les pâturages naturels étaient compris comme pâturages défrichés. Ces deux facteurs peuvent avoir augmenté indûment le nombre de fermes et la superficie de terre défrichée en cette année et peuvent ainsi tendre à détruire la valeur des comparaisons entre 1891 et les recensements plus récents.

La superficie en grandes cultures en 1931 est de 574,729 acres comparativement à 646,848 acres en 1921 et 717,468 acres en 1911, un déclin de 72,119 ou 11·1 p.c. sur 1921 et 142,739 acres ou 19·9 p.c. sur 1911. Il est bon de rappeler toutefois que si les superficies ont diminué de 1881 à 1931, les cultures pratiquées ont été plus intensives. La superficie en grandes cultures a reculé de 942,010 acres en 1881 à 574,729 acres en 1931, une diminution de 39·0 p.c. (voir le graphique II). D'un autre côté, la superficie en vergers, petits fruits et jardins a augmenté de 21,624 acres à 48,943 acres ou 126·3 p.c. pendant la même période. Il faut noter qu'en 1881 la superficie en grandes cultures fut calculée en soustrayant de la terre défrichée les superficies en pâturages, jardins et vergers.

Le tableau V donne la distribution en pour cent de la terre suivant son état et usage de 1891 à 1931.

TABLEAU V.—DISTRIBUTION PROPORTIONNELLE DE LA TERRE OCCUPÉE SELON SON ÉTAT ET SON USAGE, 1891-1931

Item	1891	1901	1911	1921	1931
Terre occupée...............................	100·0	100·0	100·0	100·0	100·0
Terre défrichée............................	*32·8*	*24·7*	*23·9*	*21·0*	*19·6*
en culture................................	11·9	14·4	13·6	13·7	13·4
en jachère................................	(¹)	(¹)	(⁴)	0·4	0·2
en pâturage..............................	(²)16·3	(¹)	(¹)	5·3	3·9
en vergers et petits fruits..............	0·5	0·7	0·8	0·9	1·1
Autre....................................	(¹)	(¹)	(¹)	0·7	1·0
En friche.................................	(³)67·2	*75·3*	*76·1*	*79·0*	*80·4*
en bois..................................	(¹)	56·0	55·4	56·6	58·2
en pâturage naturel......................	(¹)	(¹)	15·8	17·2	17·3
en marécage..............................	(¹)	(¹)	4·9	5·2	4·9

(¹) Inconnu.
(²) Comprend les pâturages naturels.
(³) Ne comprend pas les pâturages naturels.
(⁴) Moins d'un dixième d'un pour cent.

Le tableau ci-dessus montre que la superficie en friche a augmenté continuellement en proportion de terre occupée de 1891 à 1931.

RECENSEMENT DU CANADA, 1931 lxvii

GRANDEUR DES FERMES

Fermes par grandeur.—Le tableau VI montre la distribution des exploitations agricoles par grandeur de 1881 à 1931 avec distribution proportionnelle. Le nombre de fermes de 1 à 10 acres a diminué constamment excepté en 1891 alors qu'un grand nombre de lopins de terre de moins d'une acre ont été considérés comme fermes. On remarquera que le groupe de fermes de 51 à 100 acres est le plus important et qu'il en a été ainsi à chaque recensement depuis 1891. Les fermes de 11 à 50 acres forment le second groupe en importance en 1881 et de 1901 à 1931 et le groupe des plus grandes fermes, de 201 acres et plus, a fluctué considérablement.

TABLEAU VI.—FERMES CLASSIFIÉES SELON LEUR GRANDEUR, 1881-1931

Item	1881	1891	1901	1911	1921	1931
Total.............................	55,873	64,643	54,478		47,432	39,444
1- 10 acres........................	12,471	(¹)18,428	11,441		7,848	5,523
11- 50 "	13,536	13,857	13,247		12,031	9,616
51-100 "	14,504	15,324	14,234		12,520	10,325
101-200 "	10,742	11,634	11,073		10,581	9,526
201 acres et plus..................	4,620	5,400	4,483		4,452	4,454
			Pourcentage de			
Total.............................	100·0	100·0	100·0		100·0	100·0
1- 10 acres........................	22·3	(¹)28·5	21·0		16·5	14·0
11- 50 "	24·2	21·4	24·3	-	25·4	24·4
51-100 "	26·0	23·7	26·1		26·4	26·2
101-200 "	19·2	18·0	20·3		22·3	24·1
201 acres et plus..................	8·3	8·4	8·3		9·4	11·3

(¹) Comprend les lopins de moins d'une acre.

Le tableau VII montre le nombre de fermes et leur superficie, classifiées suivant leur grandeur en 1921 et 1931 avec les diminutions ou augmentations numériques et proportionnelles et la distribution proportionnelle au cours de la décade. Le nombre de fermes de 1 à 4 acres a diminué de 1,408 au cours des derniers dix ans et il y a une diminution proportionnelle à peu près semblable dans leur superficie.

GRAPHIQUE III.—FERMES PAR GRANDEUR, 1931

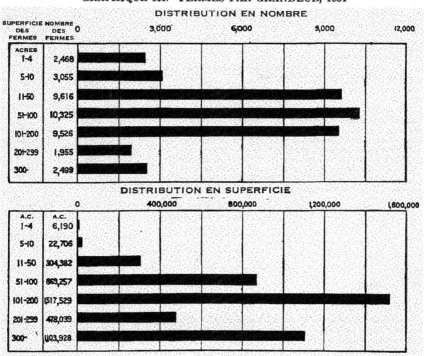

Le groupe des fermes de 5 à 10 acres a diminué de 917, abaissant la superficie de cc groupe de 6,591 acres. En 1921 ce groupe contribuait 0·6 p.c. de la superficie de toutes les fermes comparativement à 0·5 en 1931. Le groupe des fermes de 11 à 50 acres occupe 25·4 p.c. du nombre total des fermes en 1921 et 24·4 p.c. en 1931 mais seulement 8·1 p.c. de la superficie totale en 1921 comparativement à 7·1 p.c. en 1931. Le groupe suivant, fermes de 51 à 100 acres, qui a le plus grand nombre de fermes montre une diminution en nombre de 17·5 p.c. au cours de la décade. Cependant il occupe le deuxième rang par la superficie totale, couvrant 22·6 p.c. de toute la surface occupée en 1921 et 20·2 p.c. en 1931. Le groupe de fermes de 101 à 200 acres a diminué de 10·0 p.c. en nombre au cours de la décade et de 10·4 p.c. en superficie, mais il contribue 35·3 p.c. de la superficie totale en 1931, une augmentation de 0·6 p.c. sur 1921. Le groupe de fermes de 201 à 299 acres accuse une diminution de 1·7 p.c. en. nombre et de 1·9 p.c. en superficie au cours de la décade. Le seul groupe à donner des augmentations est celui des fermes de 300 acres et plus, montrant en 1931 une augmentation de 1·4 p.c. en nombre et de 4·3 p.c. en superficie. En 1931 ce groupe contribue 6·3 p.c. du nombre de toutes les fermes et 25·7 p.c. de leur superficie totale. Le nombre de fermes plus grandes tend à grossir ce qui est dû probablement à l'introduction de la machinerie moderne qui a rendu possible et plus économique d'exploiter de plus grandes étendues de terre qu'un grand nombre de petites terres avec un outillage désuet.

TABLEAU VII.— NOMBRE ET SUPERFICIE DES FERMES CLASSIFIÉES SELON LEUR GRANDEUR.
1921–1931

Item.	Unité	1921	1931	Augmentation(¹)		Distribution p.c.	
				Numérique	p.c.	1921	1931
Nombre de fermes	nomb.			−7,988	−16·8	100·0	100·0
Superficie des fermes	acres			−421,519	−8·9	100·0	100·0
" moyenne par ferme	"			9·5	9·5	–	–
1-4 acres	nomb.			−1,408	−36·3	8·2	6·3
Superficie des fermes	acres			−3,246	−34·4	0·2	0·1
" moyenne par ferme	"			0·1	4·2	–	–
5-10 acres	nomb.			−917	−23·1	8·3	7·7
Superficie des fermes	acres			−6,591	−22·5	0·6	0·5
" moyenne par ferme	"			–		–	–
11-50 acres	nomb.					25·4	24·4
Superficie des fermes	acres					8·1	7·1
" moyenne par ferme	"					–	–
51-100 acres	nomb.					26·4	26·2
Superficie des fermes	acres					22·6	20·2
" moyenne par ferme	"					–	–
101-200 acres	nomb.					22·3	24·1
Superficie des fermes	acres					35·9	35·3
" moyenne par ferme	"					–	–
201-299 acres	nomb.					4·2	5·0
Superficie des fermes	acres					10·3	11·1
" moyenne par ferme	"					–	–
300 acres et plus	nomb.					5·2	6·3
Superficie des fermes	acres					22·4	25·7
" moyenne par ferme	"					–	–

(¹)Le signe moins (—) indique une diminution.

TENURE DES FERMES

La classification des exploitations agricoles et de leurs superficies, selon la tenure, de 1901 à 1931, parait au tableau 1 (tableaux d'ensemble) et le tableau 4 (tableaux d'ensemble) montre la tenure des fermes classifiées selon leur grandeur en 1921 et 1931. En 1931, sur 39,444 fermes, 37,037 étaient exploitées exclusivement par les propriétaires, 139 par des régisseurs, 1,055 par des locataires et 1,213 par des propriétaires partiellement locataires d'autres parties. Ces chiffres montrent une diminution de 8,177 propriétaires ou 18·1 p.c., 222 régisseurs ou 159·0 p.c. et une augmentation de 51 locataires ou 5·1 p.c. et de 360 partiellement locataires et partiellement propriétaires ou 42·2 p.c. sur 1921. Il faut se rappeler à ce sujet que le nombre de fermes de la Nouvelle-Ecosse a diminué au cours de la décade de 7,988 ou 16·8 p.c. Le tableau VIII montre la proportion du nombre de fermes sous chaque type de tenure de 1901 à 1931.

TABLEAU VIII.—RÉPARTITION PROPORTIONNELLE DES FERMES PAR TENURE, 1901-1931

Item	1901	1911	1921	1931
Propriétaires(¹)	96·3	95·3	96·1	94·2
Locataires	2·4	3·9	2·1	2·7
Propriétaires partiels	1·3	0·8	1·8	3·1

(¹) Comprend les gérants.

Le tableau ci-dessus montre que sur une période de 30 ans les pourcentages de fermes exploitées par les propriétaires et par les locataires n'ont pas indiqué de tendance caractéristique. D'un autre côté, depuis 1911 il y a augmentation continue dans la proportion de fermes dont l'exploitant est propriétaire d'une partie et locataire de l'autre.

Le tableau 1 (tableaux d'ensemble) montre aussi les superficies sous les différentes tenures en 1921 et 1931. Le tableau IX montre que la superficie des fermes exploitées en entier par les propriétaires a diminué de 478,256 acres ou 10·6 p.c.

La superficie des fermes exploitées par des régisseurs montre une diminution de 24,569 acres ou 46·2 p.c.; la superficie des fermes louées a augmenté de 13,874 acres ou 21·3 p.c.; et la superficie des fermes dont l'exploitant est propriétaire d'une partie et locataire de l'autre a augmenté de 67,432 acres ou de 71·5 p.c.

TABLEAU IX.—SUPERFICIES PAR TENURE, 1921-1931

Item	1921	1931	Augmentation (1)	
			Numérique	Proportionnelle
	ac.	ac.	ac.	p.c.
Propriétaires	4,511.040	4,032,784	−478,256	−10·6
Régisseurs	53,118	28,549	−24,569	−46·2
Locataires	65,041	78,915	13,874	21·3
Propriétaires partiels	94,351	161,783	67,432	71·5

(1)Le signe moins (−) indique une diminution.

Le tableau X donne la superficie moyenne des fermes sous les différentes tenures en 1921 et 1931. On y voit que la superficie de toutes les fermes a augmenté de 9·5 acres; celle des fermes exploitées par le propriétaire de 9·1; par un régisseur, de 58·3; par un locataire, de 10·0; et celles dont l'exploitant est partiellement propriétaire et partiellement locataire, de 22·8 acres.

TABLEAU X.—SUPERFICIE MOYENNE DES FERMES, SELON LA TENURE,
1921-1931

Item	1921	1931	Augmentation(1)	
			Numérique	Proportionnelle
	ac.	ac.	ac.	p.c.
Toutes fermes	99·6	109·1	9·5	9·5
Propriétaires	99·8	108·9	9·1	9·1
Régisseurs	147·1	205·4	58·3	39·6
Locataires	64·8	74·8	10·0	15·4
Propriétaires partiels	110·6	133·4	22·8	20·6

(1)Le signe moins (−) indique une diminution.

Fermes "propriété partielle".—Cette classe couvre les fermes dont l'exploitant est propriétaire d'une partie et loue l'autre partie d'une personne quelconque. C'est un état normal là où un cultivateur loue une ferme avant de se décider de l'acheter éventuellement. Il est intéressant de noter que la superficie moyenne de ces fermes est beaucoup plus grande que celle des autres classes, excepté les fermes exploitées par des régisseurs. Le tableau XI montre la proportion et la superficie moyenne qui est la propriété de l'exploitant et la superficie moyenne qui est louée en 1921 et 1931. Dans ces fermes, la superficie générale a augmenté de 71·5 p.c.; la superficie propriété de l'exploitant, de 60·1 p.c.; et la superficie louée, de 95·8 p.c. De la superficie totale, 63·6 p.c. était la propriété de l'exploitant en 1931 comparativement à 68·1 p.c. en 1921.

TABLEAU XI.—RÉPARTITION DE LA SUPERFICIE DES FERMES "PROPRIÉTÉ
PARTIELLE", 1921-1931

Item	Unité	1921	1931	Augmentation (1)	
				Numérique	p.c.
Toutes fermes "propriété partielle"	nomb.	853	1,213	360	42·2
Toutes fermes "propriété partielle"	ac.	94,351	161,783	67,432	71·5
Superficie moyenne	"	110·6	133·4	22·8	20·6
Superficie propriété de l'exploitant	"	64,240	102,837	38,597	60·1
Superficie moyenne	"	75·3	84·8	9·5	12·6
Superficie louée	"	30,111	58,946	28,835	95·8
Superficie moyenne	"	35·3	48·6	13·3	37·7
Pourcentage propriété de l'exploitant	p.c.	68·1	63·6	−4·5	−6·6
Pourcentage loué	"	31·9	36·4	4·5	14·1

(1)Le signe moins (−) indique une diminution.

Fermes louées.—Au cours des dix années entre 1921 et 1931 le nombre de fermes louées a augmenté de 1,004 à 1,055 ou 5·1 p.c. Comme nous l'avons vu dans le tableau X la superficie moyenne des fermes a augmenté de 64·8 acres en 1921 à 74·8 acres en 1931, ou 15·4 p.c.

En 1931 le loyer de 986 des fermes louées, couvrant une superficie de 71,832 acres, était payé en argent, celui de 65 fermes, couvrant une superficie de 6,748 acres, était payé en nature et celui de 4 fermes couvrant 335 acres était payé partiellement en argent et partiellement en nature.

Il en est de même pour les fermes dont une partie seulement est louée et dont 1,168 fermes, couvrant 55,903 acres, paient un loyer en argent, et 45, couvrant 3,043 acres, un loyer en nature.

En 1930, le loyer payé en argent pour les fermes louées en entier ou en partie a été de $154,030. On n'a pas tenté d'établir la valeur du loyer payé en nature. S'il était possible de présumer que les superficies louées en 1930 et 1931 n'ont pas changé de manière appréciable, le loyer moyen à l'acre, y compris le loyer des bâtiments, pour les loyers payés en argent serait de $1.20 l'acre. En 1920, les loyers payés en argent se chiffrent à $191,668 en 1921; le loyer de 95,152 acres sur la même base qu'en 1930 donne une moyenne de $2.01 l'acre, mais en 1920 les loyers payés comprenaient une estimation du paiement en nature.

Le tableau XII donne les superficies louées et défrichées et le loyer moyen à l'acre des terres occupées et défrichées payé par des locataires partiels payant en argent en 1930, classifiées selon la grandeur de la ferme.

On y remarque qu'il y a proportionnellement plus de terre défrichée dans les groupes de plus petite dimension que dans les plus considérables. Il est intéressant d'observer que le loyer à l'acre diminue de $18.96 dans les fermes de 1 à 4 acres à $0.51 dans les fermes de 300 acres et plus.

TABLEAU XII.—SUPERFICIE LOUÉE, LOYER PAYÉ EN ARGENT ET MOYENNE DE LOYER À L'ACRE OCCUPÉE ET DÉFRICHÉE SELON LA GRANDEUR DE LA FERME, 1931[1]

Grandeur de la ferme	Acres louées	Acres louées défrichées	Loyer payé	Moyenne de loyer par acre	Moyenne de loyer par acre défrichée
	ac.	ac.	$	$	$
Toutes fermes	127,735	29,725	153,860	1·20	5·18
1- 4 acres	414	355	7,850	18·96	22·11
5- 10 "	1,255	865	9,880	7·87	11·42
11- 50 "	11,785	4,372	33,430	2·84	7·65
51-100 "	22,913	6,346	31,880	1·39	5·02
101-200 "	42,715	9,905	35,820	0·84	3·62
201-299 "	18,766	4,084	19,700	1·05	4·82
300 acres et plus	29,887	3,798	15,300	0·51	4·03

[1]Ces calculs sont basés sur la superficie louée en 1931 et les loyers payés en 1930 et par conséquent ne peuvent pas être comptés comme exacts pour une année ou l'autre. Ils ne comprennent pas le loyer payé en argent et en nature.

Le tableau 4 (tableaux d'ensemble) donne la tenure des fermes de la Nouvelle-Ecosse par groupes de grandeur en 1921 et 1931. Le tableau XIII montre la distribution proportionnelle sous chaque tenure pour chacune des deux années de recensement.

TABLEAU XIII.—DISTRIBUTION PROPORTIONNELLE DES FERMES SELON LA GRANDEUR, PAR TENURE, 1921-1931

Grandeur de la ferme	Toutes fermes	1921 Occupée par				Toutes fermes	1931 Occupée par			
		Propriétaire	Régisseur	Locataire	P.P., P.L.[1]		Propriétaire	Régisseur	Locataire	P.P., P.L.[1]
Toutes fermes occupées	100·0	95·3	0·8	2·1	1·8	100·0	93·9	0·3	2·7	3·1
1- 4 acres	100·0	91·9	0·3	6·4	1·4	100·0	92·3	0·2	5·5	2·0
5- 10 "	100·0	95·0	0·5	3·0	1·5	100·0	92·9	0·3	4·7	2·1
11- 50 "	100·0	95·1	0·7	2·3	1·9	100·0	93·5	0·3	3·2	3·0
51-100 "	100·0	96·3	0·8	1·4	1·5	100·0	95·1	0·3	2·3	2·3
101-200 "	100·0	96·1	0·7	1·3	1·9	100·0	94·5	0·3	1·8	3·4
201-299 "	100·0	94·5	1·5	0·8	3·2	100·0	91·0	0·7	1·6	6·7
300 acres et plus	100·0	94·7	1·6	1·3	2·4	100·0	93·1	1·0	1·2	4·7

[1]Propriétaires partiels.

Le fait saillant dans le tableau ci-dessus est l'accroissement général des fermes partiellement louées et partiellement la propriété de l'exploitant (P.P., P.L.) notamment les plus grandes.

VALEUR DE LA PROPRIÉTÉ AGRICOLE

Les tableaux 1 et 5 (tableaux d'ensemble) donnent la valeur de la propriété agricole et la valeur moyenne par ferme, par acre occupée et par acre défrichée à chacun des recensements de 1901 à 1931.

Le tableau XIV donne la distribution proportionnelle de l'augmentation en valeur des fermes de 1901 à 1931. La valeur totale des exploitations agricoles au cours de la période de 10 ans entre 1921 et 1931 a diminué de $30,964,163, ou 22·6 p.c. Comme on l'a déjà vu la superficie occupée a diminué de 421,519 acres ou 8·9 p.c. La valeur moyenne des fermes de la Nouvelle-Ecosse en 1931 est de $2,685 comparativement à $2,886 en 1921, $2,209 en 1911 et $1,333 en 1901, soit une diminution de 7·0 p.c. sur 1921 et des augmentations de 21·5 et 101·3 p.c. respectivement sur 1911 et 1901. La valeur de la propriété agricole a donc doublé en trente ans, en dépit de la dépression, bien que la superficie occupée ait diminué de 778,870 acres, ou 15.3 p.c. pendant qu'augmentait la superficie moyenne d'une ferme.

La valeur de la propriété agricole à l'acre est de $24.61 en 1931 comparativement à $28.97 en 1921, une diminution de 15·1 p.c. Les augmentations pour cent, sur 1911 et 1901 sont de 11·6 et 72·2 respectivement. La valeur de la terre elle-même, sans compter celle des bâtiments, de l'outillage, de la machinerie et des bestiaux, a diminué de $16,856,112 ou 30·4 p.c. au cours des années entre 1921 et 1931, avec diminution correspondante par ferme, par acre occupée et par acre défrichée. Ceci montre une diminution de 25·9 p.c. sur 1911 et une augmentation de 11·7 p.c. sur 1901.

En 1931 les exploitations agricoles de la Nouvelle-Ecosse étaient évaluées à $125.35 l'acre défrichée comparativement à $137.88 en 1921, $92.23 en 1911 et $57.71 en 1901. La propriété agricole a, par conséquent, gagné $67.64 en valeur par acre défrichée depuis le commencement du vingtième siècle.

La valeur des bâtiments est de $43,890,500 en 1931, une diminution de $7,282,200 ou 14·2 p.c. sur 1921. On remarquera à ce sujet qu'il y a 7,988 fermes de moins en 1931 qu'en 1921.

GRAPHIQUE IV.—DISTRIBUTION PROPORTIONNELLE DE LA VALEUR DE LA PROPRIÉTÉ AGRICOLE, 1901-1931

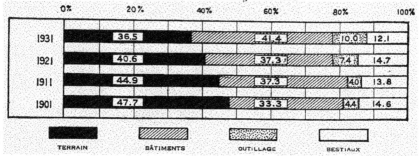

La diminution en valeur des bâtiments est beaucoup moins que proportionnelle à la diminution en valeur de la terre et la valeur moyenne des bâtiments par ferme montre une augmentation réelle de $34.00 ou 3·1 p.c. au cours de la décade.

La valeur des machineries et de l'outillage montre une augmentation de $408,032 ou 4·0 p.c au cours de la décade et une augmentation de 228·9 p.c. au cours de la période de 30 ans écoulée entre 1901 et 1931.

La valeur du bétail en 1931 est plus basse qu'en 1921 ou 1911 mais montre une augmentation de 20·8 p.c. sur 1901.

TABLEAU XIV.—AUGMENTATION PROPORTIONNELLE DE LA VALEUR DE LA PROPRIÉTÉ AGRICOLE, 1901–1931(1)

Item	1931 sur 1921	1921 sur 1911	1911 sur 1901	1931 sur 1911	1931 sur 1901
Total	−22·6	18·0	59·8	−8·7	45·9
Terrain	−30·4	6·5	50·9	−25·9	11·7
Bâtiments	−14·2	18·2	79·9	1·4	81·6
Outillage	4·0	121·6	42·7	130·5	228·9
Bestiaux	−36·1	25·2	51·0	−20·0	20·8
Moyenne par ferme—					
Total	−7·0	30·6	65·7	21·5	101·3
Terrain	−16·3	17·8	56·4	−1·4	54·2
Bâtiments	3·1	30·9	85·6	35·1	150·7
Outillage	25·2	146·0	47·5	208·0	354·2
Bestiaux	−23·4	38·7	56·4	6·2	66·1
Moyenne par acre—					
Total	−15·1	31·4	54·3	11·6	72·2
Terrain	−23·6	18·6	45·5	−9·4	31·9
Bâtiments	−5·8	31·6	72·9	23·9	114·3
Outillage	13·9	147·1	38·1	181·6	288·9
Bestiaux	−29·7	39·5	45·4	−2·0	42·6
Moyenne par acre défrichée—					
Total	−9·1	49·5	59·8	35·9	117·2
Terrain	−18·2	34·9	50·6	10·4	62·5
Bâtiments	0·8	49·8	79·1	50·9	170·3
Outillage	22·3	180·8	42·7	243·4	390·2
Bestiaux	−24·9	60·1	51·1	19·0	79·8

(1)Le signe moins (−) indique diminution.

En 1931 la valeur de la terre représente 36·5 p.c. de la valeur totale de la propriété agricole comparativement à 40·6 p.c. en 1921, 44·9 p.c. en 1911 et 47·7 p.c. en 1901. Au cours de la période de 30 ans la proportion de la valeur de la terre comparativement à la valeur totale de la propriété agricole, y compris le terrain et les bâtiments a diminué de 11·2 p.c. La proportion de la valeur du terrain comparativement à la valeur totale de la propriété agricole a augmenté de 8·1 p.c.; celle de l'outillage, de 5·6 p.c. et celle des bestiaux a diminué de 2·5 p.c. Il est intéressant de noter l'importance grandissante des bâtiments et de la machinerie dans le capital immobilisé clairement indiquée dans le tableau XV.

TABLEAU XV.—DISTRIBUTION PROPORTIONNELLE DE LA VALEUR DE LA PROPRIÉTÉ AGRICOLE, 1901–1931

Item	1901	1911	1921	1931
Total	100·0	100·0	100·0	100·0
Terrain	47·7	44·9	40·6	36·5
Bâtiments	33·3	37·3	37·3	41·4
Outillage	4·4	4·0	7·4	10·0
Bestiaux	14·6	13·8	14·7	12·1

HYPOTHÈQUES DES FERMES

Pour la première fois dans un recensement canadien le fermier a été prié de déclarer en 1931 le montant de toutes les hypothèques grevant les terres qu'il possédait et exploitait. Cette question n'a pas été demandée aux locataires. Les fermiers ne possédant qu'une partie de leur terre et louant l'autre partie ont été priés de répondre seulement pour la partie dont ils étaient les propriétaires, laissant en dehors de cette enquête toutes les terres agricoles louées de cette province. Le tableau 23 (tableaux d'ensemble) donne les détails des informations recueillies sur les hypothèques agricoles.

Dans ces calculs et afin d'établir la proportion de la dette hypothécaire comparativement à la valeur des fermes, (terrains et bâtiments) seules les fermes "propriété entière de leur exploitant" ont été prises en considération parce que dans les fermes "propriété partielle" la valeur de la ferme est déclarée en un seul bloc et il serait impossible de déterminer immédiatement la valeur de la partie possédée par l'exploitant et portant l'hypothèque. Comme dans la province 95·0 p.c. des fermes déclarant des hypothèques sont la propriété entière de l'exploitant la proportion de la dette hypothécaire comparativement à la valeur de la ferme devrait représenter assez convenablement la situation de toutes les fermes.

Il y a 4,049 fermes ou 10·3 p.c. de toutes les fermes occupées de la province déclarant des dettes hypothécaires pour une valeur de $6,570,000, ou une hypothèque moyenne de $1,623 par ferme grevée d'hypothèque. Sur 37,037 fermes "propriété complète de l'exploitant", 3,848 ou 10·4 p.c. ont déclaré des hypothèques. De celles-ci, 135 sont des fermes de 1 à 4 acres, 185 de 5 à 10 acres, 718 de 11 à 50 acres, 1,022 de 51 à 100 acres, 1,163 de 101 à 200 acres, 283 de 201 à 299 acres et 342 plus de 300 acres, couvrant dans l'ensemble 509,670 acres des 4,032,784 acres exploitées par le propriétaire. La dette hypothécaire se chiffre à $5,962,500 et la valeur des terres "propriété complète de l'exploitant" est de $75,299,100. La proportion de la dette hypothécaire à la valeur des fermes "propriété entière de l'exploitant" est donc de 7·9 p.c.

Le tableau XVI donne le nombre, la superficie, la valeur des fermes "propriété entière de l'exploitant" de même que le nombre et la superficie des fermes de la même tenure déclarant des dettes hypothécaires et le montant déclaré par la grandeur de la ferme.

TABLEAU XVI.—FERMES "PROPRIÉTÉ DE L'EXPLOITANT": NOMBRE, SUPERFICIE, VALEUR ET DETTE HYPOTHÉCAIRE, 1931

Superficie de la ferme	Nombre des fermes, "propriété entière de l'exploitant"		Superficie des fermes, "propriété entière de l'exploitant"		Valeur des fermes, "propriété entière de l'exploitant"	Valeur de la dette hypothécaire
	Total	Déclarant des dettes hypothécaires	Total	Déclarant des dettes hypothécaires		
	nomb.	nomb.	ac.	ac.	$	$
Toutes fermes	37,037	3,848	4,032,784	509,670	75,299,100	5,962,500
1– 4 acres	2,279	135	5,707	334	2,600,800	113,900
5– 10 "	2,838	185	21,102	1,389	3,529,600	183,400
11– 50 "	8,992	718	285,603	23,248	13,577,400	824,300
51–100 "	9,816	1,022	828,581	83,987	18,420,400	1,484,300
101–200 "	9,004	1,163	1,437,422	178,669	22,120,300	2,070,700
201–299 "	1,780	283	435,909	69,269	5,672,800	550,100
300–479 "	1,771	256	613,723	90,543	6,451,000	553,900
480–639 "	332	49	177,570	25,966	1,394,100	108,500
640 acres et plus	225	37	227,167	36,265	1,532,700	73,400

Le tableau XVII donne la proportion du nombre, de la superficie et du montant de la dette comparativement au nombre, à la superficie et à la valeur des fermes "propriété complète de l'exploitant" et la valeur de la terre et des bâtiments par acre, le montant de la dette hypothécaire, par acre des fermes ."propriété complète de l'exploitant", et par acre des fermes hypothéquées. On y remarque que sur les plus petites fermes où la valeur par acre est plus élevée, le montant de la dette hypothécaire à l'acre est également élevé tandis que la proportion de la dette hypothécaire à la valeur des fermes "propriété complète de l'exploitant" est plus élevée dans les groupes de grandeur intermédiaire, atteignant son maximum de 9·7 p.c. sur les fermes de 201 à 299 acres.

TABLEAU XVII.—PROPORTION DU NOMBRE, DE LA SUPERFICIE ET DE LA VALEUR DES FERMES "PROPRIÉTÉ ENTIÈRE DE L'EXPLOITANT" HYPOTHÉQUÉES COMPARATIVEMENT À TOUTES LES FERMES "PROPRIÉTÉ DE L'EXPLOITANT"

Grandeur de la ferme	Proportion du nombre de fermes déclarant des hypothèques	Proportion en superficie de toutes les fermes "propriété entière de l'exploitant" déclarant des hypothèques	Proportion de la valeur hypothécaire à la valeur de toutes les fermes "propriété entière de l'exploitant"	Valeur à l'acre de toutes les fermes	Montant de l'hypothèque à l'acre de toutes les fermes "propriété entière de l'exploitant"	Montant de l'hypothèque à l'acre de toutes les fermes "propriété entière de l'exploitant" déclarant des hypothèques
	p.c.	p.c.	p.c.	$	$	$
Toutes fermes.................	10·4	12·6	7·9	18·67	1·48	11·70
1– 4 acres..............	5·9	5·9	4·4	455·72	19·96	341·02
5– 10 "	6·5	6·8	5·2	167·26	8·69	132·04
11– 50 "	8·0	8·1	6·1	47·54	2·89	35·46
51–100 "	10·4	10·1	8·1	22·23	1·79	17·67
101–200 "	12·9	12·4	9·4	15·39	1·44	11·59
201–299 '	15·9	15·9	9·7	13·01	1·26	7·94
300–479 '	14·5	14·8	8·6	10·51	0·90	6·12
480–639 "	14·8	14·6	7·8	7·85	0·61	4·18
640 acres et plus.............	16·4	16·0	4·8	6·75	0·32	2·02

Un examen plus attentif des réponses montrées au tableau XVIII indique que sur 3,848 fermiers déclarant des hypothèques sur les fermes exploitées par les propriétaires, 1,085 ou 28·2 p.c. ont exploité leur même ferme pendant vingt ans ou plus, mais il ne semble pas y avoir de relation quelconque entre la durée de l'exploitation par le même homme et le montant de la dette constatée.

Le tableau XVIII donne le nombre de fermiers déclarant des dettes hypothécaires classifiés selon le nombre d'années pendant lesquelles ils ont exploité la même ferme.

TABLEAU XVIII.—NOMBRE DE FERMIERS DÉCLARANT DES DETTES HYPOTHÉCAIRES SELON LE NOMBRE D'ANNÉES SUR LA MÊME FERME, 1931

Année sur la ferme actuelle	Fermiers déclarant des hypothèques	Montant des hypothèques	Moyenne par ferme
	nomb.	$	$
Toutes fermes propriété de l'exploitant déclarant des hypothèques.................	3,848	5,962,500	1,550
Fermiers déclarant le nombre d'années sur la même ferme................	3,731	5,800,400	1,555
" moins de 2 ans................	290	408,200	1,408
2 ans................	169	228,900	1,354
3 "	193	287,900	1,492
4 "	158	207,600	1,314
5– 9 ans................	711	1,212,400	1,705
10–14 "	765	1,279,700	1,673
15–19 "	360	499,100	1,386
" 20 ans et plus................	1,085	1,676,600	1,545

RECENSEMENT DU CANADA, 1931

Des 3,848 fermiers déclarant une dette hypothécaire sur la ferme qu'ils possèdent en entier, 3,475 sont nés au Canada, 209 sont nés en d'autres pays britanniques, 101 sont nés en pays étrangers et les autres n'ont pas déclaré leur pays de naissance.

FACILITÉS DES FERMES

Le tableau XIX montre le nombre d'automobiles, camions, tracteurs, etc., dans la province en 1921 et 1931. Il y a 9,982 fermiers déclarant des automobiles et 1,633 des camions-automobiles en 1931 comparativement à 3,266 déclarant des automobiles ou des camions en 1921. Ces fermiers ont déclaré 10,297 automobiles et 1,704 camions-automobiles en 1931 et 3,464 des deux en 1921 ce qui donne un automobile ou un camion pour chaque 3·3 fermes en 1931 et un pour 13·7 fermes en 1921, une augmentation de plus de 300 pour cent durant la décade. Le nombre de tracteurs a augmenté de 164 en 1921 à 424 en 1931. Le nombre de fermes déclarant des engins à gazoline a diminué de 2,982 en 1921 à 2,578 en 1931; le nombre déclarant de l'éclairage à l'électricité ou au gaz a augmenté de 1,296 à 3,760 et le nombre de téléphones de 8,243 à 10,266 pour la même période.

TABLEAU XIX.—FACILITÉS DES FERMES, 1921-1931

Item	Nombre de fermes faisant rapport		Nombre de facilités déclarées	
	1921	1931	1921	1931
	nomb.	nomb.	nomb.	nomb.
Automobiles.....	3,266	9,982	3,464	10,297
Camions-automobiles....		1,633		1,704
Tracteurs....	155	415	164	424
Engins à gazoline....	2,982	2,578	(1)	2,848
Éclairage, gaz ou électricité....	1,296	3,760	1,296	3,760
Téléphone....	8,243	10,266	8,243	10,266

(1) Inconnu.

Dans le recensement de 1931 on trouve un grand nombre de facilités qui n'étaient pas mentionnées antérieurement et par conséquent ne peuvent être comparées avec les recensements précédents. Les tableaux 34 et 35 (tableaux d'ensemble) donnent un état détaillé des facilités par comtés.

Le tableau XX donne le nombre de fermes déclarant des facilités, le nombre de celles-ci et le nombre de fermes en déclarant plus d'une.

TABLEAU XX.—FERMES DÉCLARANT DES FACILITÉS SELON LE NOMBRE DÉCLARÉ, 1931

Item	Nombre de fermes faisant rapport	Fermes déclarant					Nombre déclaré
		1	2	3	4	5 et plus	
Batteuses....	836	835	1	-	-	-	837
Tracteurs....	415	406	9	-	-		424
Automobiles....	9,982	9,683	283	16	-		10,297
Camions-automobiles....	1,633	1,565	65	3	-		1,704
Combines....	-	-	-				-
Lieuses....	2,013	2,011	2	-	-		2,015
Epieuses....	-	-			-		-
Trayeuses....	41	41	-	-	-		41
Ecrémeuses....	19,349	19,306	43	-	-		19,392
Silos....	261	245	15	1	-	-	278
Engins à gazoline....	2,578	2,352	192	26	6	2	2,848
Moteurs électriques....	355	290	55	8	-	2	437

Facilités des fermes selon la grandeur de la ferme.—Les économistes agricoles de ce pays et d'ailleurs ont fait un grand nombre d'études sur la grandeur la plus économique des fermes au point de vue du plus bas coût de revient et de l'usage le plus économique de la machinerie agricole. Afin de jeter un peu de lumière sur ce sujet le tableau XXI donne le nombre de certaines machines agricoles classifiées selon la grandeur de la ferme et par 1,000 acres occupées dans chaque groupe par grandeur.

TABLEAU XXL—FACILITÉS DES FERMES SELON LA GRANDEUR DE LA FERME ET PAR 1,000 ACRES OCCUPÉES, 1931

Grandeur de la ferme	Lieuses		Engins à gazoline		Silos		Batteuses		Tracteurs	
	nombre	nombre par 1,000 acres	nombre	nombre par 1,000 acres	nombre	nombre par 1,000 acres	nombre	nombre par 1,000 acres	nombre	nombre par 1,000 acres
Toutes fermes..............	2,015	0·5	2,848	0·7	278	0·06	837	0·2	424	0·1
1- 4 acres............	2	0·3	32	5·2	–	–	1	0·2	2	0·3
5- 10 "	3	0·1	60	2·6	–	–	5	0·2	5	0·2
11- 50 "	45	0·1	334	1·1	12	0·04	57	0·2	33	0·1
51-100 "	399	0·5	663	0·8	64	0·07	194	0·2	66	0·1
101-200 "	841	0·6	942	0·6	97	0·06	296	0·2	145	0·1
201-299 "	299	0·6	322	0·7	41	0·08	103	0·2	74	0·2
300-479 "	314	0·5	338	0·5	42	0·06	125	0·2	66	0·1
480-639 "	65	0·3	85	0·3	18	0·10	32	0·2	16	0·1
640 acres et plus.........	47	0·2	72	0·3	8	0·03	24	0·1	17	0·1

Le tableau ci-dessus ne révèle pas que le nombre de chacune de ces facilités par 1,000 acres occupées est affecté de manière sérieuse par la grandeur de la ferme. Ceci provient probablement de ce qu'en Nouvelle-Ecosse seulement 19·6 p.c. de la terre occupée est défrichée et que sur les grandes fermes de grandes étendues sont encore en friche. Le tableau XXII donne la superficie moyenne de terre occupée et de terre défrichée par grandeur de ferme et explique partiellement pourquoi le nombre de facilités par 1,000 acres ne varie pas autant que la grandeur de la ferme.

TABLEAU XXII.—SUPERFICIE MOYENNE DE TERRE OCCUPÉE ET DÉFRICHÉE SELON LA GRANDEUR DE LA FERME, 1931

Grandeur de la ferme	Nombre de fermes	Superficie moyenne occupée	Superficie moyenne défrichée
Toutes fermes.....	39,444	109·1	21·4
1- 4 acres.....	2,468	2·5	2·1
5- 10 "	3,055	7·4	4·3
11- 50 "	9,616	31·7	9·8
51-100 "	10,325	84·2	21·4
101-200 "	9,526	159·3	31·9
201-299 "	1,955	244·5	44·4
300-479 "	1,886	347·1	45·9
480-639 "	366	534·6	51·5
640 acres et plus.....	247	1,026·7	59·9

Vu la faible proportion de terre défrichée sur les grandes fermes et comme les machines mentionnées dans le tableau XXI servent dans un type plus diversifié de cultures que celles pratiquées dans la province, il n'y a guère de marge pour variation dans le nombre de ces machines par 1,000 acres occupées dans les fermes de différentes grandeurs.

En 1931, 4,047 fermes ou 10·3 p.c. de toutes les fermes ont de l'eau courante dans la cuisine et 1,689 ou 4·3 p.c. dans la chambre de bain; 10,266 ont le téléphone, 4,770 des radios et 3,760 l'éclairage à l'électricité ou au gaz. Pour la première fois, le recensement de 1931 a relevé le type de route conduisant à la ferme. Des 38,918 fermes ayant répondu à cette question, 24 étaient sur des chemins d'asphalte, 27 sur des routes de béton, 134 sur du macadam, 18,134 ou 46·6 p.c. sur du gravier, 12,150 ou 31·2 p.c. sur des routes de terre améliorées et 8,449 ou 21·7 p.c. sur des routes de terre non améliorées.

La même enquête montre que 10,471 fermes ou 26·5 p.c. du total se trouvent à moins de 5 milles du marché d'une ville, 8,755 ou 22·2 p.c. entre 5 et 9 milles; 5,926 ou 15·0 p.c. entre 10 et 14 milles; 6,311 ou 16·0 p.c. entre 15 et 24 milles; 7,325 ou 18·6 p.c. 25 milles et plus; et les autres n'ont pas répondu à cette question.

Il y a 19,653 fermes ou 49·8 p.c. du total se trouvant à moins de 5 milles d'une gare de chemin de fer; 9,142 ou 23·2 p.c. entre 5 et 9 milles; 3,876 ou 9·8 p.c. entre 10 et 14 milles; 2,822 ou 7·1 p.c. entre 15 et 24 milles; 2,931 ou 7·4 p.c. 25 milles ou plus. Le reste n'a pas répondu à cette question.

DÉPENSES DE LA FERME

Le questionnaire de 1931 a relevé des informations sur les dépenses en argent pour provende, engrais commerciaux, produits chimiques pour vaporisations, graines de semence, courant électrique pour lumière et force motrice, taxes et coût de la main-d'œuvre agricole. Le tableau 1 (tableaux d'ensemble) donne le montant dépensé en argent pour ces différentes fins et le tableau 23 donne un compte détaillé par comtés.

Provende.—Une dépense de $2,782,420 a été déclarée par 28,426 fermes en 1930, soit une moyenne de $97.88 par ferme entrant sous cet en-tête. Ceci se compare à une dépense de $3,835,966 en 1920, une diminution de $1,053,546 ou 27·2 p.c. au cours de la période, ce qui est attribuable en plus grande partie à la baisse des prix plutôt qu'à une diminution de consommation.

Engrais commerciaux.—En 1930, 18,504 fermes ont fait pour engrais commerciaux une dépense de $879,540 ou une moyenne de $47.53 par ferme faisant rapport, comparativement à $1,193,206 en 1920, une diminution en valeur de $313,666 ou 26·3 p.c. Il est intéressant de noter que 46·9 p.c. des fermiers de la province se servent d'engrais commerciaux.

Produits chimiques pour vaporisations.—La Nouvelle-Ecosse a dépensé en 1930, $249,677 pour substances chimiques à vaporisation employées en plus grande partie pour les pommes de terre et les fruits. Comme cette question a été posée pour la première fois en 1931 aucune comparaison n'est possible avec les recensements antérieurs.

Graines de semence.—De tous les fermiers, 17,108 ont déclaré une dépense de $368,120 ou $21.52 par ferme. Ceci se compare avec $557,630 en 1920, une diminution de $189,510 ou 33·9 p.c.

Eclairage et énergie électriques.—La somme dépensée par 3,267 fermes pour éclairage et énergie électriques est de $99,460 une moyenne de $30.44 par ferme.

Main-d'œuvre (argent et pension).—La main-d'œuvre est le deuxième item en importance dans les dépenses des fermes de la province, la provende étant le premier. Les 10,991 fermes employant de la main-d'œuvre ont déclaré une dépense de $2,460,200 soit $223.84 par ferme comparativement à $2,703,275 en 1920, $815,246 en 1910 et $960,227 en 1900. Cette dépense représente 200,798 semaines de travail loué, soit une moyenne de 18·27 semaines par ferme et un salaire moyen de $12.25 par semaine, pension comprise.

Taxes.—Pour la première fois dans un recensement le questionnaire de 1931 a relevé le montant de taxes payé ou payable sur les terrains et bâtiments en 1930. Cette question ne porte que sur les propriétés exploitées par leur propriétaire. Les propriétaires partiels ou locataires partiels d'une ferme, n'étant en état de répondre que pour la partie dont ils sont propriétaires, ont été laissés en dehors de cette enquête. Le montant en taxes par les propriétaires exploitants est de $1,229,670, soit une moyenne de $33.20 par ferme, 30c. par acre occupée et $1.63 par acre défrichée et $16.33 par $1,000 d'évaluation. Les fermes de 1 à 4 acres ont payé une moyenne de $7.83 par acre, celles de 5 à 10 acres, $2.92; de 11 à 50 acres, 81c.; de 51 à 100 acres, 37c.; de 101 à 200 acres, 25c.; de 201 à 299 acres, 20c.; de 300 à 479 acres, 16c.; de 480 à 639 acres, 13c.; et de 640 acres et plus, 10c. Ceci indique clairement l'influence des bâtiments et du voisinage sur le montant payable en taxes. Les petites fermes sont généralement dans les villes et villages ou leur voisinage et sont dotées de résidences plus dispendieuses.

Dépense moyenne par 100 acres occupées et défrichées.—La dépense pour provende par 100 acres défrichées est de $329.42 comparativement à $386.51 en 1920. La dépense pour engrais commerciaux est de $104.13 comparativement à $120.23 en 1920; pour graines, $43.58 comparativement à $56.19 en 1920; et pour main-d'œuvre, $291.27 comparativement à $272.38 en 1920. Les dépenses portant sur les mêmes item par 100 acres occupées et défrichées dans la province font l'objet du tableau XXIII.

TABLEAU XXIII.—DÉPENSE MOYENNE EN 1930, PAR 100 ACRES OCCUPÉES ET DÉFRICHÉES, 1931

Item	Moyenne par 100 acres occupées	Moyenne par 100 acres défrichées
	$	$
Provende animale	64·70	329·42
Engrais commerciaux	20·44	104·13
Chimiques à vaporisation	5·80	29·56
Semences	8·55	43·58
Eclairage et énergie électriques	2·31	11·78
Main-d'œuvre (argent et pension)	57·18	291·27
Taxes (¹)	31·14	159·63

(¹) Fermes propriété de l'exploitant seulement.

VALEUR DES PRODUITS DE LA FERME

La valeur des produits de la ferme en 1930 paraît dans les tableaux 1 et 6 (tableaux d'ensemble) en comparaison avec les valeurs correspondantes de 1910 et 1920. Les produits de la ferme de la province donnent une valeur de $33,510,392 en 1930 comparativement à $51,582,917 en 1920, une diminution de $18,072,525 ou 35·04 p.c., la réduction en valeur étant causée principalement par la baisse drastique des prix. La valeur des produits de la ferme toutefois montre pour 1930 une augmentation de $5,764,529 ou 20·78 p.c. sur 1910 et une augmentation de $17,213,293 ou 105·62 p.c. sur 1900.　La valeur des produits forestiers n'est pas donnée en 1900.　Si l'on fait des comparaisons réparties sur une période de 30 ans au lieu de 10 ans la valeur totale des produits de la ferme a avancé d'une façon très satisfaisante.　Le tableau XXIV montre

GRAPHIQUE V.—VALEUR DES PRODUITS DE LA FERME, 1900-1930

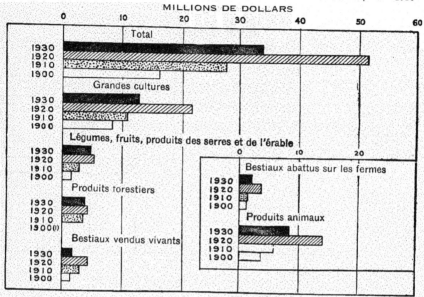

(¹) Inconnu.

l'augmentation ou la diminution des différents produits entrant dans le total de la production agricole de la province.　Les légumes sont la seule classe de produits montrant une augmentation en valeur sur 1920. D'un autre côté les légumes et le bétail vendu vivant sont les seuls item montrant une augmentation de 7·5 et 49·8 p.c. respectivement sur 1910.　Au sujet du bétail vendu vivant il faut se rappeler qu'aux recensements de 1921 et 1931 l'enquête s'est limitée aux animaux élevés sur les fermes faisant rapport, tandis que dans les recensements antérieurs on a tenu compte de tous les animaux vendus sur les fermes, qu'ils eussent été élevés sur la ferme ou achetés précédemment.　Chaque item montre une forte augmentation sur 1900.

TABLEAU XXIV.—AUGMENTATION NUMÉRIQUE ET PROPORTIONNELLE DE LA VALEUR DES PRODUITS DE LA FERME, 1900-1930

Item	Numérique(¹)			Proportionnelle (¹)		
	1930 sur 1920	1930 sur 1910	1930 sur 1900	1930 sur 1920	1930 sur 1910	1930 sur 1900
	$	$	$	p.c.	p.c.	p.c.
Tous produits	−18,072,525	5,764,529	17,213,293	−35·0	20·8	105·6
Grandes cultures	−8,802,742	2,026,343	4,446,420	−40·3	18·4	51·8
Légumes	234,996	−104,191		22·3	−7·5	
Fruits et produits de l'érable	−729,380	1,799,921	3,322,892	−17·4	108·8	234·2
Produits forestiers	−604,304	323,659	(²)	−13·4	9·1	(²)
Bétail vendu vivant	−1,093,906	−1,541,931	124,320	−41·3	−49·8	8·8
Bétail abattu	−1,522,211	420,028	493,229	−46·7	31·8	39·5
Produits animaux	−5,649,565	2,666,889	4,754,480	−40·3	46·7	131·4

(¹) Le signe moins (−) indique une diminution.
(²) La valeur des produits forestiers n'est pas donnée en 1900.

Valeur moyenne de production par ferme.—Le tableau XXV donne la valeur moyenne des produits de la ferme à chacune des quatre années de recensement de 1900 à 1930.　La valeur moyenne par ferme est plus basse en 1930 qu'en 1920 de $238, mais plus haute qu'en 1910 et 1900 de $321 et $551 respectivement.　Toutefois, la valeur des produits forestiers ne paraît pas dans les chiffres de 1900; s'ils y étaient inclus la valeur des produits par ferme serait augmentée de quelques dollars.　Les valeurs des grandes cultures, des légumes et des produits animaux sont celles montrant la plus forte augmentation au cours de la période sous revue.　En 1930, la valeur des grandes cultures est de 38·8 p.c. de la valeur totale de toute la production agricole, tandis qu'en 1920 elle était de 42·3 p.c., en 1910 de 39·7 p.c. et en 1900 de 52·5 p.c.　Les fruits et les légumes contribuent 8·7 p.c. de la valeur totale de la production agricole en 1900 tandis qu'en 1930 ils ont atteint 14·3 p.c. Les bestiaux vendus vivants ou abattus sur les fermes montrent une réduction comparativement à toute la production agricole de 4·1 et 2·5 p.c. respectivement entre 1900 et 1930. Les changements survenus entre 1920 et 1930 sont dus plutôt à des variations de prix qu'à des changements dans les types de production.

TABLEAU XXV.—VALEUR MOYENNE DE PRODUCTION PAR FERME ET DISTRIBUTION PROPOR-
TIONNELLE, 1900-1930

Item	1900	1910	1920	1930
	$	$	$	$
Tous produits agricoles	([1])299	529	([3])1,088	([3]) 850
Grandes cultures	157	210	460	330
Légumes	} 26 {	26	22	33
Fruits et produits de l'érable		31	88	88
Produits forestiers	([2])	68	95	99
Bétail vendu vivant	26	59	([4]) 56	([4]) 39
Bétail abattu	23	25	69	([4]) 44
Produits animaux	66	109	296	212
		Pourcentage de la valeur totale		
	p.c.	p.c.	p.c.	p.c.
Tous produits agricoles	([1])100·0	100·0	([3])100·0	([3])100·0
Grandes cultures	52·5	39·7	42·3	38·8
Légumes	} 8·7 {	4·9	2·0	3·9
Fruits et produits de l'érable		5·9	8·1	10·4
Produits forestiers	([2])	12·9	8·7	11·6
Bétail vendu vivant	8·7	11·2	([4]) 5·1	([4]) 4·6
Bétail abattu	7·7	4·7	6·3	([4]) 5·2
Produits animaux	22·1	20·6	27·2	24·9

([1]) Produits forestiers non compris.
([2]) Inconnu.
([3]) Comprend la valeur des produits des serres en 1920 et 1930, et celle des pépinières en 1930.
([4]) Limité au bétail élevé sur les fermes relevées.

Valeur moyenne par 100 acres défrichées.—Le tableau **XXVI** donne la valeur moyenne des produits agricoles par 100 acres défrichées de 1900 à 1930. Ici encore la valeur des produits forestiers de 1900 ne paraît pas, rendant impossible la comparaison stricte avec les autres recensements. La valeur moyenne des produits de la ferme par 100 acres défrichées en 1930 montre une diminution de $1,230 ou 23·7 p.c. comparativement à 1920, mais une augmentation de $1,760 ou 79·7 p.c. sur 1910 et une augmentation de $2,671 ou 206·1 p.c. sur 1900. Les produits forestiers et les légumes sont les deux seuls item dont la valeur en 1930 est supérieure à celle de 1920.

TABLEAU XXVI.—VALEUR MOYENNE DES PRODUITS DE LA FERME, 1900-1930, PAR 100 ACRES
DÉFRICHÉES, 1901-1931

Item	1900	1910	1920	1930
	$	$	$	$
Tous produits agricoles	([1])1,296	2,207	([3])5,197	([3])3,967
Grandes cultures	682	875	2,200	1,543
Légumes	} 113 {	111	106	152
Fruits et produits de l'érable		131	421	409
Produits forestiers	([2])	284	454	462
Bétail vendu vivant	113	246	([4]) 267	([4]) 184
Bétail abattu	99	105	329	([4]) 206
Produits animaux	288	453	1,413	991

([1]) Produits forestiers non compris.
([2]) Inconnu.
([3]) Comprend la valeur des produits des serres en 1920 et 1930, et celle des pépinières en 1930.
([4]) Limité au bétail élevé sur les fermes relevées.

GRANDES CULTURES

Le recensement de 1931 tout comme ceux de 1921 et 1911 relève les superficies, les rendements et les valeurs des grandes cultures de l'année précédant le recensement ainsi que les superficies en grandes cultures pour l'année même du recensement.

Dans les tableaux d'ensemble le tableau 7 traite des superficies ensemencées; le tableau 9 des récoltes en volume, et le tableau 10 de leur valeur à chacun des trois recensements 1911, 1921 et 1931.

La superficie totale en culture en 1931 est de 574,729 acres comparativement à 574,021 en 1930, 646,848 acres en 1921, 652,985 acres en 1920, 717,468 acres en 1911 et 710,966 acres en 1910. Le graphique VI donne la superficie en grandes cultures telle que relevée par les différents recensements de 1871 à 1931.

GRAPHIQUE VI.—ACRÉAGE EN GRANDE CULTURE, 1870-1931

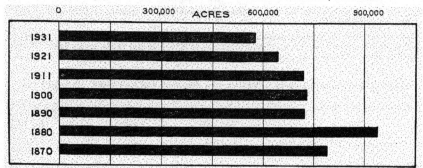

■ **Proportion des fermes pratiquant certaines cultures, 1921-1931.**—Le tableau XXVII donne la proportion du nombre de fermes se livrant à certaines cultures telles que relevées aux recensements de 1921 et 1931. La culture du blé a été constatée sur 4·1 p.c. de toutes les fermes en 1931 comparativement à 16·6 p.c. en 1921. Seulement 11·4 p.c. des fermes cultivaient de l'orge comparativement à 12·7 p.c. en 1921. Les cultures les plus répandues en 1931 sont l'avoine, le foin et les pommes de terre, se trouvant respectivement sur 48·1, 90·8 et 82·1 p.c. de toutes les fermes.

TABLEAU XXVII.—POURCENTAGE DES FERMES DÉCLARANT CERTAINES GRANDES CULTURES, 1921–1931

Culture	Recensement de 1921	Recensement de 1931
Blé.	16·6	4·1
Orge.	12·7	11·4
Avoine.	58·1	48·1
Pois et haricots.	7·7	8·3
Lin.	0·1	(³)
Foin, cultivé(¹).	93·5	90·8
Maïs fourrager.	(²)	1·4
Autres cultures fourragères.	15·6	(²)
Pommes de terre.	85·9	82·1
Tabac.	(³)	(³)

(¹) Foin cultivé en 1921, mil et trèfle en 1931.
(²) Inconnu.
(³) Moins d'un dixième d'un pour cent.

Superficie proportionnelle de certaines cultures, 1911-1931.—Le tableau XXVIII donne pour la province la proportion de la superficie totale occupée par certaines cultures spécifiées.

TABLEAU XXVIII.—POURCENTAGE DE CERTAINES GRANDES CULTURES DANS LA SUPERFICIE TOTALE EN CULTURE, 1911-1931

Culture	1911	1921	1931
Toutes grandes cultures.			
Blé.			
Orge.			
Avoine.			
Seigle.			
Maïs à grain.			
Sarrasin.			
Haricots.			
Pois.			
Lin.			
Grains mélangés.			
Foin, cultivé.			
Maïs fourrager.			
Autres cultures fourragères.			
Pommes de terre.			
Navets et autres racines.			

(¹) Moins d'un dixième d'un pour cent.

Superficie moyenne en grande culture par ferme, 1911-1931.—Le tableau XXIX montre la superficie moyenne en grande culture par ferme aux trois années de recensement 1911, 1921 et 1931. Il faut se rappeler que ces chiffres portent sur toutes les fermes de la province et non pas seulement sur les fermes déclarant certaines cultures. En 1931 la superficie en grande culture couvre seulement 13·36 p.c. de la superficie totale des fermes, mais 68·04 p.c. de la superficie défrichée, les autres 31·96 p.c. étant en pâturages, vergers, bâtiments, routes, etc. En 1921, 13·69 p.c. de la superficie occupée par les fermes était en culture et en 1911 il y en avait 13·63 p.c.

Les cultures occupant les plus grandes superficies par ferme sont le foin, l'avoine et les pommes de terre dont l'étendue est restée à peu près stationnaire au cours de la période sous revue, tandis que le blé montre un très fort déclin, et l'orge et les grains mélangés montrent de l'expansion.

TABLEAU XXIX.—SUPERFICIE MOYENNE DES PRINCIPALES GRANDES CULTURES PAR FERME, 1911-1931

Item	1911	1921	1931
	acres	acres	acres
Superficie moyenne de la ferme			
Superficie moyenne en terre défrichée			
Toutes cultures			
Blé			
Orge			
Avoine			
Seigle			
Maïs à grain			
Sarrasin			
Haricots			
Pois			
Lin			
Grains mélangés			
Foin, cultivé			
Maïs fourrager			
Autres cultures fourragères			
Pommes de terre			
Navets et autres racines			

(1)Moins d'un dixième d'un pour cent.

Superficie moyenne en culture par 100 acres défrichées, 1911-1931.—Le tableau XXX donne la superficie moyenne des principales cultures par 100 acres défrichées. Sur 100 acres défrichées 68·04 acres sont occupées par les grandes cultures en 1931 comparativement à 65·18 acres en 1921 et 57·06 en 1911. De cette superficie en 1931, 49·82 acres sont occupées par le foin cultivé, 10·11 par l'avoine, 2·06 par les autres cultures fourragères et 2·68 par les pommes de terre. L'expansion en foin cultivé, cultures fourragères, avoine et orge au cours des vingt ans de 1911 à 1931 est plutôt remarquable. Au contraire, le blé montre de la contraction.

TABLEAU XXX.—SUPERFICIE MOYENNE DES PRINCIPALES GRANDES CULTURES PAR 100 ACRES DÉFRICHÉES, 1911-1931

Culture	1911	1921	1931
Toutes grandes cultures	57·06	65·18	68·04
Blé	1·06	1·27	0·35
Orge	0·44	0·62	0·93
Avoine	7·97	10·36	10·11
Autres céréales et lin	1·43	0·88	1·06
Foin, cultivé	42·57	47·18	49·82
Autres cultures fourragères	0·19	0·47	2·06
Pommes de terre	2·45	3·49	2·68
Racines fourragères	0·94	0·91	1·04

Superficie en grande culture.—Le tableau 7 (tableaux d'ensemble) donne les superficies en grande culture dans la province pour les années 1930 et 1931, 1920 et 1921, 1910 et 1911 et 1900. Il n'y a guère de variations entre les superficies de 1930 et 1931 ou de 1920 et 1921 autres que les fluctuations annuelles ordinaires.

Comparaison des superficies en cultures spécifiées.—Afin de pousser les comparaisons des cultures et des étendues plus loin que 1911, il est nécessaire de prendre les chiffres de 1930, 1920, etc., parce que dans les recensements avant 1911 on ne relevait pas les étendues sous culture lors du recensement même mais bien celles de l'année précédente.

· **Blé.**—Le graphique VII donne les étendues couvertes en blé de la Nouvelle-Ecosse de 1870 à 1930 et les récoltes de 1827 à 1930. Une étude des constatations du recensement de 1881 montre qu'il y avait certainement quelque erreur de compilation et que le chiffre de l'année est trop élevé. On constate une forte diminution de la superficie en blé en 1930 comparativement à 1920.

GRAPHIQUE VII.—BLÉ—EMBLAVURES 1870-1930; PRODUCTION, 1827-1930

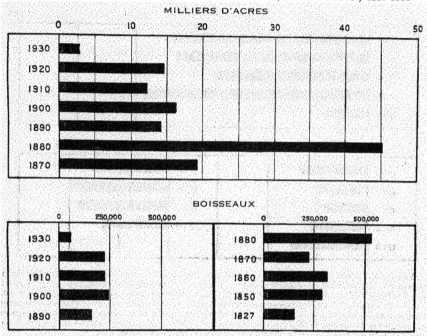

Au recensement de 1921, 7,879 fermes cultivaient du blé tandis qu'au recensement de 1931 il n'y en avait que 1,650, une diminution de 6,229. Le tableau XXXI montre le nombre de fermes cultivant du blé classifiées selon la grandeur de la ferme et l'étendue de cette culture. Il montre que 1,584 fermes ou exactement 96 p.c. de toutes celles pratiquant cette culture en ont cultivé moins de 5 acres tandis que 58 en cultivaient 5 acres et plus mais moins de 10 acres et seulement 8 en cultivaient 10 acres ou plus. Le plus grand nombre de fermes cultivant du blé, 618 ou 37·5 p.c., est dans le groupe de 101 à 200 acres. Le groupe suivant le plus important est celui de 51 à 100 acres où l'on trouve 529 fermes ou 32·1 p.c. du total des fermes cultivant le blé. Il y a 127 fermes de moins de 50 acres et 376 fermes de 200 acres et plus qui cultivent le blé.

TABLEAU XXXI.—FERMES DÉCLARANT DU BLÉ CLASSIFIÉES SELON LA GRANDEUR DE LA FERME, 1931, ET SUPERFICIE ENSEMENCÉE, 1930

Grandeur de la ferme	Fermes faisant rapport	Moins de 5 acres	5-9 acres	10-14 acres	15-19 acres	20 acres et plus
Toutes fermes	1,650	1,584	58	6	–	2
1- 4 acres	3	3	–	–	–	–
5- 10 "	7	7	–	–	–	–
11- 50 "	117	114	3	–	–	–
51-100 "	529	511	16	2	–	–
101-200 "	618	593	24	1	–	–
201-299 "	183	177	2	2	–	2
300-479 "	155	147	7	–	–	–
480-639 "	28	23	5	–	–	–
640 acres et plus	10	9	1	–	–	–

Orge.—L'orge n'a jamais été cultivée sur une grande échelle dans la Nouvelle-Ecosse. Le graphique VIII montre la superficie en orge de 1890 à 1930 et la production de 1850 à 1930. La superficie en orge a augmenté constamment de 1890 à 1930 tandis que la production a atteint son maximum en 1870 avec 296,050 boisseaux. La récolte d'orge de 1850 dépasse de 22·5 p.c. celle de 1920.

GRAPHIQUE VIII.—ORGE—EMBLAVURES, 1890-1930; PRODUCTION, 1850-1930

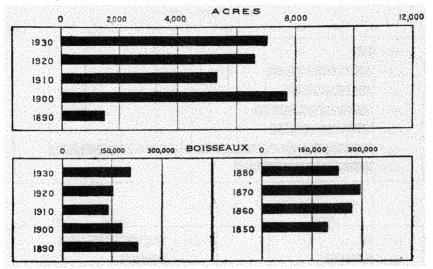

Le tableau XXXII donne le nombre de fermes cultivant de l'orge, classifiées selon la grandeur de la ferme en 1931 et la superficie ensemencée en 1930. De toutes les fermes de la province, 4,513 ou 11·4 p.c. ont déclaré cultiver de l'orge et de celles-ci 4,281 ou 94·9 p.c. en cultivent moins de 5 acres; 2,842 ou 63·0 p.c. de toutes les fermes cultivant de l'orge sont des fermes de 51 à 200 acres mais seulement 9 fermes dans toute la province en ont cultivé plus de 15 acres. Au recensement de 1921, 6,039 fermes cultivaient de l'orge ce qui montre une diminution de 25·3 p.c. dans le nombre de fermes faisant cette culture en 1931, mais au cours de la même période il y a une augmentation de 6·3 p.c. dans l'étendue en orge.

TABLEAU XXXII.—FERMES DÉCLARANT DE L'ORGE CLASSIFIÉES SELON LA GRANDEUR DE LA FERME, 1931, ET SUPERFICIE ENSEMENCÉE, 1930

Grandeur de la ferme	Fermes faisant rapport	Moins de 5 acres	5-9 acres	10-14 acres	15-19 acres	20-24 acres	25 acres et plus
Toutes fermes..........................	4,513	4,281	191	32	4	3	2
1- 4 acres.........................	24	24	-	-	-	-	-
5- 10 "	121	121	-	-	-	-	-
11- 50 "	780	768	10	2	-	-	-
51-100 "	1,293	1,246	37	9	-	-	-
101-200 "	1,549	1,446	87	13	3	-	-
201-299 "	376	340	32	3	-	-	-
300-479 '	294	268	21	3	1	1	-
480-639 "	43	38	3	1	-	-	-
640 acres et plus......................	33	30	1	1	-	-	-

Avoine.—La superficie en avoine de la Nouvelle-Ecosse en 1930 est de 78,750 acres comparativement à 95,547 en 1920—une diminution de 16,797 acres ou 17·6 p.c. au cours des dix ans—et la production accuse également une diminution de 117,269 boisseaux ou 4·3 p.c. pendant la même période. Le graphique IX montre les superficies en avoine de 1890 à 1930 et la production de 1850 à 1930. La plus forte récolte se trouve en 1910 alors qu'elle atteignit 2,973,857 boisseaux.

En 1930 l'avoine est cultivée par 48·1 p.c. des fermiers comparativement à 58·1 p.c. en 1920. Le tableau XXXIII donne le nombre de fermes cultivant l'avoine en 1930 classifiées selon la grandeur de la ferme en 1931 et la superficie ensemencée en 1930. De toutes les fermes faisant cette culture, 12,513 ou 65·9 p.c. en cultivaient moins de cinq acres.

GRAPHIQUE IX.—AVOINE—EMBLAVURES, 1890-1930; PRODUCTION, 1850-1930

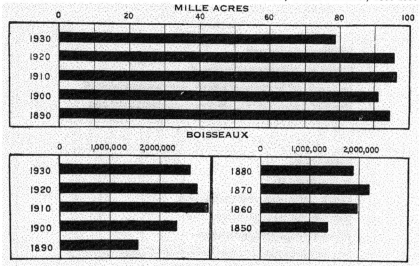

Les fermes cultivant de l'avoine forment 72·7 p.c. de toutes les fermes de 201 à 299 acres, 71·6 p.c. de celles de 300 à 479 acres, 66·9 p.c. de celles de 480 à 639 acres, 66·0 p.c. de celles de 101 à 200 acres, 60·3 p.c. de celles de 640 acres et plus, 56·0 p.c. de celles de 51 à 100 acres, 33·1 p.c. de celles de 11 à 50 acres, 14·0 p.c. de celles de 5 à 10 acres et 5·7 p.c. des fermes de moins de 5 acres.

TABLEAU XXXIII.—FERMES DÉCLARANT DE L'AVOINE CLASSIFIÉES SELON LA GRANDEUR DE LA FERME, 1931, ET SUPERFICIE ENSEMENCÉE, 1930

Grandeur de la ferme	Fermes faisant rapport	Moins de 5 acres	5-9 acres	10-14 acres	15-19 acres	20-24 acres	25-49 acres	50 acres et plus
Toutes fermes....................................	18,983	12,513	4,572	1,368	319	117	85	
1- 4 acres................................	140	140	–	–	–	–	–	–
5- 10 "	428	418	10	–	–	–	–	–
11- 50 '	3,184	2,868	286	23	6	–	1	–
51-100 '	5,782	4,107	1,302	293	59	14	6	
101-200 '	6,284	3,643	1,874	576	116	43	31	
201-299 "	1,421	629	501	188	55	23	22	3
300-479 "	1,350	577	461	213	63	22	12	2
480-639 "	245	86	91	44	10	6	6	2
640 acres et plus............................	149	45	47	31	10	9	7	–

Seigle.—Le seigle n'a jamais été une culture très étendue dans la Nouvelle-Ecosse et en 1930 on n'y voit que 138 acres en seigle d'automne et 8 acres en seigle de printemps comparativement à 226 acres en 1920 et 350 acres en 1910 et des 66 fermes cultivant le seigle en 1930 toutes moins 6 en cultivaient moins de 5 acres.

Maïs à grain.—Comme le seigle, le maïs à grain n'a jamais été cultivé sur une grande échelle dans la province et seulement 36 acres ont été récoltées en 1930, réparties entre 88 fermes; 70 acres en 1920 et 66 acres en 1910.

Lin.—Seulement 27 acres étaient en lin en 1931 et 4 acres en 1930; huit fermes ont déclaré des petites quantités de lin en 1930.

Sarrasin.—Le sarrasin est à peu près au même rang que l'orge en superficie. En 1930 on en cultivait 3,710 acres comparativement à 5,834 acres en 1920, 9,541 acres en 1910 et 9,371 acres en 1900. Le graphique X montre la superficie en sarrasin de 1900 à 1930 et la production de 1850 à 1930 avec une quantité maximum de 339,718 boisseaux en 1880. Il est intéressant de savoir que la production de 1850 dépasse celle de 1930 par 96,397 boisseaux. En 1930, 2,098 fermes ont déclaré cultiver du sarrasin mais en très petites étendues.

GRAPHIQUE X.—SARRASIN—EMBLAVURES, 1900-1930; PRODUCTION, 1850-1930

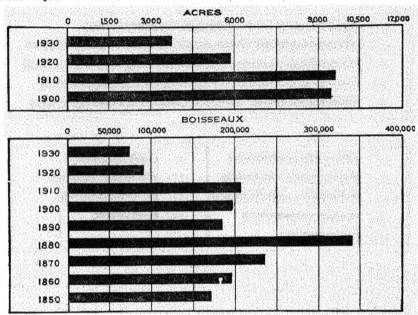

Haricots et pois.—En 1931, la province avait 569 acres de haricots comparativement à 723 acres en 1930, 682 acres en 1921 et 770 acres en 1920. En 1931 on trouve 58 acres en pois et en 1930 64 acres comparativement à 85 acres en 1921 et 67 acres en 1920. Les haricots et les pois ont été récoltés sur 3,273 fermes en 1930 comparativement à 3,671 en 1920, une diminution de 398 ou 10·8 p.c. En 1930 seulement 3 fermes ont déclaré plus de 5 acres en haricots. Les fermes cultivant des haricots sèment une moyenne de superficie de 0·26 acre par ferme et celles déclarant des pois, 0·14 acre.

Grains mélangés.—Les tableaux 7 et 9 (tableaux d'ensemble) donnent les superficies en grains mélangés de 1900 à 1931 et les récoltes de 1900 à 1930. Le recensement de 1931 relève 3.885 acres comparativement à 2,141 en 1921 une augmentation de 81·4 p.c. au cours de la décade. Les grains mélangés sont cultivés sur 901 fermes en 1931. Le tableau XXXIV donne le nombre de fermes cultivant les grains mélangés classifiées selon la grandeur de la ferme et la superficie ensemencée. Il est intéressant de noter que 69 p.c. des fermes cultivant des grains mélangés ont moins de cinq acres et que 65·4 p.c. des fermes déclarant cette culture sont celles de 51 à 200 acres.

TABLEAU XXXIV.—FERMES DÉCLARANT DES GRAINS MÉLANGÉS CLASSIFIÉES SELON LA GRANDEUR DE LA FERME, 1931, ET SUPERFICIE ENSEMENCÉE, 1930

Grandeur de la ferme	Fermes faisant rapport	Moins do 5 acres	5–9 acres	10–14 acres	15–19 acres	20–24 acres	25 acres et plus
Toutes fermes	901	622	196	54	19	–	–
1– 4 acres	1	1	–	–	–	–	–
5– 10 "	11	11	–	–	–	–	–
11– 50 "	82	64	15	–	3	–	–
51–100 "	223	159	51	11	1	1	–
101–200 "	366	255	68	28	10	2	3
201–299 "	100	56	32	8	3	–	1
300–479 "	86	53	23	7	1	–	–
480–639. "	18	14	4	–	1	–	–
640 acres et plus	14	9	3	–	1	1	–

Foin cultivé.—Le foin cultivé occupe la plus grande proportion de toute la superficie. en grandes cultures. En 1931, 73·2 p.c. de la superficie totale des grandes cultures était en foin comparativement à 72·4 p.c. en 1921. Le graphique XI donne la superficie en foin de 1870 à 1930 et la production de 1827 à 1930. La superficie en foin a atteint son maximum en 1900 avec 554,371 acres et la production en 1910 avec 724,318 tonnes. Des 420,816 acres de foin cultivé de 1931, 106,136 étaient en mil; 311,073 acres en mil et trèfle, 713 acres en luzerne et le reste en trèfle d'odeur et herbes.

GRAPHIQUE XI.—FOIN CULTIVÉ—ACRÉAGE, 1870-1930; PRODUCTION, 1827-1930

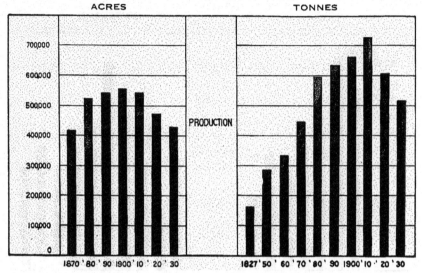

Le tableau **XXXV** donne le nombre de fermes cultivant du foin et trèfle classifiées selon la grandeur de la ferme en 1931 et la superficie cultivée en 1930.

TABLEAU XXXV.—FERMES DÉCLARANT DU MIL ET TRÈFLE CLASSIFIÉES SELON LA GRANDEUR DE LA FERME, 1931, ET SUPERFICIE CULTIVÉE, 1930

Grandeur de la ferme	Fermes faisant rapport	Moins de 5 acres	5–9 acres	10–14 acres	15–19 acres	20–24 acres	25–49 acres	50–99 acres	100 acres et plus
Toutes fermes....................	35,802	12,428	7,832	4,949	3,376	2,552	3,905	712	48
1– 4 acres...................	1,797	1,797	–	–	–	–	–	–	–
5– 10 '	2,626	2,169	457	–	–	–	–	–	–
11– 50 '	8,607	4,429	2,509	991	399	190	89	–	–
51–100 '	9,520	2,282	2,579	1,758	1,214	743	894	50	–
101–200 '	8,991	1,335	1,706	1,604	1,251	1,086	1,748	258	3
201–299 '	1,873	177	264	256	252	254	507	150	13
300–479 '	1,811	171	242	269	204	228	510	174	13
480–639 '	348	43	46	44	31	30	104	43	7
640 acres et plus..................	229	25	29	27	25	21	53	37	12

Foin des marais.—En 1930 il a été récolté 27,609 tonnes de foin des marais valant $287,402, comparativement à 16,749 tonnes valant $189,500 en 1920.

Maïs fourrager.—La récolte de maïs fourrager de 1930 est de 5,597 tonnes comparativement à 2,250 tonnes en 1920 et 5,210 tonnes en 1910. En 1930, 555 fermiers cultivaient du maïs fourrager et 537 de ceux-ci en cultivaient moins de 5 acres.

Autres cultures fourragères.—En 1930, 18,710 acres de cultures fourragères différentes (grains coupés pour le foin, tournesol, etc.) ont donné 29,530 tonnes valant $334,822 comparativement à 10,787 acres qui donnèrent 18,215 tonnes valant $350,341 en 1920.

Pommes de terre.—Le graphique XII donne la superficie en pommes de terre de 1870 à 1930 et la récolte de 1827 à 1930. C'est en 1880 que l'on constate la plus grande superficie et la meilleure récolte et depuis il y a eu un déclin. Le foin, l'avoine et les pommes de terre sont les trois cultures les plus répandues de la province. En 1930, 82·1 p.c. de toutes les fermes cultivaient des pommes de terre comparativement à 85·8 p.c. en 1920.

GRAPHIQUE XII.—POMMES DE TERRE—ACRÉAGE, 1870-1930; PRODUCTION, 1827-1930

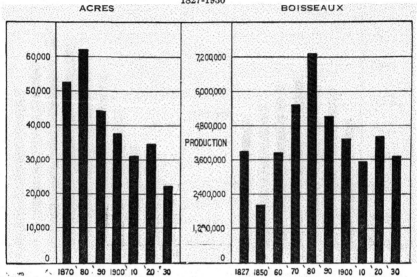

Le tableau XXXVI donne le nombre de fermes cultivant des pommes de terre classifiées selon la grandeur de la ferme et la superficie en pommes de terre. Une étude de ce tableau révèle que seulement 0·79 p.c. des fermes cultivent 5 acres et plus en pommes de terre. Il montre aussi que 61·8 p.c. des fermes de moins de 5 acres, 67·7 p.c. de celles de 5 à 10 acres, 77·9 p.c. de 11 à 50 acres, 85·1 p.c. de 51 à 100 acres, 88·9 p.c. de 101 à 200 acres, 92·1 p.c. de 201 à 299 acres, 91·1 p.c. de 300 à 479 acres. 88·8 p.c. de 480 à 639 acres et 84·2 p.c. de 640 acres et plus cultivent des pommes de terre. On y voit aussi que moins d'un pour cent des fermes cultivant des pommes de terre contribuent approximativement 10 p.c. de toute la superficie en pommes de terre de la province.

TABLEAU XXXVI.—FERMES DÉCLARANT DES POMMES DE TERRE CLASSIFIÉES SELON LA GRANDEUR DE LA FERME, 1931, ET SUPERFICIE ENSEMENCÉE, 1930

Grandeur de la ferme	Fermes faisant rapport	Moins de 5 acres	5-9 acres	10-14 acres	15-19 acres	20-24 acres	25 acres et plus
Toutes fermes...................................	32,394	32,137	209	33	⁊	ᶜ	3
1- 4 acres....................................	1,526	1,526	-	-			-
5- 10 "	2,067	2,066	1	-			-
11- 50 "	7,490	7,478	10	2			‒
51-100 "	8,788	8,718	62	8	-	‒	
101-200 "	8,471	8,373	77	12		3	-
201-299 "	1,800	1,766	23	6		2	2
300-479 "	1,719	1,694	22	3			-
480-639 "	325	318	5	2			-
640 acres et plus...................................	208	198	11	-			1

Navets et autres racines.—Les tableaux 7 et 9 (tableaux d'ensemble) donnent les superficies en navets et autres racines de 1900 à 1931 et les récoltes de 1900 à 1930. Entre 1920 et 1930 il y a diminution de superficie en navets et choux de Siam de 24·2 p.c. bien que la production montre une légère augmentation. La popularité croissante des engrais commerciaux et la rapidité avec laquelle les racines répondent à leur application ont grandement augmenté leur rendement à l'acre. En 1930, 14,560 fermes cultivent des navets et autres plantes-racines et de celles-ci 14,516 en cultivent moins de 5 acres, 42 entre 5 et 9 acres et 2 en cultivent 10 acres ou plus. Les fermes entre 11 et 200 acres contribuent 77·6 p.c. de toutes les fermes pratiquant cette culture.

TABLEAU XXXVII.—FERMES DÉCLARANT DES NAVETS ET AUTRES PLANTES-RACINES CLASSIFIÉES SELON LA GRANDEUR DE LA FERME, 1931, ET SUPERFICIE ENSEMENCÉE, 1930

Grandeur de la ferme	Fermes faisant rapport	Moins de 5 acres	5-9 acres	10-14 acres	15 acres et plus
Toutes fermes	14,560	14,516	42	1	1
1- 4 acres	258	258	-	-	-
5- 10 "	482	482	-	-	-
11- 50 "	2,591	2,590	1	-	-
51-100 "	4,082	4,076	6	-	-
101-200 "	4,626	4,610	15	1	-
201-299 "	1,125	1,116	9	-	-
300-479 "	1,074	1,069	5	-	-
480-639 "	194	190	3	-	1
640 acres et plus	128	125	3	-	-

Tabac.—Le tabac n'a jamais été cultivé sur une grande échelle en Nouvelle-Écosse et le recensement de 1931 n'en a fait aucun relevé.

Graines d'herbe récoltées.—Le tableau 9 (tableaux d'ensemble) donne les quantités de graines d'herbe et de trèfle récoltées dans la province de 1900-1930. En 1930 il a été récolté 3,840 livres de graine de trèfle comparativement à 32,340 livres en 1920 et 23,232 livres de graines d'herbe comparativement à 68,064 livres en 1920.

Rendement moyen à l'acre des grandes cultures, 1890-1930.—Le tableau 11 (tableaux d'ensemble) donne le rendement moyen par acre des grandes cultures de 1890 à 1930. Le trait le plus frappant de ce tableau c'est qu'au cours des 40 années il n'y a aucun changement important dans le rendement à l'acre en dehors des fluctuations auxquelles on doit s'attendre normalement d'une année à l'autre. Les pommes de terre, toutefois, ont donné en 1930 une moyenne de 164·7 boisseaux, ce qui est 37·5 boisseaux de plus à l'acre que jamais auparavant dans la province.

Production de certaines cultures per capita de la population rurale, 1900-1930.—Le graphique XIII donne la production des plus importantes grandes cultures par tête de la population rurale depuis 1900

GRAPHIQUE XIII.—PRODUCTION DE BLÉ, ORGE, AVOINE ET POMMES DE TERRE, PAR TÊTE DE LA POPULATION RURALE, 1900-1930

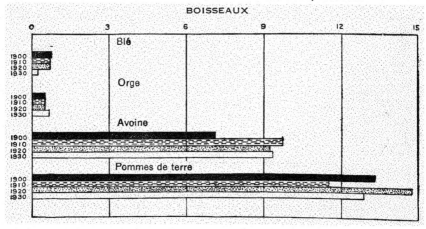

Production de certaines cultures par personne occupée dans l'agriculture, 1880-1930. — Le graphique XIV donne la production de blé, orge, avoine et pommes de terre par personne occupée dans l'agriculture de 1880 à 1930.

GRAPHIQUE XIV.—PRODUCTION DE BLÉ, ORGE, AVOINE ET POMMES DE TERRE, PAR PERSONNE OCCUPÉE DANS L'AGRICULTURE, 1880-1930

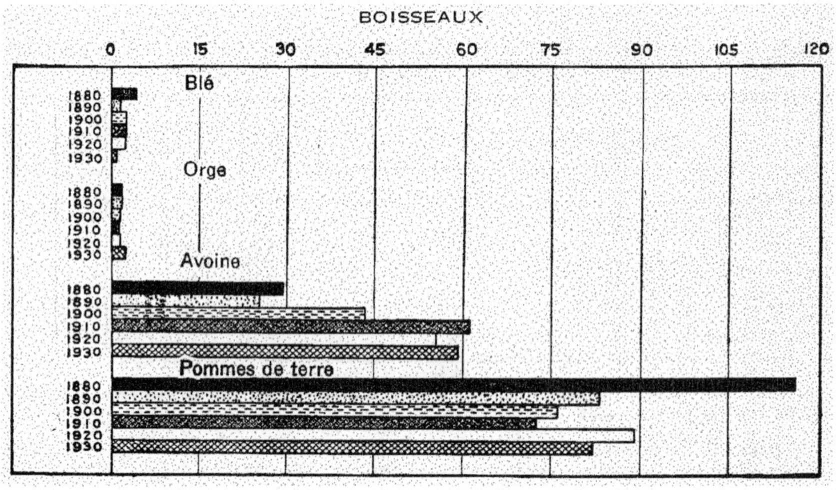

Récoltes manquées.—En 1930, 1,900 fermes ont déclaré certaines récoltes manquées comparativement à 878 en 1920, la superficie manquée étant de 4,978 acres et 1,885 acres respectivement. Parmi ces fermes, 1,395 ont donné comme cause du manquement la sécheresse, 11 la gelée, 53 la grêle et des pluies excessives, 119 les insectes, 7 la rouille, 93 la maladie et 222 d'autres causes. La plus grande superficie (4,153 acres) est attribuée à la sécheresse et la suivante (596 acres) à "autres causes". De la superficie totale sur laquelle les récoltes ont manqué, 3,784 acres étaient en foin et autres fourrages, 388 en avoine, 290 en pommes de terre, 266 en navets et choux de Siam et le reste en cultures diverses.

Valeur des récoltes.—Le tableau 10 (tableaux d'ensemble) donne la valeur des récoltes par espèce à chacun des trois derniers recensements. La valeur de toutes les récoltes de la province est de $13,031,376 en 1930 comparativement à $21,834,118 en 1920 et $11,005,033 en 1910, une diminution de 40·3 p.c. sur 1920 mais une augmentation de 18·4 p.c. sur 1910. Le graphique XV donne la valeur des principales récoltes de 1910, 1920 et 1930.

TABLEAU XXXVIII. — POURCENTAGE DE LA VALEUR TOTALE DES RÉCOLTES CONTRIBUÉ PAR CERTAINES CULTURES, 1910-1930

Récolte	1910	1920	1930
Toutes grandes cultures	100·0	100·0	100·0
Blé	2·1	2·1	0·4
Orge	1·0	1·0	1·4
Avoine	13·3	11·5	12·3
Seigle	(1)	(1)	(1)
Maïs à grain	(1)	(1)	(1)
Graine de lin	(1)	(1)	(1)
Sarrasin	1·1	0·6	0·5
Haricots et pois	0·3	0·3	0·3
Grains mélangés	0·4	0·4	0·6
Graines de trèfle et d'herbe	(1)	0·1	(1)
Foin, cultivé	59·4	57·9	54·4
Foin des marais	(2)	0·9	2·2
Autres cultures fourragères	0·5	1·7	2·8
Pommes de terre	15·8	16·9	15·6
Navets	5·0	6·1	8·1
Autres racines	0·9	0·5	1·5

(1) Moins de 0·1 pour cent.
(2) Inconnu.

Le tableau XXXVIII montre la part de chaque récolte dans leur valeur globale. On y voit que le blé n'y contribue que 0·4 p.c. en 1930 comparativement à 2·1 p.c. en 1920. En 1930 l'avoine en fournit 12·3 p.c.; en 1920, 11·5 p.c.; et en 1910, 13·3 p.c. Le foin cultivé a reculé constamment depuis 1910 dans sa proportion de la valeur totale, contribuant 54·4 p.c. en 1930; 57·9 p.c. en 1920; et en 1910, 59·4 p.c. .D'un autre côté, la proportion de foin naturel et autres cultures fourragères a augmenté, ces dernières, de 0·5 p.c. en 1910 à 2·8 p.c. en 1930. Les pommes de terre sont restées pratiquement au même niveau durant la période de trente ans occupant en 1910 15·8 p.c.; en 1920, 16·9 p.c.; et en 1930, 15·6 p.c. de la valeur totale des récoltes.

A chaque recensement le foin cultivé est la récolte la plus importante en valeur, étant suivi des pommes de terre en deuxième et de l'avoine en troisième.

GRAPHIQUE XV.—VALEUR DES PRINCIPALES RÉCOLTES, 1910-1930

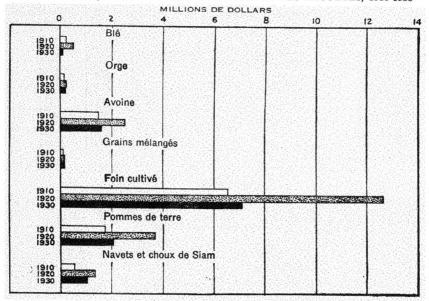

Valeur par unité.—Le tableau XXXIX donne la valeur moyenne des récoltes par unité de quantité de 1920 et 1930 montrant que presque chaque récolte a souffert une réduction drastique de prix, comparativement à 1920. C'est la raison pour laquelle la valeur totale des récoltes n'a pas avancé proportionnellement à la production.

TABLEAU XXXIX.—VALEUR MOYENNE DES RÉCOLTES PAR UNITÉ DE QUANTITÉ, 1920-1930

Récolte	Unité	1920	1930
			$
Blé...	boiss.		
Orge...	"		
Avoine...	"		
Seigle...	"		
Maïs à grain...	"		
Sarrasin...	"		
Haricots...	"		
Pois...	"		
Graine de lin...	"		
Grains mélangés...	"		
Mil et trèfle...	tonne		
Luzerne...	"		
Millet et herbe hongroise...	"		
Foin des marais...	"		
Maïs fourrager...	"		
Foin de grain...	"		
Autres cultures fourragères...	"		
Pommes de terre...	boiss.		
Navets...	"		
Betteraves fourragères...	"		(1)
Carottes...	"		20·26
Betteraves à sucre...	"		(1)
Autres plantes-racines...	"		12·58
Tabac...	lb		–
Houblon...	"		0·12
Lin fibreux...	"	–	0·25

(1) Compris avec autres plantes-racines.

RECENSEMENT DU CANADA, 1931

Valeur moyenne à l'acre.—Le tableau XL montre la valeur moyenne par acre des différentes récoltes de 1910, 1920 et 1930; on y voit qu'à l'exception des navets et autres plantes-racines, la valeur des différentes récoltes par acre a diminué comparativement à 1920, mais donne une augmentation sur 1910 dans chaque culture excepté dans le maïs à grain et les cultures fourragères. L'augmentation dans la valeur des navets et autres plantes-racines de 1920 à 1930 est remarquable en face du déclin prononcé dans la valeur à l'acre des autres récoltes.

TABLEAU XL.—VALEUR MOYENNE DES RÉCOLTES À L'ACRE, 1910-1930

Récolte	1910	1920	1930
	$	$	$
Toutes cultures	15·48		
Blé	18·84		
Orge	21·21		
Avoine	15·23		
Seigle	14·75		
Maïs à grain	34·33		
Graine de lin	–		
Sarrasin	12·63		
Haricots et pois	38·30		
Graine mélangée	20·17		
Foin, cultivé	12·08		
Cultures fourragères	20·21		
Pommes de terre	56·42		
Navets	65·83		
Autres plantes-racines	80·27		

LÉGUMES

Le tableau 19 (tableaux d'ensemble) montre la superficie, la quantité et la valeur des légumes produits en 1930 avec chiffres correspondants de 1920. La valeur des légumes récoltés est de $1,287,848 en 1930 comparativement à $1,052,852 en 1920. Les produits des jardins sont évalués à $835,217 et la valeur des légumes cultivés sur les fermes de moins d'une acre, à $163,323.

Les légumes cultivés en quantité appréciable dans les jardins maraîchers sont:—betteraves, 19,748 boisseaux, $17,795; choux 158,025 boisseaux, $109,561; carottes, 41,039 boisseaux, $35,283; céleri, 71,650 pieds, $4,562; laitue, 173,446 pieds, $8,272; panais, 10,077 boisseaux; $9,790; maïs sucré 39,296 boisseaux, $18,332; tomates 18,658 boisseaux, $16,446; les asperges, cantaloups et melons, choux-fleurs, concombres, haricots et pois verts, oignons et rhubarbe sont aussi cultivés en petites quantités. Bien que ces chiffres ne soient pas considérables ils montrent des gains substantiels sur 1920. En 1931, 1,065 acres de terre étaient en cultures maraîchères, comparativement à 293 acres en 1921.

SERRES ET PÉPINIÈRES

Le tableau 19 (tableaux d'ensemble) donne les statistiques des serres et pépinières pour 1920 et 1930. En 1930, les recettes totales des serres chaudes et froides se chiffrent à $163,330 et celles des pépinières à $10,481.

Il a été planté 54,271 arbres forestiers qui étaient en croissance en 1931.

ARBRES FRUITIERS, FRUITS ET PRODUITS DE L'ÉRABLE

Les tableaux 12 et 13 (tableaux d'ensemble) donnent le nombre d'arbres en apport et non en apport de 1901 à 1931 et la production de fruits sur les fermes et ailleurs de 1900 à 1930. La valeur de tous les fruits et produits de l'érable en 1930 est de $3,453,663 comparativement à $4,183,043 en 1920, une diminution de $729,380 ou 17·4 p.c. Il y a augmentation marquée dans la production de tous les fruits, excepté les cerises, entre 1920 et 1930. La récolte la plus importante, les pommes, se chiffre en 1930 à 4,971,476 boisseaux, ce qui est 140·7 p.c. de plus que la production de 1901. Des vergers sont constatés sur 21,297 fermes de la province en 1931 comparativement à 25,417 en 1921. Il appert que les vergers qui sont morts au cours de cette période n'ont pas été remplacés.

Le tableau LXVIII montre les arbres fruitiers et la production fruitière en dehors des fermes en 1921 et 1931, qui ne contribue qu'une faible proportion de la production totale.

Le tableau XLI donne la production des différentes variétés de fruits de 1880 à 1930. En considérant la production fruitière de la province au cours des derniers 50 ans on constate un développement considérable principalement dans les pommes et les poires, les autres fruits montrant des fluctuations irrégulières. En 1930 la production de pommes dépasse cinq fois celle de 1880. Il faut noter que la production de fruits dépend en grande partie des conditions saisonnières et qu'il faut se garder de faire des déductions sur les tendances de la production telle qu'indiquée par des relevés faits à dix ans d'intervalle.

La superficie et la production de raisins et petits fruits montrent une augmentation marquée entre 1920 et 1930, la superficie en petits fruits augmentant de 73·5 p.c. au cours de la décade. Les produits de l'érable ont diminué très matériellement au cours des derniers 50 ans. La production de sucre en 1880 était de 217,-481 lb. et en 1931 elle n'était que de 26,854 lb.; et la production de sirop d'érable a reculé de 8,941 gallons en 1911 à 5,878 gallons en 1931.

TABLEAU XLI.—PRODUCTION DE FRUITS, 1880-1930

Fruit	Unité	1880	1890	1900	1910	1920	1930
Pommes	boiss.	908,519	1,051,592	2,065,104	1,666,977	4,322,436	4,971,476
Pêches	"		534	3,231	1,043	287	426
Poires	"	18,485	7,115	14,881	23,506	11,556	23,456
Prunes	"		9,246	28,931	16,984	8,961	11,254
Cerises	"		7,482	16,669	10,004	4,770	4,267

Le tableau XLII donne le nombre de fermes déclarant des vergers classifiées selon la grandeur de la ferme et le nombre d'arbres déclarés en 1931. Il montre que 22·2 p.c. des fermes déclarant des vergers ont moins de 10 arbres; 31·5 p.c., entre 10 et 24 arbres; 17·3 p.c., 25 et 49 arbres; 7·7 p.c., 50 et 74 arbres; 3·0 p.c., 75 et 99 arbres; et 18·2 p.c., 100 arbres et plus. Comme seulement 28·9 p.c. des vergers ont 50 arbres ou plus, c'est une indication que la production est distribuée sur un grand nombre de fermes et ne rapporte guère de revenus en argent à ces fermes. Des fermes déclarant des vergers, 77·3 p.c. ont une superficie de 11 à 200 acres.

TABLEAU XLII.—FERMES DÉCLARANT DES VERGERS CLASSIFIÉES SELON LA GRANDEUR DE LA FERME ET LE NOMBRE D'ARBRES DÉCLARÉS, 1931

Grandeur de la ferme	Fermes faisant rapport	1–9 arbres	10–24 arbres	25–49 arbres	50–74 arbres	75–99 arbres	100–149 arbres	150–299 arbres	300–499 arbres	500 arbres et plus
Toutes fermes	21,297	4,730	6,718	3,690	1,640	638	879	1,131	778	1,093
1– 4 acres	785	283	223	124	64	31	41	19	–	–
5– 10 "	1,053	356	305	130	74	33	36	94	21	4
11– 50 "	4,540	1,248	1,560	656	242	111	168	259	165	131
51–100 "	5,892	1,314	1,909	1,027	450	163	185	259	252	333
101–200 "	6,040	1,126	1,857	1,177	486	188	280	311	232	383
201–299 "	1,329	169	393	271	135	48	63	93	47	110
300–479 "	1,280	197	378	226	136	46	77	65	52	103
480–639 "	233	25	63	48	35	11	17	17	4	13
640 acres et plus	145	12	30	31	18	7	12	14	5	16

PRODUITS FORESTIERS DES FERMES

Le tableau 20 (tableaux d'ensemble) donne la quantité de produits forestiers et leur valeur en 1910, 1920 et 1930.

La superficie des terres boisées sur les fermes en 1931 est de 2,502,773 acres comparativement à 2,671,904 en 1921 et 2,914,033 en 1911. Le bois de chauffage est le plus important des produits forestiers de la province, avec 52·1 p.c. de la valeur totale des produits forestiers en 1930. Une production forestière a été déclarée par 28,369 fermes ou 71·9 p.c. de toutes les fermes de la province.

Prix moyen par unité, 1930, et valeur moyenne par ferme, 1910-1930.—Le prix moyen des produits de la forêt par unité au dernier recensement est comme suit:—bois de chauffage, $5.05 la corde; bois de pulpe, $5.63 la corde; piquets de clôture et perches, $0.06 la pièce; traverses de chemin de fer, $0.59 la pièce; bois d'œuvre, $15.00 par mille pieds, mesure de planche. Excepté pour le bois de chauffage et les traverses de chemin de fer, ces prix sont plus bas qu'en 1920. La valeur moyenne des produits de la forêt par ferme est de $98.83 en 1930 comparativement à $94.92 en 1920 et $68.10 en 1910.

BESTIAUX

Le tableau 14 (tableaux d'ensemble) donne le nombre et la valeur des différentes classes de bestiaux de 1901 à 1931. La valeur totale du cheptel vif en 1931 montre une diminution de 36·9 p.c. sur 1921, 15·2 p.c. sur 1911 et une augmentation de 28·1 p.c. sur 1901. Il faut noter toutefois qu'en 1901 le recensement a été pris à date du 1er avril ce qui ferait une différence considérable dans le nombre de bestiaux sur place à la date du recensement.

Le tableau XLIII donne un résumé du nombre total des différentes espèces de bestiaux sur les fermes et ailleurs, de 1827 à 1931, période de plus de 100 ans.

TABLEAU XLIII.—BESTIAUX, 1827-1931

Espèce	1827	1851	1861	1871	1881
Chevaux	12,951	28,789	41,927	49,579	57,167
Bêtes à cornes	110,818	243,713	262,297	273,967	325,603
Moutons	173,731	282,180	332,653	398,377	377,801
Porcs	71,482	51,533	53,217	54,162	47,256
Volailles	–	–	–	–	–

Espèce	1891	1901	1911	1921	1931
Chevaux	65,047	62,508	61,420	59,383	46,013
Bêtes à cornes	324,772	316,174	287,492	276,406	230,941
Moutons	331,492	285,244	221,074	272,024	196,344
Porcs	48,048	45,405	63,380	51,313	47,429
Volailles	792,184	798,145	954,251	1,196,434	1,474,237

Une comparaison des tableaux XLIII et XLIV montre que les prix ont subi de grandes fluctuations pendant la période de 1901-1931 et que les changements en valeur sont attribuables plutôt à la différence dans les prix qu'au changement en nombre.; Ainsi, le nombre de chevaux a diminué de 16,495 entre 1901 et 1931 et leur valeur a augmenté de $414,781 et le nombre de bêtes à cornes a diminué de 85,233 et leur valeur a augmenté de $1,672,918 au cours de la même période.   Il faut se rappeler que pendant cette période de grands efforts ont été faits par les différents départements de l'Agriculture, les sociétés agricoles et les individus pour améliorer la qualité de bestiaux dans toutes les provinces du Dominion.   Ce qui est dit des chevaux et des bêtes à cornes s'applique aussi aux autres espèces de bétail.

TABLEAU XLIV.—VALEUR DES BESTIAUX, 1901-1931

Espèce	1901	1911	1921	1931
	$	$	$	$
Chevaux	3,854,382	7,110,946	7,711,197	4,269,163
Bêtes à cornes	5,381,824	7,236,371	10,654,320	7,054,742
Moutons	757,278	795,773	1,536,614	946,054
Porcs	387,380	538,809	745,741	467,868
Volailles	218,223	326,130	843,941	830,915

Nombre de bestiaux par ferme.—Le tableau XLV donne le nombre moyen de bestiaux par ferme, de 1871 à 1931.   Il n'y a pas de grandes variations dans le nombre moyen des bestiaux par ferme, excepté dans les moutons qui ont diminué de 8·6 en 1871 à 5·0 en 1931 et des volailles qui ont augmenté de 12·3 en 1891 à 37·4 en 1931.

TABLEAU XLV.—NOMBRE DE BESTIAUX PAR FERME, 1871-1931(1)

Espèce	1871	1881	1891	1901	1911	1921	1931
Chevaux	1·1	1·0	1·0	1·1	1·2	1·3	1·2
Bêtes à cornes	5·9	5·8	5·0	5·8	5·5	5·8	5·9
Moutons	8·6	6·8	5·1	5·2	4·2	5·7	5·0
Porcs	1·2	0·8	0·7	0·8	1·2	1·1	1·2
Volailles	–	–	12·3	14·7	18·2	25·2	37·4

(1) Comprend un petit nombre d'animaux propriété de personnes n'habitant pas des fermes.

La diminution dans le nombre de moutons et l'augmentation dans le nombre de volailles par ferme semblent indiquer des modifications dans l'exploitation des fermes au cours de cette période.

Nombre de bestiaux par 100 acres occupées et défrichées.—Les tableaux XLVI et XLVII donnent le nombre de bestiaux par 100 acres occupées et défrichées.   Un coup d'œil sur ces tableaux montre de nombreuses fluctuations de recensement à recensement.   La seule tendance régulière se trouve dans la volaille qui a augmenté constamment depuis 1891.   La tendance des moutons est à la baisse jusqu'à 1891 et depuis cette époque elle devient irrégulière.

TABLEAU XLVI.—NOMBRE DE BESTIAUX PAR 100 ACRES OCCUPÉES, 1871-1931

Espèce	1871	1881	1891	1901	1911	1921	1931
Chevaux	1·0	1·1	1·1	1·2	1·2	1·3	1·1
Bêtes à cornes	5·4	6·0	5·3	6·2	5·5	5·9	5·4
Moutons	7·9	7·0	5·5	5·6	4·2	5·8	4·6
Porcs	1·1	0·9	0·8	0·9	1·2	1·1	1·1
Volailles	–	–	13·0	15·7	18·1	25·3	34·3

TABLEAU XLVII.—NOMBRE DE BESTIAUX PAR 100 ACRES DÉFRICHÉES, 1827-1931

Espèce	1827	1851	1861	1871	1881
Chevaux	4·4	3·4	4·1	3·0	3·0
Bêtes à cornes	38·0	29·0	25·5	16·8	17·3
Moutons	39·5	33·6	32·4	24·5	20·1
Porcs	24·5	6·1	5·2	3·3	2·5
Volailles	–	–	–	–	–

Espèce	1891	1901	1911	1921	1931
Chevaux	3·3	5·0	4·9	6·0	5·4
Bêtes à cornes	16·3	25·1	22·9	27·9	27·3
Moutons	16·6	22·7	17·6	27·4	23·2
Porcs	2·4	3·6	5·0	5·2	5·6
Volailles	39·7	63·5	75·9	120·6	174·5

Nombre de bestiaux par habitant.—Le tableau XLVIII montre le nombre de bestiaux par habitant en Nouvelle-Ecosse de 1827 à 1931 et le graphique XVI décrit les variations au cours de cette période. Le nombre de chevaux par habitant a été à son maximum à 0·14 en 1891 et 1901 mais a décliné à 0·09 en 1931.

Ceci s'explique par des augmentations en tracteurs, camions, automobiles en ces dernières années. Le nombre de bêtes à cornes, moutons et porcs par habitant a décliné généralement, avec de légères varia tions. Le nombre de volailles a augmenté de 1·76 en 1891 à 2·87 en 1931.

TABLEAU XLVIII.—NOMBRE DE BESTIAUX PAR HABITANT, 1827-1931

Espèce	1827	1851	1861	1871	1881
Chevaux	0·10	0·10	0·13	0·13	0·13
Bêtes à cornes	0·90	0·88	0·79	0·71	0·74
Moutons	1·41	1·02	1·01	1·03	0·86
Porcs	0·58	0·19	0·16	0·14	0·11
Volailles	-	-	-	-	-

Espèce	1891	1901	1911	1921	1931
Chevaux	0·14	0·14	0·10	0·11	0·09
Bêtes à cornes	0·72	0·69	0·58	0·53	0·45
Moutons	0·74	0·62	0·45	0·52	0·38
Porcs	0·11	0·10	0·13	0·10	0·09
Volailles	1·76	1·74	1·94	2·28	2·87

GRAPHIQUE XVI.—BESTIAUX PER CAPITA, 1827-1931

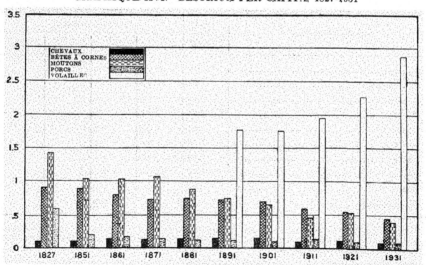

Chevaux.—Le tableau 14 (tableaux d'ensemble) donne le nombre et la valeur des chevaux de la pro vince de 1901 à 1931. La diminution dans le nombre de chevaux au cours de la décade est de 13,370 ou 22·5 p.c., tandis que la valeur a décliné de 44·6 p.c., c'est-à-dire de $7,711,197 en 1921 à $4,269,163 en 1931. Toutes les classes de chevaux ont décliné dans la même proportion. La moyenne en valeur par cheval en

1931 est de $92.78 comparativement à $129.86 en 1921, $115.78 en 1911 et $61.66 en 1901. Le graphique XVII montre le nombre de chevaux de 1827 à 1931, on y voit que la population chevaline a augmenté constamment jusqu'à 1891 mais a ensuite décliné. En 1921, 29,558 ou 62·3 p.c. de toutes les fermes possédaient des chevaux tandis qu'en 1931 on n'en trouve que sur 23,821 ou 60·4 p.c. des fermes.

GRAPHIQUE XVII.—CHEVAUX, 1827-1931

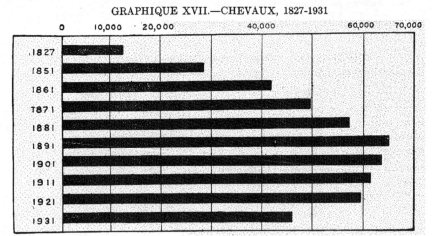

Le tableau XLIX donne le nombre de fermes déclarant des chevaux classifiées selon la grandeur de la ferme et le nombre de chevaux déclarés. Dans toutes les fermes déclarant des chevaux, 94·4 p.c. en déclarent moins de quatre; 5·4 p.c., de 4 à 7; et les autres 0·2 p.c., 8 et plus. Il montre aussi que seulement 23·0 p.c. des fermes de 1 à 10 acres ont des chevaux tandis que 66·5 p.c. des fermes de 11 acres et plus en ont. A ce sujet il est bon de se rappeler que sur le nombre total de fermes dans la province, 1,415 ne sont pas habitées, c'est-à-dire qu'elles sont exploitées par des personnes vivant dans d'autres districts d'énumération à la date du recensement et que généralement le bétail et l'outillage ont été relevés sur la ferme que l'exploitant a choisie pour son domicile, ce qui explique partiellement pourquoi certaines fermes ne déclarent pas de bétail.

TABLEAU XLIX.—NOMBRE DE FERMES DÉCLARANT DES CHEVAUX SELON LA GRANDEUR DE LA FERME ET LE NOMBRE DÉCLARÉ, 1931

Grandeur de la ferme	Toute ferme déclarant	Fermes déclarant			
		1-3 chevaux	4-7 chevaux	8-9 chevaux	10 chevaux et plus
Toutes fermes............................	23,821	22,498	1,277	25	21
1- 4 acres............................	463	460	2	–	1
5- 10 "	809	804	4	–	
11- 50 '	4,197	4,160	36	1	–
51-100 '	7,042	6,794	246	1	1
101-200 '	7,546	7,055	479	6	6
201-299 '	1,664	1,460	198	3	3
300-479 '	1,608	1,393	201	8	6
480-639 '	301	239	60	2	–
640 acres et plus............................	191	133	51	4	3

Des 43,074 chevaux déclarés sur les fermes, 40,969 ou 95·1 p.c. sont des juments et hongres de 2 ans et plus. De plus, il y a 951 poulains ou pouliches au-dessous d'un an; 973 entre un et deux ans et 181 étalons de deux ans et plus, pour la reproduction.

Bêtes à cornes.—En 1931 il y avait 230,941 bêtes à cornes valant $7,054,742 comparativement à 276,406 en 1921 valant $10,654,320, une diminution de 16·4 p.c. en nombre et de 33·8 p.c. en valeur. Le graphique XVIII montre le mouvement décennal des bêtes à cornes de 1827 à 1931. Le tableau L donne le nombre de bestiaux sur les fermes, par classe d'âge, de 1921 et 1931 avec des augmentations ou diminution actuelles et proportionnelles. Il est à noter que la seule classe montrant une augmentation sur 1921 est celle des taureaux d'un an et plus, toutes les autres classes montrant des diminutions.

GRAPHIQUE XVIII.—BÊTES À CORNES, 1827-1931

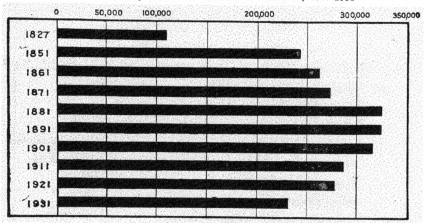

TABLEAU L.—BÊTES À CORNES SUR LES FERMES CLASSÉES PAR ÂGE, 1921-1931

Classe	Unité	1921	1931	Augmentation[2] numérique	p.c.
Nombre total[1]	nombre	266,363	221,001	−45,362	−17·0
Valeur totale[1]	$	10,141,074	6,718,873	−3,422,201	−33·7
Moins d'un an	nombre	51,176	43,126	−8,050	−15·7
Génisses, 1-2 ans	"	34,329	28,584	−5,745	−16·7
Bouvillons, 1-2 ans	"	17,513	11,674	−5,839	−33·3
Vaches et génisses, 2 ans et plus	"	135,785	118,790	−16,995	−12·5
Bouvillons, 2 ans et plus	"	23,714	14,376	−9,338	−39·4
Taureaux, 1 an et plus	"	3,846	4,451	605	15·7
Vaches en lactation ou en gestation	"	*119,783*	*108,145*	*−11,638*	*− 9·7*

[1] Ne comprend pas les 9,940 bêtes à cornes valant $335,869 ailleurs que dans les fermes en 1931 et les 10,043 valant $513,246 en 1921 et qui n'ont pas été réparties dans ces classes d'âge.
[2] Le signe moins (−) dénote la diminution.

Le tableau LI donne le nombre de fermes déclarant des vaches en lactation ou en gestation selon la grandeur de la ferme et le nombre de vaches déclarées. Sur le total des fermes, 31,155 ou 79·0 p.c. ont déclaré des vaches en lactation ou en gestation en 1931 tandis qu'en 1921, 40,474 ou 85·3 p.c. de toutes les fermes en déclaraient. De ces fermes en 1931, 74·5 p.c. ont déclaré moins de 5 vaches; 20·8 p.c., entre 5 et 9 vaches; et le reste, 4·7 p.c., en ont déclaré 10 ou plus. Il est important de noter que seulement 51·3 p.c. des fermes de 1 à 4 acres déclarent des vaches en lactation ou en gestation; 60·9 p.c. des fermes de 5 à 10 acres, 73·9 p.c. de 11 à 50 acres, 83·0 p.c. de 51 à 100 acres, 87·7 p.c. de 101 à 200 acres, 90·0 p.c. de 201 à 299 acres, 90·5 p.c. de 300 à 479 acres et 87·6 p.c. de 480 acres et plus ont déclaré des vaches en lactation ou en gestation. Il faut rappeler que la majorité des fermes non habitées se trouvent dans les deux classes de 11 à 50 acres et 51 à 100 acres et que le nombre relatif de fermes déclarant des vaches en lactation ou en gestation dans ces classes se trouve abaissé.

TABLEAU LI.—NOMBRE DE FERMES DÉCLARANT DES VACHES EN LACTATION OU EN GESTATION SELON LA GRANDEUR DE LA FERME ET LE NOMBRE DÉCLARÉ, 1931

Grandeur de la ferme	Toutes fermes déclarant	Fermes déclarant 1-4 vaches	5-9 vaches	10-14 vaches	15-19 vaches	20-29 vaches	30 vaches et plus
Toutes fermes	31,155	23,209	6,487	1,073	250	111	25
1- 4 acres	1,265	1,254	10	1	-	-	-
5- 10 "	1,859	1,830	24	4	-	1	-
11- 50 "	7,104	6,707	359	31	5	1	-
51-100 "	8,571	6,533	1,816	178	10	2	-
101-200 "	8,352	4,994	2,779	440	33	10	1
201-299 "	1,760	847	668	171	93	39	7
300-479 "	1,707	794	655	178	45	22	7
480-639 "	329	146	115	47	54	23	3
640 acres et plus	208	104	61	23	11	6	4
					9	8	3

Moutons.—Dé 1921 à 1931 les moutons ont diminué de 27·8 p.c. et leur valeur de 38·4 p.c.   Le graphique XIX montre le nombre de moutons de 1827 à 1931.   Le nombre de moutons dans la province a monté de façon continue jusqu'en 1871 alors qu'il a atteint un maximum de 398,377 mais a diminué depuis.   La valeur moyenne par tête en 1931 est de $4.82 comparativement à $5.65 en 1921, $3.60 en 1911 et $2.65 en 1901.

GRAPHIQUE XIX.—MOUTONS, 1827-1931

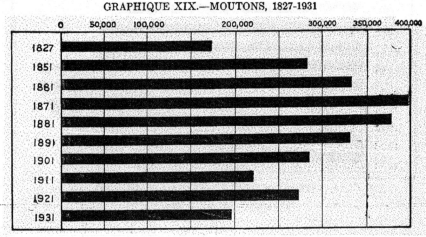

Le tableau LII donne le nombre de fermes déclarant des moutons classifiéés selon la grandeur de la ferme et le nombre de moutons déclarés.   Les fermes déclarant des moutons en 1931 se chiffrent à 9,723 comparativement à 14,905 en 1921:   De ces fermes, 2,446 ou 25·2 p.c. déclarent moins de 10 moutons; 3,131 où 32·2 p.c.; entre 10 et 19; 2,137, entre 20 et 29; 1,126, entre 30 et 39; 483, entre 40 et 49; 363, entre 50 et 99; et 37, 100 ou plus.

LII.—NOMBRE DE FERMES DÉCLARANT DES MOUTONS SELON LA GRANDEUR DE LA FERME ET LE NOMBRE DÉCLARÉ, 1931

Grandeur de la ferme	Toutes fermes déclarant	Fermes déclarant						
		1–9 moutons	10–19 moutons	20–29 moutons	30–39 moutons	40–49 moutons	50–99 moutons	100 moutons et plus
Toutes fermes................	9,723	2,446	3,131	2,137	1,126	483	363	37
1– 4 acres.................	196	135	51	6	3	–	1	–
5– 10 "	261	164	72	15	6	2	2	–
11– 50 "	1,347	629	493	161	44	12	8	–
51–100 "	2,910	755	1,072	640	276	108	55	4
101–200 "	3,404	585	1,060	910	495	209	139	6
201–299 "	719	88	196	182	112	69	65	7
300–479 "	704	72	155	180	152	68	67	10
480–639 "	126	11	27	29	27	10	19	3
640 acres et plus...........	56	7	5	14	11	5	7	7

Porcs.—Le recensement de 1931 a relevé 47,429 porcs d'une valeur de $467,868, ce qui représente une diminution de 3,884 ou 7·6 p.c. en nombre et de $277,873 ou 37·3 p.c. en valeur, comparativement à 1921. Le tableau LIII donne le nombre de porcs sur les fermes en 1921 et 1931, montrant que la diminution du nombre des porcs se constate dans chaque classe.

TABLEAU LIII.—NOMBRE DE PORCS SUR LES FERMES, 1921-1931

Classe	Unité	1921	1931	Augmentation[2]	
				numérique	p.c.
Nombre total[1]......................	nomb.	47,457	43,865	–3,592	–7·6
Valeur totale[1]......................	$	685,543	432,713	–252,830	–36·9
Moins de 6 mois......................	nomb.	34,160	33,266	–894	–2·6
Truies, 6 mois et plus.................	"	6,474	5,949	–525	–8·1
Verrats, 6 mois et plus................	"	643	454	–189	–29·4
Autres porcs, 6 mois et plus...........	"	6,180	4,196	–1,984	–32·1

[1] Ne comprend pas 3,564 porcs valant $35,155 ailleurs que dans les fermes en 1931 et 3,856 porcs valant $60,198 en 1921 et qui n'ont pas été répartis dans ces classes d'âge.
[2] Le signe moins (–) dénote la diminution.

Le graphique XX donne le nombre de porcs à chaque recensement de 1827 à 1931, montrant que le nombre de porcs a fluctué avec moins de régularité à chaque recensement que toute autre espèce de bétail. Il y avait plus de porcs en Nouvelle-Ecosse en 1827 qu'à toute autre époque de 1851 à 1931.

GRAPHIQUE XX.—PORCS, 1827-1931

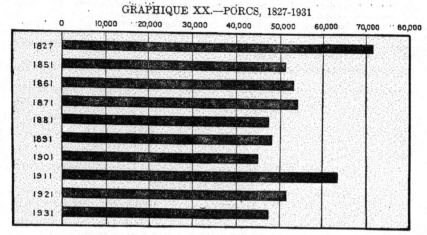

Le tableau LIV montre le nombre de fermes déclarant des porcs classifiées selon la grandeur de la ferme et le nombre de porcs déclarés. Des porcs sont déclarés sur 51·7 p.c. des fermes en 1931; et de ce nombre 97·6 p.c. déclarent moins de 10 porcs; 1·8 p.c., entre 10 et 19; et le reste, 0·6 p.c., 20 et plus.

TABLEAU LIV.—NOMBRE DE FERMES DÉCLARANT DES PORCS SELON LA GRANDEUR DE LA FERME ET LE NOMBRE DÉCLARÉ, 1931

Grandeur de la ferme	Toutes fermes déclarant	Fermes déclarant					
		1–9 porcs	10–19 porcs	20–29 porcs	30–39 porcs	40–49 porcs	50 porcs et plus
Toutes fermes........................	20,383	19,887	373	65	25	10	23
1– 4 acres....................	724	718	5	–	–	–	1
5– 10 "	1,064	1,056	3	3	–	1	1
11– 50 "	4,429	4,375	39	4	3	3	5
51–100 "	5,512	5,412	75	17	6	–	2
101–200 "	5,752	5,573	138	20	9	4	8
201–299 "	1,286	1,224	47	10	2	1	2
300–479 "	1,234	1,177	45	8	2	–	2
480–639 "	239	219	14	2	2	1	1
640 acres et plus.........:	143	133	7	1	1	–	1

Volailles.—Le recensement de 1931 a énuméré 1,474,237 volailles valant $830,915, comparativement à 1,196,434, valant $843,941, en 1921; une augmentation de 277,803 ou 23·2 p.c. en nombre et une diminution de $13,026 ou 1·5 p.c. en valeur au cours des dix ans. Le tableau LV donne le détail du nombre et des différentes espèces de volailles pour les cinq recensements de 1891 à 1931. Les volailles ont été recensées la première fois dans cette province en 1891 et leur augmentation a été continue comme le montre le tableau. Le nombre de poules et poulets a augmenté énormément de recensement à recensement, mais le nombre des autres espèces a diminué de 1891 à 1921 mais a augmenté de 1921 à 1931.

TABLEAU LV.—NOMBRE DE VOLAILLES PAR ESPÈCES, 1891-1931

Espèce	1891	1901	1911	1921	1931
Toutes volailles.................	792,184	798,145	954,251	1,196,434	1,474,237
Poules et poulets....................	707,260	739,591	912,609	1,171,661	1,436,046
Dindons............................	25,547	23,564	11,945	6,800	11,182
Canards............................	16,286	12,801	10,897	8,382	9,794
Oies................................	39,630	22,189	18,800	9,591	14,329
Autres volailles....................	3,461	(¹)	(¹)	(¹)	(²)2,886

(¹) Inconnu.
(²) Comprend dindons, oies et canards ailleurs que sur les fermes parce qu'ils n'ont pas été énumérés par espèce.

Le recensement de l'agriculture de 1931 révèle que 30,167 fermes ou 76·5 p.c. de toutes les fermes de la province gardent des volailles. De celles-ci, 15,650 gardent moins de 25 oiseaux; 8,850, de 25 à 49; 2,977, de 50 à 74; 1,137, de 75 à 99; 767, de 100 à 149; 235, de 150 à 199; 299, de 200 à 299; 169, de 300 à 499; et 153, 500 ou plus.

Abeilles.—Le nombre de ruches dans la province en 1931 est de 990, d'une valeur de $9,910, une augmentation de 17·6 p.c. sur 1921. En 1931, 115 fermes faisaient de l'apiculture comparativement à 143 en 1921.

Proportion de la valeur totale des bestiaux contribuée par chaque espèce, 1901-1931.—Le tableau LVI montre que les bêtes à cornes contribuent la plus grande proportion de la valeur totale du cheptel vif de 1901 à 1931. Les chevaux occupent la deuxième place dans le même ordre, et les volailles qui occupaient la cinquième place en 1901 et 1911 sont en quatrième place en 1921 et 1931. Les moutons ont gardé la troisième place en valeur pour chaque recensement alors que les porcs ont décliné de la quatrième place en 1901 et 1911 à la cinquième en 1921 et 1931.

TABLEAU LVI.—PROPORTION DE LA VALEUR TOTALE DES BESTIAUX CONTRIBUÉE PAR CHAQUE ESPÈCE, 1901-1931

Espèce	1901	1911	1921	1931
Tous bestiaux	100·0	100·0	100·0	100·0
Chevaux	36·3	44·4	35·8	31·4
Bêtes à cornes	50·8	45·2	49·5	51·9
Moutons	7·1	5·0	7·1	7·0
Porcs	3·7	3·4	3·5	3·4
Volailles	2·1	2·0	3·9	6·1

ANIMAUX DE RACE PURE

Le tableau 18 (tableaux d'ensemble) donne le nombre d'animaux de race pure et leur proportion à tous les animaux pour 1911, 1921 et 1931. Les chevaux et les porcs sont les seules espèces à montrer des diminutions de 1921 à 1931. Toutes les espèces montrent des augmentations dans la comparaison entre 1931 et 1911. Le nombre de fermes gardant des moutons et des porcs de race pure montre des augmentations de 1921 à 1931 tandis qu'il y a diminution dans le nombre de celles qui gardent des chevaux et des volailles de race pure. Ce déclin dans le nombre gardant des volailles est accompagné d'une forte augmentation dans le nombre de volailles de race pure, indiquant un plus grand nombre par ferme.

Le tableau LVII donne le nombre d'animaux de race pure classifiés d'après la race, recensements de 1911, 1921 et 1931.

TABLEAU LVII.—ANIMAUX DE RACE PURE, PAR RACES, 1911-1931

Race	1911	1921	1931
Chevaux—			
Toutes races	359	432	424
Clydesdale	147	231	156
Canadien-français	1	2	18
Hackney	28	12	3
Percheron	10	43	137
Standard Bred	98	87	80
Autres races	75	57	30
Bêtes à cornes—			
Toutes races	2,315	5,533	8,976
Aberdeen-Angus	–	4	6
Ayrshire	356	1,290	1,811
Canadien-français	–	–	14
Guernsey	179	711	2,591
Hereford	50	96	195
Holstein	283	1,350	1,173
Jersey	467	1,199	2,485
Shorthorn	771	862	656
Autres races	209	21	45
Moutons—			
Toutes races	862	1,781	2,739
Cheviot	32	90	67
Cotswold	43	36	18
Dorset	18	39	18
Hampshire	11	10	14
Leicester	65	70	26
Oxford-Down	80	462	964
Shropshire	407	897	1,605
Southdown	72	50	24
Autres races	134	127	3
Porcs—			
Toutes races	662	751	666
Berkshire	187	161	20
Chester White	52	104	82
Yorkshire	354	454	552
Autres races	69	32	12
Volailles (poules et poulets)—			
Toutes races	(1)	36,428	65,357
Jersey Giants		–	540
Leghorns		11,109	25,987
Minorques		184	345
Plymouth Rocks		11,299	31,586
Rhode Island		4,716	3,629
Wyandottes		7,513	2,653
Autres races		1,607	617

(1) Inconnu.

Les principales races de chevaux sont: les Clydesdales, les Percherons et les Standard Bred. Dans les bêtes à cornes ce sont: les Guernseys, les Jerseys, les Ayrshires, les Holsteins et les Shorthorns; dans les ovins, les Oxford-Down et les Shropshires prennent 93·8 p.c. des moutons de race pure déclarés. Les Yorkshires et les Chester White sont les races porcines les plus importantes de la province. Dans les volailles les Plymouth Rocks et les Leghorns contribuent 88·1 p.c. de tous les sujets de race pure.

BESTIAUX VENDUS VIVANTS SUR LES FERMES

Le tableau 16 (tableaux d'ensemble) donne les statistiques du bétail vendu vivant en 1920 et 1930. Afin d'éviter des doubles emplois qui pourraient résulter d'animaux ayant passé entre les mains de deux ou plusieurs fermiers, à chacun des deux recensements cette question était limitée aux animaux vendus vivants sur les fermes où ils avaient été élevés.

La valeur des bestiaux vendus vivants en 1930 est de $1,552,097, comparativement à $2,646,003 en 1920, une diminution de $1,093,906 ou 41·3 p.c. au cours des dix ans. A cette valeur totale en 1930, les chevaux ont contribué $120,599; les bêtes à cornes, $853,084; les moutons, $292,612; les porcs, $200,045; et les volailles, $85,757. Le tableau LVIII donne la distribution proportionnelle de la valeur des différentes espèces vendues en 1920 et 1930. Le tableau montre l'importance grandissante des porcs et de la volaille en même temps que le déclin du pourcentage en valeur des chevaux, des bêtes à cornes et des moutons.

TABLEAU LVIII.—PROPORTION DE LA VALEUR TOTALE DES BESTIAUX VENDUS VIVANTS CONTRIBUÉE PAR CHAQUE ESPÈCE, 1920-1930

Espèce	1920	1930
Total	100·00	100·00
Chevaux	8·94	7·77
Bêtes à cornes	60·96	54·96
Moutons	19·77	18·85
Porcs	8·81	12·89
Volailles	1·52	5·53

ANIMAUX ABATTUS SUR LES FERMES

Le tableau 15 (tableaux d'ensemble) donne le détail des animaux abattus sur les fermes en 1920 et 1930. En 1930 la valeur des animaux abattus sur les fermes est de $1,740,587 comparativement à $3,262,798 en 1920, une diminution de $1,522,211 ou 46·7 p.c.

Il faut se rappeler qu'en 1930 les animaux relevés comme abattus sur les fermes ne comprenaient que ceux élevés sur les fermes où ils ont été abattus, tandis qu'en 1920 cette limitation n'existait pas, de sorte qu'il peut y avoir eu double emploi du bétail vendu vivant et du bétail abattu.

Les animaux abattus en 1930 donnent les valeurs suivantes: bêtes à cornes, 26,428 valant $584,212; moutons, 21,695 valant $125,190; porcs, 30,360 valant $703,586; et volailles, 327,337 valant $327,599. Le tableau LIX donne la distribution proportionnelle par espèce comparativement à tous les bestiaux abattus sur la ferme en 1920 et 1930. Les bêtes à cornes, les moutons et les porcs ont décliné en proportion du total tandis que les volailles donnent une augmentation de plus de 100 p.c.

TABLEAU LIX.—PROPORTION DE LA VALEUR TOTALE DES BESTIAUX ABATTUS CONTRIBUÉE PAR CHAQUE ESPÈCE, 1920-1930

Espèce	1920	1930
Total	100·00	100·00
Bêtes à cornes	37·90	33·56
Moutons	7·33	7·19
Porcs	47·29	40·42
Volailles	7·48	18·82

ANIMAUX ACHETÉS PAR LES EXPLOITANTS DE FERME, 1930

Pour la première fois le recensement de 1931 a demandé aux fermiers le nombre d'animaux achetés par eux au cours de l'année précédente. Le tableau LX donne le détail de ces transactions. Une étude de ce tableau révèle que dans chaque cas le nombre d'animaux achetés n'est pas complètement équilibré par le nombre d'animaux vendus vivants en 1930, d'animaux abattus en 1930 ou vivant sur les fermes le 1er juin 1931. Ceci s'explique par le fait que quelques-uns de ces animaux sont morts de mort naturelle et d'autres ont été vendus ou abattus entre le 1er janvier et le 1er juin 1931.

TABLEAU LX.—ANIMAUX ACHETÉS PAR LES FERMIERS, 1930

Espèce	Nombre acheté	Vendus vivants en 1930	Abattus sur les fermes en 1930	Sur les fermes le 1er juin 1931
Chevaux	3,219	421	–	2,517
Bouvillons	3,304	945	389	1,779
Vaches et génisses	6,447	1,080	653	4,353
Veaux	2,794	254	400	1,979
Moutons et agneaux	2,308	200	453	1,557
Porcs (nés en 1930)	25,399	3,089	17,758	3,472

JEUNES ANIMAUX ÉLEVÉS SUR LES FERMES

Le tableau 31 (tableaux d'ensemble) donne le nombre de jeunes animaux élevés sur les fermes en 1930. Chaque classe donne une diminution comparativement à 1920 bien que le déclin des jeunes porcs ne soit pas aussi prononcé que celui des autres espèces.

PRODUITS ANIMAUX

Le tableau 17 (tableaux d'ensemble) résume les quantités et valeurs des produits animaux sur les fermes en 1920 et 1930, comprenant les produits laitiers, les œufs, le miel et la cire et la laine.

La valeur de tous les produits animaux est de $7,712,492 en 1930 comparativement à $12,941,548 en 1920, une diminution de $5,229,056 ou 40·4 p.c. Du chiffre de 1930, $5,901,523 ou 76·5 p.c. est contribué par la production laitière, $1,739,358 ou 22·6 p.c. par les œufs, $66,538 ou 0·86 p.c. par la laine, et $5,073 ou 0·07 p.c. par le miel et la cire.

Produits laitiers.—En 1930, 101,953 vaches ont été traites comparativement à 114,373 en 1920, une diminution de 12,420 ou 10·9 p.c. Cependant, la production laitière a décliné de seulement 19,608,954 livres ou 4·4 p.c. La réduction en valeur de tous les produits laitiers est de $4,598,459 ou 43·8 p.c. Le rendement moyen en lait par vache pour toute la province est de 4,131 livres comparativement à 3,854 livres en 1920 et 3,296 livres en 1910. La valeur moyenne du lait par livre est de 1·40 cents comparativement à 2·38 cents en 1920 et 1·08 cents en 1910. La production moyenne de lait par ferme est de 10,677 livres en 1930 et de 9,292 livres en 1920. La quantité de crème vendue sur une base de butyrine a augmenté de 107·2 p.c. sur 1920 tandis que la quantité de beurre fabriqué sur la ferme a diminué de 28·1 p.c. La quantité de fromage de ferme a diminué de 60·4 p.c. entre 1920 et 1930.

Œufs.—Bien que la production d'œufs montre une augmentation de 1,159,225 douzaines ou 24·9 p.c. la valeur accuse une diminution de $469,699 ou 21·3 p.c. Des 5,809,231 douzaines d'œufs produits dans l'année 3,416,439 douzaines ont été vendues à $1,024,253 ou à un prix moyen de 30 cents la douzaine en 1930, comparativement à 47 cents la douzaine en 1920. Le nombre de poulets élevés en 1930 dépasse de 251,877 ou 64·7 p.c. celui de 1920.

Laine.—En 1930, 104,998 moutons ont donné 532,610 livres de laine, d'une valeur de $66,538. C'est une réduction de 34·1 p.c. dans le nombre de moutons tondus, 27·5 p.c. dans la production de laine et 70·6 p.c. dans la valeur, comparativement à 1920.

Miel et cire.—La production de miel de 1930 est de 34,693 livres, une augmentation de 79·2 p.c., et de cire, 455 livres, ou une augmentation de 172·5 p.c., tandis que la valeur des deux a décliné de 20·7 p.c. En 1931 il y a 990 ruches réparties entre 115 fermes.

ÂGE, LIEU DE NAISSANCE ET EXPÉRIENCE DES EXPLOITANTS

Le questionnaire de 1931, tout comme celui de 1921, comportait l'âge et le lieu de naissance de l'exploitant de la ferme de même que le nombre d'années depuis qu'il est propriétaire ou locataire de ferme et le nombre d'années pendant lesquelles il a exploité la ferme sur laquelle il est actuellement. Dans le cas des exploitants nés en dehors du Canada on a aussi demandé le nombre d'années de séjour au Canada.

Age.—Des 38,091 fermiers de la province qui ont donné leur âge en 1931, 23·7 p.c. ont de 50 à 59 ans; 21·6 p.c., entre 40 et 49 ans; 21·0 p.c., entre 60 et 69 ans; 14·5 p.c., 70 ans et plus; 8·6 p.c., entre 35 et 39 ans; 6·0 p.c., entre 30 et 34 ans; 3·1 p.c., entre 25 et 29 ans; 1·2 p.c., entre 20 et 24 ans; et 0·2 p.c., moins de 20 ans. Le tableau LXI donne l'âge des fermiers en 1921 et 1931 et le pourcentage du total dans chaque classe. Il est intéressant de noter qu'en 1921 76·4 p.c. des fermiers ont 40 ans ou plus tandis qu'en 1931 80·8 p.c. sont dans ce même groupe. Ceci semble indiquer que la plus jeune génération actuelle n'est pas restée sur la terre dans la même proportion que les générations précédentes. Cette conclusion est aussi appuyée par le fait que seulement 10·5 p.c. des fermiers ont moins de 35 ans en 1931 comparativement à 13·8 p.c. en 1921.

TABLEAU LXI.—EXPLOITANTS DE FERME PAR ÂGE, 1921-1931

Age	1921		1931	
	Nombre	p.c.	Nombre	p.c.
Exploitants déclarant leur âge...........................	45,897	100·0	38,091	100·0
" au-dessous de 20 ans..........................	1,010	2·2	80	0·2
" 20-24 ans...................................			469	1·2
25-29 "	2,100	4·6	1,191	3·1
30-34 "	3,219	7·0	2,297	6·0
35-39 "	4,518	9·8	3,282	8·6
40-49 "	10,646	23·2	8,244	21·6
50-59 "	10,143	22·1	9,021	23·7
60-69 "	14,261	31·1	7,996	21·0
" 70 ans et plus...........................			5,511	14·5

Expérience des exploitants de ferme.—Le tableau LXII donne le nombre d'années d'expérience des exploitants de ferme et le nombre d'années pendant lesquelles ils ont exploité leur ferme actuelle.

TABLEAU LXII.—EXPLOITANTS DE FERME CLASSIFIÉS SELON LE NOMBRE D'ANNÉES D'EXPÉRIENCE ET LE NOMBRE D'ANNÉES SUR LEUR FERME ACTUELLE, 1931

Années	Exploitants donnant le nombre d'années d'expérience comme fermiers		Exploitants donnant le nombre d'années sur la ferme actuelle	
	nomb.	p.c.	nomb.	p.c.
Total des fermiers faisant rapport	37,991	100·0	37,069	100·0
Moins de 2 ans	1,506	4·0	1,826	4·9
2 ans	1,237	3·3	1,304	3·5
3 "	1,167	3·1	1,186	3·2
4 "	993	2·6	1,058	2·9
5- 9 ans	4,499	11·8	4,689	12·6
10–14 "	5,313	14·0	5,420	14·6
15–19 "	5,038	13·3	3,954	10·7
20 ans et plus	18,238	48·0	17,632	47·6

Sur 37,991 exploitants, 18,238 ou 48·0 p.c. ont 20 ans ou plus d'expérience et seulement 4,903 ou 12·9 p.c. sont devenus fermiers pendant les cinq ans antérieurs au 1er juin 1931. Des 37,069 ayant fait rapport, 17,632 exploitants ou 47·6 p.c., ont exploité la même ferme 20 ans ou plus et 5,374 ou 14·5 p.c. ont été sur la même ferme moins de cinq ans.

Lieu de naissance des fermiers.—Sur 38,017 fermiers ayant donné le lieu de leur naissance, 36,655 ou 96·4 p.c. sont nés au Canada et 36,211 ou 95·2 p.c. sont nés en Nouvelle-Ecosse. Parmi les fermiers immigrés, 832 sont nés dans des possessions britanniques et 530 dans des pays étrangers.

Le tableau LXIII donne le lieu de naissance des fermiers exploitants, la superficie occupée et la tenure des fermes dans la province en 1931. Il montre que les fermiers nés en Nouvelle-Ecosse exploitent 95·3 p.c. de la terre, les fermiers nés britanniques 2·1 p.c. de la terre et les nés à l'étranger exploitent 1·5 p.c. de la terre. Le pourcentage de propriété est à peu près le même parmi les britanniques et les nés à l'étranger, mais un peu plus élevé pour les nés canadiens.

TABLEAU LXIII.—FERMES CLASSIFIÉES PAR LE LIEU DE NAISSANCE DES EXPLOITANTS, LA TENURE ET LA SUPERFICIE OCCUPÉE, 1931

Lieu de naissance	Total	Nombre de fermes occupées par			Superficie des fermes		
		Propriétaire.(1)	Locataire	Pt. P., Pt.L. (2)	Total	Propriétaire	Locataire
	nomb.	nomb.	nomb.	nomb.	acres	acres	acres
Nombre de fermes occupées	39,444	37,176	1,055	1,213	4,302,031	4,164,170	137,861
Exploitants donnant lieu de naissance	38,017	35,811	1,006	1,200	4,172,795	4,039,211	133,584
Nés Canadiens	36,655	34,569	921	1,165	4,023,503	3,900,831	122,672
" dans l'Ile du Prince-Edouard	109	96	11	2	13,430	12,300	1,130
" " la Nouvelle-Ecosse	36,211	34,172	889	1,150	3,975,448	3,855,594	119,854
" " le Nouveau-Brunswick	256	234	14	8	26,477	25,150	1,327
" " le Québec	39	29	6	4	3,201	2,848	353
" " l'Ontario	27	26	–	1	2,911	2,908	3
" " le Manitoba	5	5	–	–	1,145	1,145	–
" " la Saskatchewan	–	–	–	–	–	–	–
" " l'Alberta	–	–	–	–	–	–	–
" " la Colombie-Britannique	1	–	1	–	–	–	5
" " province non spécifiée	–	–	–	–	–	–	–
" Britanniques	51	20					
" en Angleterre ou Pays de Galles	35	9					
" en Irlande	1	2					
" en Ecosse	8	5					
" en Terre-Neuve	6	3					
" en autres possessions britanniques	1	1					
" à l'étranger	34	15					
" en Belgique	1	–					
" en Tchécoslovaquie	1						
" en Danemark	6	1					
" en France	1	–					
" en Allemagne	2	1					
" en Italie	2	–					
" en Pologne	–	2					
" aux Etats-Unis	18	8					
" en autres pays	3	3					

(1) Comprend les fermes exploitées par des gérants.
(2) Pt. P., Pt. L.—propriétaire partiel.

Le tableau montre aussi que 311 des 530 exploitants nés à l'étranger sont nés aux Etats-Unis, dont probablement la majorité se compose de descendants d'anciens habitants de la province. Le deuxième groupe le plus important consiste en 51 exploitants nés au Danemark. Les autres pays ayant contribué plus de 10 fermiers sont: la Belgique, la Tchécoslovaquie, la France, l'Allemagne, l'Italie et la Pologne.

Le tableau LXIV donne la période de résidence au Canada des fermiers nés en d'autres pays.   Sur 1,362 exploitants nés en dehors du Canada 869 ou 63·8 p.c. avaient habité le Canada 20 ans ou plus, 232 ou 17·0 p.c. entré 10 et 19 ans et le reste moins de 10 ans.

TABLEAU LXIV.—RÉSIDENCE AU CANADA DE FERMIERS NÉS EN D'AUTRES PAYS, 1931

Période de résidence	Total	Nés britanniques	Nés aux Etats-Unis	Nés en d'autres pays étrangers
Total..	1,362	832	311	219
Moins de 2 ans.....................................	28	6	7	15
2 ans...	36	17	2	17
3 "	42	19	10	13
4 "	41	38	–	3
5– 9 ans...	102	72	13	17
10–14 "	71	57	11	3
15–19 "	161	96	26	39
20 ans et plus.......................................	869	520	239	110
Inconnu...	12	7	3	2

AGRICULTURE SUR LES FERMES DE MOINS DE 5 ACRES

Tous les lopins de terre d'une acre ou plus ayant produit en 1930 des récoltes d'une valeur de $50 ou plus, ou qui sont sous une culture quelconque ou employés comme pâturage en 1931, sont considérés comme fermes.   Ceci comprend un nombre de petits lopins qui, au point de vue de la production agricole, ont très peu d'importance.   Les tableaux suivants en résument la production.   Une étude de ces tableaux montre que l'importance de ces petites fermes dans l'agriculture de la province est très minime et que l'exploitant et sa famille ne dépendent pas uniquement des revenus de la ferme pour leur subsistance.

TABLEAU LXV.—NOMBRE, SUPERFICIE ET BESTIAUX DES FERMES DE MOINS DE 5 ACRES, 1921-1931

Item	Unité	1921	1931
Nombre de fermes occupées..	nomb.	3,876	2,468
Superficie occupée...	acres	9,436	6,190
Défrichée...	"	7,904	5,085
Pâturages..	"	424	221
Grandes cultures....................................	"	5,615	3,013
Vergers..	"	586	421
Jardins..	(1)		.5
Bestiaux— Chevaux....................................	nomb.	885	
	$	111,534	
Bêtes à cornes......................................	nomb.	3,704	
	$	193,984	
Vaches en lactation ou en gestation..................	nomb.	2,391	
Moutons...	nomb.	2,077	
	$	9,432	
Porcs..	nomb.	1,190	
	$	15,407	
Poules et poulets...................................	nomb.	45,082	
	$	29,639	
Dindes..	nomb.	28	
	$	30	
Canards...	nomb.	321	
	$	297	
Oies..	nomb.	55	500
	$	98	280

(1) Inconnu.

TABLEAU LXVI.—PRODUCTION DES FERMES DE MOINS DE 5 ACRES, 1920-1930

Item	Unité	1920	1930
Grandes cultures— Céréales..	acres	254	124
Fourrages...	"	4,811	2,533
Pommes de terre....................................	"	905	408
Autres racines.....................................	"	67	24
Fruits (arbres 1921 et 1931, production 1920 et 1930)— Pommes..........	arbres.	35,327	21,734
	production.........................	boiss.	65,109	46,298
Pêches............................	arbres.	nomb.	133	34
	production.........................	boiss.	8	39
Poires............................	arbres.	nomb.	667	433
	production.........................	boiss.	417	364
Prunes............................	arbres.	nomb.	677	529
	production.........................	boiss.	233	211
Cerises............................	arbres.	nomb.	510	374
	production.........................	boiss.	204	119

TABLEAU LXVI.—PRODUCTION DES FERMES DE MOINS DE 5 ACRES, 1920-1930—*fin.*

Item	Unité	1920	1930
Produits animaux—			
Valeur	$	326,572	143,105
Lait	lb.	10,475,744	6,603,716
Œufs	douz.	208,154	155,806
Miel et cire	lb.	6,300	4,380
Laine	"	4,701	3,596
Bestiaux abattus—			
Valeur	$	57,607	27,557
Bêtes à cornes	nomb.	366	184
Moutons	"	236	213
Porcs	"	1,026	734
Volailles	"	6,730	7,722
Bestiaux vendus-vivants—			
Valeur	$	18,563	10,123
Chevaux	nomb.	36	20
Bêtes à cornes	"	307	205
Moutons	"	278	262
Porcs	"	89	101
Volailles	"	1,442	2,397

AGRICULTURE AILLEURS QUE SUR LES FERMES

Le recensement de 1931 comme celui de 1921 a colligé les statistiques du bétail, des fruits et des produits animaux ailleurs que sur les fermes. Les tableaux LXVII et LXVIII donnent ces statistiques pour ces deux recensements.

TABLEAU LXVII.—BESTIAUX, 1921-1931, ET PRODUITS ANIMAUX, 1920-1930, AILLEURS QUE SUR LES FERMES

Item	Unité	1921	1931
Bestiaux—			
Valeur totale	$	(1)1,467,832	773,276
Chevaux—			
Nombre	nomb.	4,944	2,939
Valeur	$	728,660	283,953
Moins d'un an	nomb.	35	18
De 1-2 ans	"	66	35
Juments, 2 ans et plus	"	1,311	887
Tous autres chevaux	"	3,529	1,999
Mulets—			
Nombre	nomb.	48	14
Valeur	$	7,659	1,219
Bêtes à cornes—			
Nombre	nomb.	10,043	9,940
Valeur	$	513,246	335,869
Moins d'un an	nomb.	1,161	1,139
Génisses, 1-2 ans	"	725	829
Vaches et génisses, 2 ans et plus	"	7,352	6,544
Vaches et génisses, 2 ans et plus en lactation ou en gestation	"	7,087	5,585
Toutes autres bêtes à cornes	"	798	1,428
Porcs—			
Nombre	nomb.	3,856	3,564
Valeur	$	60,198	35,155
Volailles—			
Nombre	nomb.	202,300	194,122
Valeur	$	153,122	116,225
Poules	nomb.	119,837	112,807
Poulets éclos	"	79,415	78,521
Autres volailles	"	3,048	2,794
Abeilles—			
Nombre de ruches	nomb.	226	85
Valeur	$	2,115	851
Produits animaux, 1920-1930—			
Valeur de tous produits animaux	$	1,080,886	650,377
Lait	lb.	26,715,340	24,205,770
	$	636,445	339,123
Beurre de ferme	lb.	315,430	345,789
	$	156,895	109,615
Œufs	douz.	929,867	1,071,906
	$	441,748	320,929
Miel	lb.	8,129	2,215
Cire	"	92	38
Valeur du miel et de la cire	$	2,693	325

(1) En 1921, 282 moutons valant $1,832 sont inclus.

TABLEAU LXVIII.—FRUCTICULTURE AILLEURS QUE SUR LES FERMES—ARBRES, 1921-1931—PRO-DUCTION ET VALEUR, 1920-1930

Item	Unité	1921	1931
Valeur totale..	$	76,564	54,286
Fruits de vergers.................................	$	66,872	46,787
Raisins et petits fruits.............................	$	9,692	7,499
Fruits de vergers—			
Pommes............ arbres......................................		43,303	
production..................................		65,933	
Pêches........... arbres......................................		157	
production...................................		41	
Poires............ arbres......................................		2,521	
production..................................		1,521	
Prunes............ arbres......................................		3,606	
production..................................		1,120	
Cerises........... arbres......................................		3,124	
production..................................		803	
Raisins et petits fruits—			
Raisins..	lb.	1,564	3,645
Fraises..	pinte	15,318	27,243
Framboises.......................................	"	12,493	13,958
Groseilles et gadelles.............................	"	16,134	11,256
Autres petits fruits...............................	"	1,911	1,664

FERMES VACANTES OU ABANDONNÉES

Le tableau 32 (tableaux d'ensemble) donne le nombre, la superficie et la valeur des fermes vacantes ou abandonnées de la Nouvelle-Ecosse. Les énumérateurs avaient des instructions spécifiques d'inscrire sous cet en-tête toute parcelle de terre dont tout ou une partie avait été défrichée et mise en culture mais qui était à la date du recensement "vacante" ou "abandonnée". "Ferme vacante" voulait dire une ferme qui était inoccupée à la date du recensement et sur laquelle on n'avait rien récolté en 1930 et qui n'était pas ensemencée en 1931 en culture d'aucune sorte. Par "ferme abandonnée" il fallait entendre une ferme qui était restée inoccupée depuis plusieurs années et à la date du recensement dont les taxes étaient en souffrance et qui avait toutes les apparences d'être désertée par ses propriétaires. En Nouvelle-Ecosse on comptait 3,064 fermes de ce genre, d'une superficie totale de 322,807 acres, dont 43,536 acres défrichées. La valeur totale de ces fermes est estimée à $2,008,893 et la valeur de leurs bâtiments à $749,053. Deux comtés, Cap Breton et Inverness, contribuent plus de 36 p.c. de toutes les fermes vacantes ou abandonnées de la province. Cependant, il y en avait dans tous les comtés.

NOVA SCOTIA

NOUVELLE-ÉCOSSE

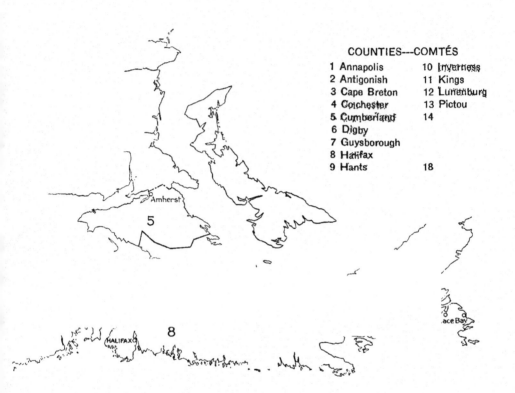

COUNTIES---COMTÉS

1 Annapolis	10 Inverness
2 Antigonish	11 Kings
3 Cape Breton	12 Lunenburg
4 Colchester	13 Pictou
5 Cumberland	14
6 Digby	
7 Guysborough	
8 Halifax	
9 Hants	18

Amherst

5

8

HALIFAX

ace Bay

NOVA SCOTIA — NOUVELLE-ÉCOSSE

GENERAL TABLES

TABLEAUX D'ENSEMBLE

TABLE 1. Population, Farm Holdings, Areas, Live Stock and Farm Values, 1901-1931; Value of Farm Products and Expenses, 1900-1930, Nova Scotia

TABLEAU 1. Population, exploitations agricoles, superficies, bestiaux et valeur des fermes, 1901-1931; valeur des produits agricoles et dépenses des fermes, 1900-1930, Nouvelle-Ecosse

Item	Unit — Unité	1901	1911	1921	1931
Population—					
Total—Totale	No.	459,574	492,338	523,837	512,846
Urban—Urbaine	"	129,383	186,128	227,038	231,654
Rural—Rurale	"	330,191	306,210	296,799	281,192
Percentage rural—Pourcentage, rurale	p.c.	71·8	62·2	56·7	54·8
Farm population—Population des fermes—					
Total—Totale	No.	[1]	[1]	[1]	177,690
Urban—Urbaine	"	[1]	[1]	[1]	3,725
Rural—Rurale	"	[1]	[1]	[1]	173,965
Farm holdings—Exploitations agricoles—					
Total number of farms— Nombre de fermes, total	No.	[2]54,478	[2]52,491	47,432	39,444
Operated by owner— Exploitées par propriétaire	"	52,436	50,034	45,214	37,037
" tenant— " locataire	"	1,332	2,061	1,004	1,055
" manager— " gérant	"	[1]		361	139
" part owner, " propriétaire part tenant— partiel.	"	710	396	853	1,213
Percentage of farms totally owned—Pourcentage des fermes propriétés des exploitants.	p.c.	96·3	95·3	95·3	93·9
Farm areas—Superficies des fermes—					
Total land area—Superficie totale en terre	acres	[3]13,275,520	[3]13,275,520	[3]13,275,520	[3]13,275,520
Area in farms—Superficie totale des fermes	"	5,080,901	5,260,455	4,723,550	4,302,031
Percentage in farms—Pourcentage en fermes	p.c.	38·2	39·6	35·6	32·4
Average area per farm—Superficie moyenne par ferme	acres	93·3	100·2	99·6	109·1
Area occupied by owner—Superficie occupée par propriétaire.	"	[1]	[1]	4,511,040	4,032,784
" " tenant— " " locataire	"	[1]	[1]	65,041	78,915
" " manager— " " gérant	"	[1]	[1]	53,118	28,549
" " part owner, " " propriétaire part tenant— partiel.	"	[1]	[1]	94,351	161,783
Percentage of occupied area owned—Pourcentage de la superficie occupée par le propriétaire.	p.c.	97·9	96·8	98·0	96·8
Condition of farm land—Etat de la terre—					
Improved—Défrichée.	*acres*	*1,257,468*	*1,257,449*	*992,467*	*844,632*
Field crops—En grande culture	"	730,146	717,468	646,848	574,729
Orchard—En verger	"	34,277	40,474	40,404	46,937
Vineyard—En vignoble	"	10	125	–	2
Small fruits—En culture fruitière	"	[1]	466	515	939
Market garden—En jardin maraîcher	"	[1]	[1]	293	1,065
Pasture—En pâturage	"	[1]	[1]	251,911	168,303
Fallow—En jachère	"	[1]	476	[4]17,664	9,229
Unimproved—En friche.	"	*3,823,433*	*4,003,006*	*3,731,083*	*3,457,399*
Woodland—En forêt	"	2,845,384	2,914,033	2,671,904	2,502,773
Natural pasture—En pâturage naturel	"	[1]	830,350	811,052	744,971
Marsh or waste land—En marécage	"	[1]	258,623	248,127	209,655
Principal kinds of live stock—Principales espèces animales—					
Horses—Chevaux	No.	62,508	61,420	59,383	46,013
Mules—Mulets	"	[1]	[1]	52	33
Cows in milk or in calf—Vaches en lactation ou en gestation.	"	[5]138,817	[5]129,274	126,820	113,730
Other cattle—Autres bovins	"	177,357	158,218	149,586	117,211
Sheep—Moutons	"	285,244	221,074	272,024	196,344
Swine—Porcs	"	45,405	63,380	51,313	47,429
Poultry—Volailles	"	798,145	954,251	1,196,434	1,474,237
Farm values—Valeur des fermes—					
Total—Valeur totale	$	72,564,907	115,974,892	136,841,573	105,877,410
Land—Terrains	"	34,589,159	52,106,903	55,480,112	38,624,000
Buildings—Bâtiments	"	24,163,225	43,275,505	51,172,700	43,890,500
Implements and machinery—Outillage	"	3,208,899	4,578,658	10,146,068	10,554,100
Live stock—Bestiaux	"	10,603,624	16,013,826	20,042,693	12,808,810
Farm expenses—Dépenses des fermes—					
Expenditure for feed— Dépenses pour provende	$	[1]	[1]	3,835,966	2,782,420
" fertilizers— " engrais	"	[1]	[1]	1,193,206	879,540
" spraying " vaporisants chemicals— chimiques.	"	[1]	[1]	[1]	249,677
" seed— " semences	"	[1]	[1]	557,630	368,120
" electric light " énergie et and power— éclairage électriques.	"	[1]	[1]	[1]	99,460
" farm labour " main-d'œuvre (cash and (argent et board)— pension).	"	960,227	815,246	2,703,275	2,460,200

TABLE 1. Population, Farm Holdings, Areas, Live Stock and Farm Values, 1901-1931; Value of Farm Products and Expenses, 1900-1930, Nova Scotia—Con.

TABLEAU 1. Population, exploitations agricoles, superficies, bestiaux et valeur des fermes, 1901-1931; valeur des produits agricoles et dépenses des fermes, 1900-1930; Nouvelle-Ecosse—fin

Item	Unit — Unité	1901	1911	1921	1931
Value of farm products (6)—Valeur des produits de la ferme (6)—					
Field crops—Grandes cultures...............................	$	8,584,956	11,005,033	21,834,118	13,031,376
Vegetables—Légumes.......................	"	} 1,418,619 {	1,392,039	1,052,852	1,387,848
Fruits and maple products—Fruits et produits de l'érable	"		1,553,742	4,183,043	3,453,663
Greenhouse, hothouse and nursery products—Produits des serres et pépinières.	"	(1)	(1)	79,224	113,811
Forest products—Produits forestiers..............	"	(1)	3,574,382	4,502,445	3,898,141
Stock sold alive—Bestiaux vendus vivants..............	"	1,427,777	3,094,028	(7)2,646,003	(7)1,552,097
Stock slaughtered—Bestiaux abattus...................	"	1,247,358	1,320,559	3,262,798	(7)1,740,587
Animal products—Produits des animaux...............	"	3,618,389	5,705,980	14,022,434	8,372,869

(1) Not available—Inconnu.
(2) For comparison with 1921 and 1931, plots under 1 acre in 1901 and 1911 have been deducted—Les lopins de moins d'une acre en 1901 et 1911 ont été éliminés pour comparaison avec 1921 et 1931·
(3) According to estimate made in 1931—D'après une estimation de 1931.
(4) In 1921, idle land was included with fallow—En 1921, la terre en repos est comprise avec jachère.
(5) In 1901 and 1911, the item was milch cows—En 1901 et 1911, l'item ne mentionnait que vaches laitières.
(6) In 1920 and 1930, values on farms and not on farms are included—En 1920 et 1930, inclus valeurs sur les fermes et en dehors des fermes.
(7) Limited to stock raised on farms reporting—Limité aux bestiaux élevés sur les fermes relevées.

TABLE 2. Farm Holdings by Size, Nova Scotia, 1901-1931.

TABLEAU 2. Nombre de fermes classifiées selon la superficie, Nouvelle-Ecosse, 1901-1931

Class—Classe	1901(1)	1911(1)	1921	1931
	No.	No.	No.	No.
Occupied farms, total — Fermes occupées, total...............	54,478	52,491	47,432	39,444
Farms 1- 4 acres — Fermes de 1- 4 acres...............	6,981	6,227	3,876	2,468
" 5- 10 " — " 5- 10 "	4,460	4,765	3,972	3,055
" 11- 50 " — " 11- 50 "	13,247	12,652	12,031	9,616
" 51-100 " — " 51-100 "	14,234	13,278	12,520	10,325
" 101-200 " — " 101-200 "	11,073	10,717	10,581	9,526
" 201-299 " — " 201-299 "	} 4,483 {	} 4,852 {	1,988	1,955
" 300 acres and over— " 300 acres et plus............			2,464	2,499

(1) For comparison with the censuses of 1921 and 1931, deductions have been made as follows: plots under 1 acre, 1,555 in 1901 and 1,143 in 1911 — Pour comparaison avec les recensements de 1921 et 1931, ont été éliminés 1,555 lopins de moins d'une acre en 1901 et 1,143 en 1911.

TABLE 3. Area of Farm Lands by Size of Farm, Nova Scotia, 1921-1931

TABLEAU 3. Fermes classifiées selon leur superficie, Nouvelle-Ecosse, 1921-1931

Class—Classe	1921	1931	Average size of holding — Superficie moyenne	
			1921	1931
	ac.	ac.	ac.	ac.
Area of occupied farms—Superficie des fermes occupées...........	4,723,550	4,302,031	99·6	109·1
Farms 1- 4 acres — Fermes de 1- 4 acres...............	9,436	6,190	2·4	2·5
" 5- 10 " — " 5- 10 "	29,297	22,706	7·4	7·4
" 11- 50 " — " 11- 50 "	382,265	304,382	31·8	31·7
" 51-100 " — " 51-100 "	1,062,781	869,257	84·9	84·2
" 101-200 " — " 101-200 "	1,594,136	1,517,529	160·1	159·3
" 201-299 " — " 201-299 "	487,121	478,039	245·0	244·5
" 300 acres and over— " 300 acres et plus............	1,058,514	1,103,928	429·6	441·7

TABLE 4. Tenure of Farms According to Size, Nova Scotia, 1921-1931

TABLEAU 4. Tenure des fermes classifiées selon la superficie, Nouvelle-Ecosse, 1921-1931

Class—Classe	All farms — Toutes fermes	Farms operated by / Fermes exploitées par			
		Owner — Propriétaire	Manager — Gérant	Tenant — Locataire	Part owner, part tenant Propriétaire partiel
	No.	No.	No.	No.	No.
Occupied farms, total—Fermes occupées, total............			361	1,004	
Farms 1- 4 acres —Fermes de 1- 4 acres........			139	1,055	
" 5- 10 " " 5- 10 "			13	247	
11- 50 ' " 11- 50 "					
51-100 ' " 51-100 "					
101-200 ' " 101-200 "					
201-299 " " 201-299 "					
" 300 acres and over— " 300 acres et plus......					

TABLE 5. Value of Farm Property and Average Value per Farm, per Acre and per Acre of Improved Land, Nova Scotia, 1901-1931

TABLEAU 5. Valeur de la propriété agricole et valeur moyenne par ferme, par acre et par acre de terre défrichée, Nouvelle-Ecosse, 1901-1931

Item	1901	1911	1921	1931
	$	$	$	$
Total value—Valeur totale....................................	72,564,907	115,974,892	136,841,573	105,877,410
Land—Terrains...................................	34,589,159	52,106,903	55,480,112	38,624,000
Buildings—Bâtiments,..............................	24,163,225	43,275,505	51,172,709	43,890,500
Implements and machinery—Outillage......................	3,208,899	4,578,658	10,146,068	10,554,100
Live stock—Bestiaux..............................	10,603,624	16,013,826	20,042,693	12,808,810
Average per farm—Valeur moyenne par ferme—				
Total..	1,333	2,209	2,886	2,685
Land—Terrains...................................	635	993	1,170	979
Buildings—Bâtiments................................	444	824	1,079	1,113
Implements and machinery—Outillage......................	59	87	214	268
Live stock—Bestiaux..............................	195	305	423	325
Average per acre—Valeur moyenne par acre—				
Total..	14·29	22·05	28·97	24·61
Land—Terrains...................................	6·81	9·91	11·75	8·98
Buildings—Bâtiments................................	4·76	8·23	10·83	10·20
Implements and machinery—Outillage......................	0·63	0·87	2·15	2·45
Live stock—Bestiaux..............................	2·09	3·04	4·24	2·98
Average per acre of Improved land—Valeur moyenne par acre de terre défrichée—				
Total..	57·71	92·23	137·88	125·35
Land—Terrains...................................	27·51	41·43	55·90	45·73
Buildings—Bâtiments................................	19·22	34·42	51·56	51·96
Implements and machinery—Outillage......................	2·55	3·64	10·22	12·50
Live stock—Bestiaux..............................	8·43	12·74	20·20	15·16

TABLE 6. Value of Farm Products, Nova Scotia, 1900-1930
TABLEAU 6. Valeur des produits agricoles, Nouvelle-Ecosse, 1900-1930

Item	1900	1910	1920	On farms — Sur les fermes	Not on farms — Non sur les fermes	Total
	$	$	$	$	$	$
Field crops—Grandes cultures	8,584,956	11,005,033	21,834,118	13,031,376	–	13,031,376
Vegetables—Légumes		1,392,039	1,052,852	1,124,525	163,323	1,287,848
Orchard fruits—Fruits des vergers	1,407,369	1,547,245	3,985,757	3,216,604	46,787	3,263,391
Grapes and small fruits - Raisins et petits fruits		87,161	169,103	163,957	7,499	171,456
Maple syrup and sugar(1)—Sirop et sucre d'érable(1)	11,250	19,336	28,183	18,816	–	18,816
Greenhouse and hothouse products—Produits des serres	(2)	(2)	79,224	116,130	47,200	163,330
Nursery products—Produits des pépinières	(2)	(2)	(2)	10,481	–	10,481
Forest products—Produits forestiers	(2)	3,574,482	4,502,445	3,898,141	–	3,898,141
Stock sold alive—Bétail vendu sur pied	1,427,777	3,094,028	(3)2,646,003	(3)1,552,097	–	(3)1,552,097
Stock slaughtered—Bétail abattu	1,247,358	1,320,559	3,262,798	(3)1,740,587	–	(3)1,740,587
Animal products—Produits des animaux	3,618,389	5,705,980	14,022,434	7,712,492	660,377	8,372,869

(1) For census year—Four l'année du recensement.
(2) Not available—Inconnu.
(3) Limited to stock raised on farms reporting—Limité aux bestiaux élevés sur les fermes relévées.

TABLE 7. Area of Field Crops, Nova Scotia, 1900-1931
TABLEAU 7. Superficie des grandes cultures, Nouvelle-Ecosse, 1900-1931

Crops—Grandes cultures	1900	1910	1911	1920	1921	1930	1931
	ac.	ac.	ac.	ac.	ac.	ac.	ac.
Total area of field crops—Superficie totale en grande culture	730,146	719,966	717,168	652,985	616,848	574,021	574,729
Wheat, all—Tout blé	16,334	12,198	13,298	14,609	12,585	2,813	2,936
Wheat, fall—Blé d'automne	160	37	70	337	192	104	127
Wheat, Durum—Blé Durum						228	276
Wheat, other spring—Autre blé de printemps	16,174	12,161	13,228	14,272	12,393		
Barley—Orge	7,710	5,354	5,551			1	
Oats—Avoine	91,087	96,309	100,256		92	8	
Rye, fall—Seigle d'automne	1,018	350	466				
Rye, spring—Seigle de printemps							
Corn, for husking—Maïs à grain	177	66	137			36	
Flax, for seed—Graine de lin	–	–	6			4	
Buckwheat—Sarrasin	9,371	9,541	11,810			3,710	
Beans—Haricots (fèves)	824	735	948			723	
Peas—Pois	196	109	210			64	
Mixed grains—Grains mélangés	2,900	2,420	4,361				
Hay, cultivated(1)—Foin, cultivé(1)	554,371	540,602	535,350				
Corn, for fodder—Maïs fourrager		560	645				
Grains cut for hay—Foin de grain							
Grains cut for summer feeding—Grain coupé pour fourrage vert	2,182	2,273	1,703			1,267	929
Sunflower—Tournesol				1,400	954	98	57
Other fodder crops—Autres cultures fourragères						9,224	8,898
Potatoes—Pommes de terre	37,459	30,827	30,839	34,507	34,603	22,069	22,664
Turnips and swedes—Navets et choux de Siam	6,557	8,394	9,601	9,143	8,246	6,931	7,283
Other field roots—Autres racines		1,227	2,287	998	784	1,247	1,492
Tobacco—Tabac	–	–	–	4	–	–	–
Hops—Houblon	–	1	–	–	–	–	–
Flax, for fibre—Lin fibreux	(2)	(2)	(2)	–	–	–	–
Hemp—Chanvre	(2)	(2)	(2)	(2)	(2)	–	–
Other crops—Autres cultures	(2)	(2)	(2)	(2)	(2)	5	1

(1) Includes alfalfa, clovers and all grasses—Comprend la luzerne, les trèfles et toutes les herbes.
(2) Not available—Inconnu.

TABLE 8. Variations in Area of Field Crops by Decades, Nova Scotia, 1910-1930

TABLEAU 8. Variations en superficie des grandes cultures par décades, Nouvelle-Écosse, 1910-1930

Crops—Grandes-cultures	Increase(1) 1920 over 1910 — Augmentation(1) 1920 sur 1910		Increase(1) 1930 over 1920 — Augmentation(1) 1930 sur 1920	
	acres	p.c.	acres	p.c.
Total area of field crops—Superficie totale en grande culture......		−8·2		−12·1
Wheat—Blé................		19·5		−80·7
Barley—Orge..............		23·3		6·3
Oats—Avoine...............		−0·5		−17·6
Rye—Seigle................		−35·4		−35·4
Corn, for husking—Maïs à grain....		−		−48·6
Flax, for seed—Graine de lin......				
Buckwheat—Sarrasin......		−36·9		−36·4
Beans—Haricots (fèves)......		4·8		−6·1
Peas—Pois.................		−	−	−4·5
Mixed grains—Grains mélangés......		−8·3		54·4
Hay, cultivated(2)—Foin, cultivé(2)......		−12·8		−9·2
Corn, for fodder—Maïs fourrager......		−46·8		102·0
Grains cut for hay—Foin de grain......	⎫	374·6	⎧	−13·5
Other fodder crops—Autres cultures fourragères......	⎬		⎨	656·4
Potatoes—Pommes de terre......		11·9		−36·0
Turnips and swedes—Navets et choux de Siam......		8·9		−24·2
Other field roots—Autres racines......		−18·7		24·9
Tobacco—Tabac...........		−	−4	−
Hops—Houblon...........		−		−
Flax, for fibre—Lin fibreux......	(3)	−		−

(1) A minus sign (−) denotes a decrease—Le signe moins (−) indique diminution.
(2) Includes alfalfa, clovers and all grasses—Comprend la luzerne, les trèfles et toutes les herbes.
(3) Not available—Inconnu.

TABLE 9. Yield of Field Crops, Nova Scotia, 1900-1930

TABLEAU 9. Rendement des grandes cultures, Nouvelle-Écosse, 1900-1930

Crops—Grandes cultures	1900	1910	1920	1930
	bu.—bo.	bu.—bo.	bu.—bo.	bu.—bo.
Wheat, fall—Blé d'automne................	2,151	748	5,460	2,813
Wheat, spring—Blé de printemps......	246,325	323,782	215,295	47,545
Barley—Orge..............	181,085	142,224	152,048	208,524
Oats—Avoine...............	2,347,598	2,973,857	2,731,628	2,614,359
Rye—Seigle................	15,702	5,356	4,579	3,724
Corn, for husking—Maïs à grain......	9,358	2,684	1,681	1,421
Flax, for seed—Graine de lin......	58	−	55	29
Buckwheat—Sarrasin......	196,498	206,005	90,427	73,904
Beans—Haricots (fèves)......	16,084	11,802	11,974	13,552
Peas—Pois.................	6,067	1,858	1,215	1,609
Mixed grains—Grains mélangés......	90,869	78,369	63,536	117,782
	lb.	lb.	lb.	lb.
Clover seed—Graine de trèfle......	420	1,352	33,340	3,840
Grass seed—Graine d'herbe......	26,304	36,339	68,064	23,232
	tons	tons	tons	tons
Hay, cultivated(1)—Foin, cultivé(1)......	658,330	724,318	603,191	518,228
Marsh hay—Foin des marais......	(2)	(2)	16,749	27,609
Corn, for fodder—Maïs fourrager......	⎫	5,210	2,250	5,597
Grains cut for hay—Foin de grain......	⎬ 5,642	⎨	15,551	14,753
Other fodder crops—Autres cultures fourragères......	⎭	4,620	2,664	14,777
	bu.—bo.	bu.—bo.	bu.—bo.	bu.—bo.
Potatoes—Pommes de terre......	4,394,413	3,531,293	4,389,515	3,685,857
Turnips and swedes—Navets et choux de Siam......		3,114,211	2,979,048	3,044,257
	tons	tons	tons	tons
Other field roots—Autres racines......	62,344	12,798	7,753	14,789
	lb.	lb.	lb.	lb.
Tobacco—Tabac...........	560	110	183	−
Hops—Houblon...........	4,571	1,096	24	303
Flax, for fibre—Lin fibreux......	(2)	(2)	−	20
Hemp—Chanvre...........	(2)	(2)	(2)	
Other crops—Autres cultures......	(2)	(2)	(2)	5,440

(1) Includes alfalfa, clovers and all grasses—Comprend la luzerne, les trèfles et toutes les herbes.
(2) Not available—Inconnu.

TABLE 10. Value of Field Crops, Nova Scotia, 1910-1930
TABLEAU 10. Valeur des récoltes, Nouvelle-Ecosse, 1910-1930

Crops—Grandes cultures	1910	1920	1930
	$		
All field crops—Toutes les récoltes........................		'	
Wheat—Blé.........................			—
Barley—Orge..........			—
Oats—Avoine.....			—
Rye—Seigle......			—
Corn, for husking—Maïs à grain.........			
Flax, for seed—Graine de lin..........			
Buckwheat—Sarrasin..........			
Beans and peas—Haricots et pois..........			
Mixed grains—Grains mélangés.........			
Clover and grass seed—Graine de trèfle et d'herbe..........			
Hay, cultivated(1)—Foin, cultivé(1)............			
Marsh hay—Foin des marais..........			
Other fodder crops—Autres récoltes fourragères..........			
Potatoes—Pommes de terre............			
Turnips and swedes—Navets et choux de Siam....			
Other field roots—Autres racines..........			
Tobacco—Tabac..........			
Hops—Houblon..........	451		37
Flax, for fibre—Lin fibreux..........	(2)	—	5
Hemp—Chanvre..........	(2)	(2)	
Other crops—Autres récoltes..........	(2)	(2)	153

(1) Includes alfalfa, clovers and all grasses—Comprend la luzerne, les trèfles et toutes les herbes.
(2) Not available—Inconnu.

TABLE 11. Average Yield per Acre of the Principal Crops, Nova Scotia, 1890-1930
TABLEAU 11. Moyenne de rendement à l'acre des principales cultures, Nouvelle-Ecosse, 1890-1930

Crops—Grandes cultures	Unit — Unité	1890	1900	1910	1920	1930
Wheat—Blé.............	bu.-bo.	11·7	15·2	18·3	15·2	17·9
Barley—Orge..........................	"	19·0	23·5	26·6	23·0	29·7
Oats—Avoine......................	"	16·6	25·8	30·9	28·6	33·2
Rye—Seigle...................	"	13·3	15·4	15·3	20·3	25·5
Peas—Pois.....................	"	16·5	19·7	17·0	18·1	25·1
Buckwheat—Sarrasin................	"	21·0	21·0	21·6	15·5	19·9
Beans—Haricots (fèves).................	"	19·3	19·5	16·1	15·6	18·7
Corn, for husking—Maïs à grain........	"	41·1	52·9	40·7	23·3	39·5
Hay, cultivated(1)—Foin, cultivé(1).........	tons	1·2	1·2	1·3	1·3	1·2
Potatoes—Pommes de terre	bu.-bo.	115·8	117·3	114·6	127·2	164·7

(1) Includes alfalfa, clovers and all grasses—Comprend la luzerne, les trèfles et toutes les herbes.

TABLE 12. Fruit Trees, Nova Scotia, 1901-1931
TABLEAU 12. Arbres fruitiers, Nouvelle-Ecosse, 1901-1931

Fruit trees(1)—Arbres fruitiers(1)	1901	1911	1921	1931
	No.	No.	No.	No.
Apple trees, total(2)—Pommiers, total(2)............				
Not of bearing age—Trop jeunes pour rapporter............				
Of bearing age—D'âge à rapporter............				
Peach trees, total—Pêchers, total............				
Not of bearing age—Trop jeunes pour rapporter............				
Of bearing age—D'âge à rapporter............				
Pear trees, total—Poiriers, total....				
Not of bearing age—Trop jeunes pour rapporter....				
Of bearing age—D'âge à rapporter............	2			
Plum trees, total—Pruniers, total............				
Not of bearing age—Trop jeunes pour rapporter............				
Of bearing age—D'âge à rapporter............				
Cherry trees, total—Cerisiers, total............				
Not of bearing age—Trop jeunes pour rapporter............				
Of bearing age—D'âge à rapporter............				

(1) In 1921 and 1931, the number of trees not on farms is included in the totals—En 1921 et 1931, les arbres en dehors des fermes sont compris dans les totaux.
(2) Includes crab apples—Comprend les pommettes.

TABLE 13. Production of Fruits and Maple Products, Nova Scotia, 1900-1930
TABLEAU 13. Récolte de fruits et produits de l'érable, Nouvelle-Ecosse, 1900-1930

Fruits	Unit — Unité	1900	1910	1920	1930
Value of all fruits and maple products—Valeur de tous les fruits et produits de l'érable................	$	(1)			
Apples—Pommes.....................	bu.—bo.	2,065.104			
Peaches—Péches..................	"	3,23			
Pears—Poires....................	"	14,881			
Plums—Prunes.................	"	28,931			
Cherries—Cerises...............	"	16,669			
Grapes—Raisins.................	lb.	1153 16			
Strawberries—Fraises.,	qts.—ptes				
Raspberries—Framboises..................	"				
Currants(2)—Gadelles(2).....................	"	92 7 87			
Gooseberries(2)—Groseilles et cassis(2).................	"				
Other small fruits—Autres petits fruits.................	"				
Maple syrup(3)—Sirop d'érable(3)...............	gals.	(3)			
Maple sugar(3)—Sucre d'érable(3)...............	lb.	112,496			

(1) Not given—Pas donné.
(2) Currants and gooseberries elsewhere than on farms in 1930 were not given separately. They have been divided between these two classes in the same proportion as those on farms—Les gadelles et les groseilles en dehors des fermes ne sont pas séparées en 1930. Elles ont été divisées dans les mêmes proportions que sur les fermes.
(3) For the census year in each case—Pour l'année du recensement dans chaque cas.

TABLE 14. Live Stock, Nova Scotia, 1901-1931
TABLEAU 14. Béstiaux, Nouvelle-Ecosse, 1901-1931

Item	Unit — Unité	1901	1911	1921	1931
Value of all live stock—Valeur de tous les bestiaux......	$	10,603,624	16,913,826	(2) 21,510,525	(2) 13,582,086
DOMESTIC ANIMALS—ANIMAUX DOMESTIQUES					
Total value—Valeur totale..................	$	10,380,864	15,681,899	(2) 20,656,086	(2) 12,741,261
Horses—Chevaux—					
Number—Nombre................	No.	62,508	61,420	59,383	46,013
Value—Valeur................	$	3,654,382	7,110,946	7,711,197	4,269,163
Cattle—Bêtes à cornes—					
Total number—Nombre total................	No.	316,174	287,492	276,706	230,941
Total value—Valeur totale..................	$	5,381,824	7,236,371	10,654,320	7,054,712
Cows in milk or in calf(1)—Vaches en lactation ou en gestation(1)................	No.	138,817	129,274	126,820	113,730
Other cattle—Autres bovins..............	"	177,357	158,218	149,586	117,211
Sheep—Moutons—					
Number—Nombre................	No.	285,244	221,074	272,024	196,344
Value—Valeur................	$	757,278	795,773	1,536,614	946,054
Swine—Porcs—					
Number—Nombre................	No.	45,405	63,380	51,313	47,429
Value—Valeur................	$	387,380	538,809	745,741	467,868
POULTRY—VOLAILLES					
Total number—Nombre total................	No.	798,145	954,251	1,196,434	(3) 1,474,237
Total value—Valeur totale................	$	218,223	326,130	843,941	830,915
Hens and chickens—Poules et poulets..............	No.	739,591	912,609	1,171,661	1,436,946
Turkeys—Dindons.....................	"	23,564	11,945	6,800	11,182
Ducks—Canards.....................	"	12,801	10,897	8,382	9,794
Geese—Oies.....................	"	22,189	18,800	9,591	14,329
BEES—ABEILLES					
Number of hives—Nombre de ruches................	No.	989	1,236	842	990
Value—Valeur................	$	4,537	5,797	10,498	9,910

(1) In 1901 and 1911, the term was milch cows—Vaches laitières en 1901 et 1911.
(2) Includes mules, and in 1931 $560 the value of 48 goats—Comprend les mulets, et en 1931 $560 valeur de 48 chèvres.
(3) Includes other poultry on farms and elsewhere in 1931—Comprend les autres volailles sur les fermes et ailleurs en 1931.

TABLE 15. Stock Slaughtered on Farms, Nova Scotia, 1920-1930
TABLEAU 15. Bétail abattu sur les fermes, Nouvelle-Ecosse, 1920-1930

Item	Unit — Unité	1920	1930[1]	Increase[2] — Augmentation[2] Numerical — Numérique	p.c.
Total value—Valeur totale....................	$	3,262,798	1,740,587	-1,522,211	-46·7
Cattle—Bêtes à cornes—					
Total number—Nombre total.................	No.	39,552	26,428	-13,124	-33·2
Total value—Valeur totale.................	$	1,236,475	584,212	-652,263	-52·8
Calves—Veaux..........................	No.	13,303	11,420	-1,883	-14·2
Other cattle—Autres bovins..................	"	26,249	15,008	-11,241	-42·8
Sheep—Moutons—					
Number—Nombre..................	No.	28,462	21,695	-6,767	-23·8
Value—Valeur...........	$	239,074	125,190	-113,884	-47·6
Swine—Porcs—					
Number—Nombre..................	No.	44,600	30,360	-14,260	-32·0
Value—Valeur............	$	1,543,100	703,586	-839,514	-54·4
Poultry—Volailles—					
Total number—Nombre total......................	No.	225,955	327,337	101,382	44·9
Total value—Valeur totale................	$	244,149	327,599	83,450	34·2
Hens and chickens—Poules et poulets......	No.	213,020	306,877	93,857	44·1
Turkeys—Dindons...........	"	4,156	8,672	4,516	108·7
Geese—Oies............	"	5,674	7,786	2,112	37·2
Ducks—Canards............	"	3,105	4,002	897	28·9

[1] Limited to stock raised on farms reporting—Limité aux bestiaux élevés sur les fermes relevées.
[2] A minus sign (—) denotes a decrease—Le signe moins (—) indique diminution.

TABLE 16. Stock Sold Alive off Farms on which Raised, Nova Scotia, 1920-1930
TABLEAU 16. Bétail vendu vivant sur les fermes où il a été élevé, Nouvelle-Ecosse, 1920-1930

Item	Unit — Unité	1920	1930	Increase[1] — Augmentation[1] Numerical — Numérique	p.c.
Total value—Valeur totale....................	$	2,646,003	1,552,097	-1,093,906	-41·3
Horses—Chevaux—					
Total number—Nombre total.................	No.	1,891	1,398	-493	-26·1
Total value—Valeur totale.................	$	236,600	120,599	-116,001	-49·0
Colts and fillies—Poulains et pouliches..............	No.	252	115	-137	-54·4
Other horses—Autres chevaux...............	"	1,639	1,283	-356	-21·7
Cattle—Bêtes à cornes—					
Total number—Nombre total.................	No.	38,654	28,677	-9,977	-25·8
Total value—Valeur totale.................	$	1,612,966	853,084	-759,882	-47·1
Calves—Veaux..........................	No.	11,317	11,982	665	5·9
Cows in milk or in calf—Vaches en lactation ou en gestation..................	"	7,525	6,768	-757	-10·1
Other cattle—Autres bovins..................	"	19,812	9,927	-9,885	-50·0
Sheep—Moutons—					
Total number—Nombre total..................	No.	74,242	53,236	-21,006	-28·3
Total value—Valeur totale................	$	523,079	292,612	-230,467	-44·1
Lambs—Agneaux..................	No.	63,270	48,535	-14,735	-23·3
Other sheep—Autres moutons...............	"	10,972	4,701	-6,271	-57·2
Swine—Porcs—					
Number—Nombre..................	No.	27,571	32,989	5,418	19·7
Value—Valeur............	$	233,222	200,045	-33,177	-14·2
Poultry—Volailles—					
Total number—Nombre total..................	No.	42,304	123,206	80,902	191·2
Total value—Valeur totale................	$	40,136	85,757	45,621	113·7
Hens, old stock—Poules...........	No.	17,125	40,150	23,025	134·5
Chickens—Poulets............	"	22,552	79,614	57,062	253·0
Turkeys—Dindons...........	"	294	1,063	769	261·6
Geese—Oies............	"	1,558	1,644	86	5·5
Ducks—Canards............	"	775	735	-40	- 5·2

[1] A minus sign (—) denotes a decrease—Le signe moins (—) indique diminution.

TABLE 17. Animal Products on Farms, Nova Scotia, 1920-1930
TABLEAU 17. Produits des animaux sur les fermes, Nouvelle-Ecosse, 1920-1930

Item	Unit — Unité	1920	1930	Increase[1] — Augmentation[1] Numerical — Numérique	p.c.
Value of all products—Valeur de tous les produits......	$	12,941,548	7,712,492	−5,229,056	−40·4
DAIRY PRODUCTS—PRODUITS LAITIERS					
Number of cows milked—Nombre de vaches traites........	No.	114.373	101,953	−12,420	−10·9
Milk produced—Lait produit............................	lb.	440,745,311	421,136,357	−19,608,954	− 4·4
Value of milk produced—Valeur du lait produit............	$	10,499,982	5,901,523	−4,598,459	−43·8
Milk sold—Lait vendu..................................	lb.	41,981,678	59,713,577	17,731,899	42·2
Cream sold—Crème vendue............................	gals.	149,125	97,496	−51,629	−34·6
Butterfat sold—Butyrine vendue........................	lb.	2,267,243	4,697,058	2,429,815	107·2
Butter, home-made—Beurre de ferme....................	"	8,430,637	6,059,671	−2,370,966	−28·1
Butter, sold off farm—Beurre vendu de la ferme...........	"	4,005,904	2,383,300	−1,622,604	−40·5
Cheese, home-made—Fromage de ferme................	"	89,777	35,537	−54,240	−60·4
EGGS—ŒUFS					
Eggs produced—Œufs produits.........................	doz.-douz.	4,650,006	5,809,231	1,159,225	24·9
Value of eggs produced—Valeur des œufs...............	$	2,209,057	1,739,358	−469,699	−21·3
Eggs sold—Œufs vendus...............................	doz.-douz.	2,345,001	3,416,439	1,071,438	45·7
Value of eggs sold—Valeur des œufs vendus.............	$	1,112,653	1,024,253	−88,400	− 7·9
Chickens raised—Poulets élevés........................	No.	389,358	641,235	251,877	64·7
WOOL—LAINE					
Sheep shorn—Moutons tondus..........................	No.	159,354	104,998	−54,356	−34·1
Wool produced—Laine produite.........................	lb.	734,871	532,610	−202,261	−27·5
Value of wool produced—Valeur de la laine..............	$	226,112	66,538	−159,574	−70·6
HONEY AND WAX—MIEL ET CIRE					
Honey produced—Miel produit.........................	lb.	19,362	34,693	15,331	79·2
Wax produced—Cire produite..........................	lb.	167	455	288	172·5
Value of honey and wax—Valeur du miel et de la cire.......	$	6,397	5,073	−1,324	−20·7

(1) A minus sign (−) denotes a decrease—Le signe moins (−) indique diminution.

TABLE 18. Ratio of Pure-bred Live Stock to all Live Stock, Nova Scotia, 1911-1931
TABLEAU 18. Proportion d'animaux de race à tous les animaux, Nouvelle-Ecosse, 1911-1931

Item	1911	1921	1931
	No.	No.	No.
Horses—Chevaux—			
Total number—Nombre total......	61,420	59,383	46,013
No. of farms reporting horses—No. de fermes déclarant des chevaux	(2)	29,558	23,824
Pure-bred horses, total—Chevaux de race pure, total..........	359	432	424
Average pure-bred per 1,000 horses—Moyenne de race pure par 1,000 chevaux....	5·85	7·27	9·21
No. of farms reporting pure-bred horses—No. de fermes déclarant des chevaux de race.	(2)	231	238
Cattle—Bêtes à cornes—			
Total number—Nombre total...............	287.492	276,406	230,941
No. of farms reporting cattle—No. de fermes déclarant des bêtes à cornes............	(2)	(1)49,474	(3)51,185
Pure-bred cattle, total—Bêtes à cornes de race pure, total................	2,315	5,533	8,976
Average pure-bred per 1,000 cattle—Moyenne de race pure par 1,000 bovins......	8·05	20·02	38·87
No. of farms reporting pure-bred cattle—No. de fermes déclarant des bêtes à cornes de race........................	(2)	1,878	(3)
Sheep—Moutons—			
Total number—Nombre total.............	221,074	272,954	196,344
No. of farms reporting sheep—No. de fermes déclarant des moutons.....	(2)	14,905	9,723
Pure-bred sheep, total—Moutons de race pure, total......	862	1,781	2,739
Average pure-bred per 1,000 sheep—Moyenne de race pure par 1,000 moutons....	3·90	6·55	13·95
No. of farms reporting pure-bred sheep—No. de fermes déclarant des moutons de race.	(2)	456	517
Swine—Porcs—			
Total number—Nombre total.......	63,380	51,313	37,429
No. of farms reporting swine—No. de fermes déclarant des porcs.........	(2)	25,681	20,388
Pure-bred swine, total—Porcs de race pure, total.......	662	751	666
Average pure-bred per 1,000 swine.—Moyenne de race pure par 1,000 porcs......	10·44	14·64	14·04
No. of farms reporting pure-bred swine—No. de fermes déclarant des porcs de race...	(2)	507	308
Poultry—Volailles—			
Total number—Nombre total............	954,251	1,196,434	1,474,237
No. of farms reporting poultry—No. de fermes déclarant des volailles	(2)	37,261	30,167
Pure-bred poultry, total—Volailles de race pure, total........	(2)	36,789	65,378
Average pure-bred per 1,000 fowls—Moyenne de race pure par 1,000 volailles....	(2)	30·75	44·35
No. of farms reporting pure-bred poultry—No. de fermes déclarant des volailles de race..........	(2)	1,307	1,145

(1) Farms reporting cows in milk or in calf—Fermes déclarant des vaches en lactation ou en gestation.
(2) Not available—Inconnu.
(3) In 1931, 1,786 farms reported pure-bred cows and heifers and 1,144 reported pure-bred bulls and bull calves—En 1931, 1,786 fermes ont déclaré des vaches et génisses de race pure et 1,144 ont déclaré d'autres bovins de race pure.

TABLE 19. Vegetables, Greenhouse and Hothouse Establishments, Nova Scotia, 1920–1930
TABLEAU 19. Cultures maraichères et potagères, serres et pépinières, Nouvelle-Ecosse, 1920–1930

Item	Unit — Unité	1920	1930
VEGETABLES—LÉGUMES			
Value of all vegetables—Valeur de tous les légumes............................	$	1,052,852	1,287,848
Farm gardens (for home use)—Jardins potagers...........................	$	753,321	835,217
Produced elsewhere than on farms—Récoltés ailleurs que sur les fermes.......	$	169,203	163,323
Market gardens, on farms—Cultures maraichères sur les fermes.............	$	130,328	289,308
Acreage of market gardens—Cultures maraichères sur les fermes.............	ac.	422	
Beets—Betteraves..	bu.-bo.	4,412	
	$	4,544	
Cabbages—Choux..	bu.-bo.	97,003	
	$	88,775	
Carrots—Carottes..	bu.-bo.	6,424	
	$	6,348	
Celery—Céleri..	heads-pieds	12,123	,650
	$	889	
Lettuce—Laitue..	heads-pieds	36,155	
	$	2,070	
Parsnips—Panets..	bu.-bo.	2,548	
	$	3,017	
Sweet corn—Maïs sucré.......................................	bu.-bo.	3,738	
	$	3,897	
Tomatoes—Tomates..	bu.-bo.	5,278	
	$	5,625	
Others—Autres..	$	15,163	
GREENHOUSE AND HOTHOUSE ESTABLISHMENTS—SERRES-CHAUDES ET CULTURES FORCÉES			
Area, 1921-1931—Superficie, 1921-1931—			
Area under glass—Superficie sous verre........................	sq. ft.-p. car.	141,822	385,955
Area not under glass—Superficie à ciel ouvert...................	ac.	19	52
Receipts, 1920-1930—Recettes, 1920-1930—			
Total receipts—Toutes recettes............................	$	79,224	163,330
Receipts for flowers and flowering plants—Recettes pour fleurs et plantes d'ornementation	$	65,878	102,475
Receipts for vegetables and vegetable plants—Recettes pour légumes et plants.	$	13,346	60,855
NURSERIES—PÉPINIÈRES			
No. of acres, 1931—Superficie, 1931.........................	ac.	(¹)	42
Value of products sold, 1930—Valeur des produits vendus, 1930...............	$	(¹)	10,481

(¹) Not available—Inconnu.

TABLE 20. Forest Products of Farms, Nova Scotia, 1910–1930
TABLEAU 20. Produits forestiers des fermes, Nouvelle-Ecosse, 1910–1930

Item	Unit — Unité	1910	1920	1930
All forest products—Tous produits forestiers.....................	$	3,574,482	4,592,443	3,898,141
Firewood—Bois de chauffage............................	cds.—cdes	462,059	468,966	402,619
	$	1,188,867	2,549,519	2,031,267
Pulpwood—Bois de pulpe...............................	cds.—cdes	27,105	29,518	112,771
	$	77,881	226,935	634,393
Fence posts—Piquets de clôture........................	No.	1,246,787	1,176,350	1,346,453
	$	66,799	118,495	97,339
Railway ties—Traverses de chemin de fer...............	No.	209,363	95,252	87,440
	$	39,236	54,166	51,330
Telegraph and telephone poles—Poteaux de télégraphe et de téléphone.	No.	4,408	6,118	7,442
	$	6,014	6,372	6,638
Logs, for lumber—Billots de sciage............................	No.	–	1,956,871	–
	M. ft.-M. pds	195,531	–	52,732
	$	1,863,933	1,176,631	790,953
Other forest products—Autres produits forestiers................	$	631,752	370,327	286,221

TABLE 21. Population, Number and Acreage of Farms, Condition of Land, 1931; Farm Workers, 1930, by Counties, Nova Scotia

No.	Item	Unit	Province	Anna-polis	Anti-gonish	Cape Breton	Col-chester	Cum-ber-land	Digby	Guys-bor-ough	Hali-fax	Hants
	POPULATION, 1931											
1	Total....................	No.	512,846	16,297	10,073	92,419	25,051	36,366	18,353	15,443	100,204	19,393
2	Urban.....................	"	231,654	2,769	1,764	69,265	8,704	17,857	1,412	2,550	68,375	3,736
3	Rural.....................	"	281,192	13,528	8,309	23,154	16,347	18,509	16,941	12,893	31,829	15,657
4	Percentage rural............	p.c.	54·8	83·0	82·5	25·1	65·3	50·9	92·3	83·5	31·8	80·7
5	Farm population, total......	No.	177,690	9,202	7,789	10,236	11,725	12,150	10,083	7,504	13,017	11,075
6	Percentage of total population.	p.c.	34·6	56·5	77·3	11·1	46·8	33·4	54·9	48·6	13·0	57·1
7	Males.....................	No.	94,707	4,826	4,193	5,564	6,268	6,533	5,367	4,088	7,010	5,892
8	Females...................	"	82,983	4,376	3,596	4,672	·5,457	5,617	4,716	3,416	6,007	5,183
	FARM WORKERS, 1930											
9	Members of the family......M.	No.	50,312	2,728	2,328	3,020	3,273	3,694	2,552	2,285	3,402	2,933
10	" " ......F.	"	4,658	175	133	267	·277	263	115	170	608	119
11	Permanently hired..........M.	"	1,612	139	28	86	190	142	40	16	108	182
12	Temporarily " ....M.	"	16,700	1,349	396	353	1,255	1,358	528	362	778	1,659
13	" " ....F.	"	612	12	10	4	107	67	22	12	8	24
	FARM HOLDINGS, 1931											
14	**Occupied farms, total**.........	No.			1,765				2,093		2,702	
15	Farms 1- 4 acres..........	"			40				72		163	
16	" 5- 10 "	"			56				142		343	
17	" 11- 50 "	"			332				758		823	
18	" 51-100 "	"			579				611		537	
19	" 101-200 "	"			595				359		490	
20	" 201-299 "	"			89				63		125	
21	" 300-479 "	"			69				68		143	
22	" 480-639 "	"			2				12		44	
23	" 640 acres and over.....	"			3				8		34	
24	Occupied by owner...........	"			1,692				1,953		2,595	—,
25	" manager........	"			8				5		13	
26	" tenant........	"			31				42		65	
27	" part owner, part tenant.	"			34				93		29	
	FARM AREAS, 1931											
28	**Total land area**.................	ac.	13,275,520	822,400	346,240	622,080	928,640	1,077,120	620,800	1,031,040	1,320,320	786,560
29	**Area of occupied farms**.......	"			207,467	1			83,106	˙˙	287,551	
30	Percentage of total land area..	p.c.			59·9				29·5		21·8	
31	Average area per farm........	ac.			117·5				87·5		106·4	
32	In farms 1- 4 acres.........	"			83				191		414	
33	" 5- 10 "	"			417				1,094		2,630	
34	" 11- 50 "	"			11,336				24,290		3.	ˌ
35	" 51-100 "	"			50,578				48,435		4.	
36	" 101-200 "	"			96,042				55,695		8.	
37	" 201-299 "	"			22,023				15,342		0.	
38	" 300-479 "	"			22,933			7	23,544			
39	" 480-639 "	"			1,130				6,405		3.	
40	" 640 acres and over....	"			2,925				8,110		3.	
41	Occupied by owner...........	"			196,888	1			172,938	1	5.	.—
42	" manager........	"			1,824				376			
43	" tenant..........	"			2,452				2,328	—.	ˌ ⁊	
44	" part owner, part tenant.	"			6,303			— ˙˙	7,464			
45	Total acreage owned.........	"		202,696	175,743	368,136	418,801	179,092	172,299	280,436	315,216	
46	" " rented...........	"		4,771	10,083	12,089	11,189	4,014	3,207	7,115	15,776	
47	Percentage owned............	p.c.		97·7	94·6	96·8	97·4	97·8	98·2	97·5	95·2	
	CONDITION OF FARM LAND, 1931											
48	**Improved**......................	ac.	841,632	(¹)51,918	46,246	35,461	89,882	118,468	19,844	16,433	28,765	64,282
49	Pasture......................	"	168,303	505	11,921	11,006	18,335	29,757	620	4,192	4,131	8,057
50	Fallow......................	"	9,229	3,068	820	555	79	1,102	51	163	204	153
51	Field crops..................	"	574,729	41,599	29,318	20,272	67,880	79,983	17,381	9,368	21,637	49,531
52	Market garden...............	"	1,065	118	7	104	57	18	21	1	229	62
53	Orchard.....................	"	46,937	9,086	227	212	464	1,073	1,005	60	231	4,482
54	Vineyard....................	"	2	–	–	–	–	–	–	–	–	–
55	Small fruits.................	"	939	41	6	25	88	120	27	10	12	33
56	**Unimproved**..................	"	3,157,399	236,821	161,221	150,367	290,343	311,582	163,262	159,073	258,786	266,710
57	Woodland..................	"	2,502,773	159,254	97,345	106,083	224,515	242,864	104,819	119,545	211,639	201,505
58	Natural pasture..............	"	744,971	72,554	53,968	23,370	60,448	53,885	45,211	25,459	28,526	58,990
59	Marsh or waste land..........	"	209,655	5,013	9,908	20,914	5,380	14,833	13,232	14,069	18,621	6,215

(¹) Part of acreage was double cropped.

TABLEAU 21. Population, nombre de fermes, superficie et état de la terre en 1931; travailleurs des fermes, 1930, par comtés, Nouvelle-Ecosse

Inverness	Kings	Lunenburg	Pictou	Queens	Richmond	Shelburne	Victoria	Yarmouth	Unité	Item	No.
										POPULATION, 1931	
21,055	24,357	31,674	39,018	10,612	11,098	12,485	8,009	20,939	No.	Totale	1
4,537	5,688	7,054	23,571	2,669	–	3,354	–	8,349	"	Urbaine	2
16,518	18,669	24,620	15,447	7,943	11,098	9,131	8,009	12,590	"	Rurale	3
78·5	76·6	77·7	39·6	74·8	100·0	73·1	100·0	60·1	p.c.	Pourcentage, rurale	4
15,298	12,810	16,265	11,499	4,299	6,606	3,492	6,297	8,343	No.	Toute population agricole	5
72·7	52·6	51·4	29·5	40·5	59·5	28·0	78·6	39·8	p.c.	Pourcentage de la population totale	6
8,280	6,764	8,549	6,092	2,266	3,494	1,840	3,392	4,289	No.	Hommes	7
7,018	6,046	7,716	5,407	2,033	3,112	1,652	2,905	4,054	"	Femmes	8
										TRAVAILLANT SUR LES FERMES, 1930	
4,375	3,325	4,842	3,495	1,182	1,879	990	1,874	2,135	No.	Membres de la famille..H	9
387	158	444	386	22	258	120	501	255	"	" " ..F	10
37	396	49	101	15	7	10	11	55	"	Engagés permanents..H	11
746	3,872	1,183	1,279	340	145	169	233	695	"	" temporaires..H	12
20	113	45	46	18	7	2	5	90	"	" " ..F	13
										EXPLOITATIONS AGRICOLES, 1931	
3,027	3,055	3,614	2,931	1,010	1,460	750	1,414	1,744	No.		
118	229	250	91	107	222	97	76	87	"		
145	295	399	106	130	230	156	51	238	"		
713	758	1,257	460	309	410	224	224	764	"		
901	812	806	1,033	168	269	115	470	361	"		
875	661	659	910	198	239	73	453	216	"		
134	150	112	202	38	44	24	54	30	"		
119	115	101	113	41	44	27	81	36	"		
19	18	16	14	7	2	14	3	9	"		
3	17	14	2	12	–	20	2	3	"		
2,807	2,768	3,475	2,779	958	1,398	713	1,357	1,620	"		
4	26	3	5	2	–	4	5	14	"		
53	111	79	70	31	29	18	24	40	"		
163	150	57	77	19	33	18	28	70	"		
										SUPERFICIE DES FERMES, 1931	
901,760	538,880	748,160	719,360	620,120	312,960	626,560	707,200	536,320	ac.	Superficie totale en terre	28
338,429	290,364	292,424	345,680	96,369	104,378	75,038	173,423	116,522	"		
37·5	53·9	39·1	48·1	15·3	33·4	12·0	24·5	21·7	p.c.		
111·8	95·0	80·9	117·9	95·4	71·5	100·1	122·6	66·8	ac.		
300	569	682	261	263	564	264	175	249	"		
1,066	2,212	2,993	769	929	1,636	1,162	352	1,805	"		
23,868	22,829	37,377	16,188	9,536	12,138	6,769	8,723	22,805	"		
78,479	65,948	66,345	89,754	13,515	22,258	9,358	42,305	27,723	"		
148,998	98,687	102,348	142,989	32,207	40,075	11,603	76,990	32,721	"		
32,663	36,953	27,355	48,831	9,514	11,036	5,983	13,178	7,202	"		
40,403	40,245	31,203	37,805	14,200	15,571	9,800	28,310	11,829	"		
10,302	9,573	8,781	7,683	3,655	1,100	7,659	1,550	4,630	"		
2,350	13,348	12,340	1,400	12,550	–	22,440	1,840	7,558	"		
316,678	269,729	282,044	327,220	92,033	98,743	72,228	164,181	100,306	"		
141	2,641	147	624	515	–	315	986	7,747	"		
4,874	8,833	4,820	5,375	1,576	1,383	753	3,263	3,063	"		
16,736	19,161	5,413	12,461	2,245	4,252	1,742	4,993	5,406	"		
326,640	276,117	285,594	335,287	94,165	101,241	73,837	167,248	112,129	"	Superficie totale, propriété de l'exploitant	45
11,789	14,247	6,830	10,393	2,204	3,137	1,201	6,175	4,393	"	" " exploitée par locataire	46
96·5	95·1	97·7	97·0	97·7	97·0	98·4	96·4	96·2	p.c.	Pourcentage, propriété de l'exploitant	47
										ÉTAT DE LA TERRE, 1931	
55,638	101,428	35,284	119,823	7,378	8,216	3,557	26,668	15,401	ac.	Défrichée	48
10,090	6,885	1,446	51,288	298	1,296	552	6,058	1,860	"	En pâturage	49
389	1,043	257	630	75	110	52	211	267	"	" jachère	50
40,355	65,169	28,897	62,354	5,846	5,624	1,909	17,699	9,907	"	" grande culture	51
19	208	85	69	17	3	2	2	43	"	" jardin maraîcher	52
299	25,372	1,584	1,384	394	49	204	200	611	"	" verger	53
–	1	1	–	–	–	–	–	–	"	" vignoble	54
9	314	25	123	1	1	2	15	73	"	" culture fruitière	55
282,791	188,936	257,140	225,857	88,991	96,162	71,481	146,755	101,121	"	En friche	56
217,566	107,163	165,895	161,347	72,491	73,527	60,779	116,625	59,811	"	En forêt	57
52,701	76,289	70,198	36,061	11,976	13,464	5,291	23,684	32,896	"	" pâturage naturel	58
12,524	5,484	21,047	28,449	4,524	9,171	5,411	6,446	8,414	"	" marécage	59

(1) Une partie de la superficie en double culture.

TABLE 22. Values—Farms, 1931, Farm Products and Co-operative Marketing, 1930, by Counties, Nova Scotia

No.	Item	Unit	Province	Anna-polis	Anti-gonish	Cape Breton	Col-chester	Cum-berland	Digby
	FARM VALUES, 1931								
1	Total value	$	195,877,410	8,715,239	4,048,514	5,539,281	8,533,840	7,844,761	4,119,543
2	Value per farm	$	2,684	4,052	2,294	2,595	3,178	2,796	1,968
3	Value per acre	$	24·81	30·29	19·51	29·81	22·44	18·24	22·50
4	Land, total	$	38,624,000	3,125,400	1,244,600	1,778,300	2,948,600	3,087,100	1,619,500
5	Value per farm	$	979	1,448	705	833	1,098	1,100	774
6	Value per acre	$	8·98	10·82	6·00	9·57	7·75	7·18	8·84
7	Buildings, total	$	43,890,500	4,088,400	1,574,900	2,440,700	3,337,500	2,699,200	1,710,400
8	Value per farm	$	1,113	1,895	892	1,143	1,243	962	817
9	Value per acre	$	10·20	14·16	7·59	13·13	8·78	6·28	9·34
10	Implements and machinery, total	$	10,554,100	755,200	458,200	616,700	909,600	918,600	352,200
11	Value per farm	$	268	350	260	289	339	327	168
12	Value per acre	$	2·45	2·62	2·21	3·32	2·39	2·14	1·92
13	Live stock, total	$	12,808,810	776,239	770,814	703,581	1,338,140	1,139,861	437,443
14	Value per farm	$	325	360	437	330	498	406	209
15	Value per acre	$	2·98	2·69	3·72	3·79	3·52	2·65	2·39
	VALUE OF FARM PRODUCTS ON FARMS, 1930								
16	Gross value	$	32,585,206	2,294,788	1,446,585	1,628,017	3,011,903	2,739,978	1,215,065
17	Average per farm	$	826	1,063	820	763	1,122	976	581
18	Field crops	$	13,031,376	779,671	686,849	678,341	1,368,682	1,309,489	449,730
19	Vegetables	$	1,124,525	87,652	27,775	95,845	57,759	61,814	67,581
20	Fruits and maple products	$	3,398,377	457,240	13,465	18,393	34,305	63,076	29,735
21	Forest products	$	3,898,141	283,687	148,223	119,186	319,005	350,137	271,710
22	Greenhouse and hothouse products	$	116,130	46	–	6,389	1,000	1,352	1,170
23	Nursery products	$	10,481	–	–	447	–	1,832	35
24	Stock sold alive	$	1,852,097	118,436	132,546	40,345	181,621	131,771	55,113
25	Stock slaughtered	$	1,740,587	105,155	92,277	84,492	156,258	157,611	57,288
26	Animal products	$	7,712,492	462,901	345,450	584,579	893,273	662,896	272,693
	CO-OPERATIVE MARKETING, 1930								
27	Value of farm products sold through a co-operative organization.	$	1,352,803	197,413	34,280	281	11,295	24,582	2,067
28	Number of farms reporting	No.	3,066	372	417	11	51	189	4
29	Value of goods bought through a co-operative organization.	$	691,740	80,383	41,730	18,973	34,484	23,660	6,975
30	Number of farms reporting	No.	5,061	488	466	269	169	550	148

TABLEAU 22.   Valeurs—Fermes, 1931, produits de la ferme et ventes coopératives, 1930, par comtés, Nouvelle-Écosse

Guys-borough	Halifax	Hants	Inverness	Kings	Lunenburg	Pictou	Unité	Item	No.
								VALEUR DES FERMES, 1931	
2,588,193	5,864,734	8,256,262	6,792,946	17,423,263	7,723,385	7,614,695	$	Valeur totale......................	1
1,500	2,171	3,484	2,244	5,726	2,137	2,598	$	Valeur par ferme..	2
14·75	20·40	24·94	20·07	60·25	26·41	22·03	$	Valeur par acre....	3
823,200	2,062,000	3,067,800	2,446,900	7,677,100	2,902,400	2,347,400	$	Terrains, total...................	4
477	763	1,294	808	2,513	803	801	$	Valeur par ferme................	5
4·69	7·17	9·27	7·23	26·44	9·93	6·79	$	Valeur par acre.................	6
1,155,600	2,558,400	3,343,900	2,531,100	7,040,300	3,466,400	3,084,000	$	Bâtiments, total..................	7
670	947	1,411	836	2,305	959	1,052	$	Valeur par ferme................	8
6·58	8·90	10·10	7·48	24·25	11·85	8·92	$	Valeur par acre.................	9
263,200	552,800	510,000	769,300	1,540,500	610,400	990,500	$	Outillage, total..................	10
153	205	342	254	504	169	338		Valeur par ferme....:.........	11
1·50	1·92	2·45	2·27	5·31	2·09	2·87	$	Valeur par acre.................	12
346,193	691,534	1,034,562	1,045,646	1,235,363	743,185	1,192,795	$	Bestiaux, total...................	13
201	256	437	345	404	206	407	$	Valeur par ferme................	14
1·97	2·40	3·13	3·09	4·25	2·54	3·45	$	Valeur par acre.................	15
								VALEUR DES PRODUITS AGRICOLES DES FERMES, 1930	
744,443	1,664,479	2,522,884	2,125,193	5,152,308	2,156,411	2,741,329	$	Valeur brute....................	16
432	616	1,065	702	1,687	597	935	$	Moyenne par ferme.............	17
320,132	547,719	947,102	1,056,203	1,452,545	843,548	1,326,803	$	Grandes cultures................	18
19,977	156,508	76,683	37,664	103,226	123,186	63,055	$	Légumes.........................	19
5,128	11,832	225,122	19,739	2,312,385	77,815	52,839	$	Fruits et produits de l'érable........	20
151,028	208,015	308,552	272,748	282,016	426,829	195,381	$	Produits forestiers................	21
212	58,215	31,328	258	7,013	709	1,241	$	Produits des serres...............	22
–	100	–	15	6,037	–	–	$	Produits des pépinières.............	23
44,108	77,771	129,507	119,205	175,181	111,073	108,059	$	Bétail vendu sur pied..............	24
50,304	109,732	135,710	141,623	146,250	130,375	162,193	$	....	25
153,554	494,587	668,880	467,738	657,655	442,876	831,758	$	....	26
4,356	281	65,136	38,977	922,925	5,677	34,310	$		
87	5	101	838	639	17	183	No.	....	28
1,057	–	45,208	55,371	309,042	1,734	36,857	$	par co-	29
41	–	283	886	803	26	781	No.	....	30

TABLE 22. Values—Farms, 1931, Farm Products and Co-operative Marketing, 1930, by Counties, Nova Scotia—Con.

TABLEAU 22. Valeurs—Fermes, 1931, produits de la ferme et ventes coopératives, 1930, par comtés Nouvelle-Écosse,—fin

No.	Item	Unit Unité	Queens	Richmond	Shelburne	Victoria	Yarmouth	Item
	FARM VALUES, 1931							VALEUR DES FERMES, 1931
1	Total value..............	$	1,874,642	1,551,130	1,041,576	3,237,713	3,008,693	Valeur totale.
2	Value per farm........	$	1,856	1,062	1,389	2,290	1,726	Valeur par ferme.
3	Value per acre..........	$	19·45	14·86	13·88	18·67	25·82	Valeur par acre.
4	Land, total..............	$	638,300	542,200	304,600	1,112,200	895,900	Terrain, total.
5	Value per farm..........	$	632	371	406	787	514	Valeur par ferme.
6	Value per acre.........	$	6·63	5·19	4·06	6·41	7·69	Valeur par acre.
7	Buildings, total........	$	895,100	605,900	523,300	1,406,600	1,426,800	Bâtiments, total.
8	Value per farm.........	$	886	415	698	995	819	Valeur par ferme.
9	Value per acre.........	$	9·29	5·80	6·97	8·11	12·26	Valeur par acre.
10	Implements and machinery, total.	$	179,500	154,200	90,200	305,100	277,900	Outillage, total.
11	Value per farm.........	$	178	106	120	218	159	Valeur par ferme.
12	Value per acre.........	$	1·86	1·48	1·20	1·76	2·38	Valeur par acre.
13	Live stock, total.........	$	161,242	248,830	123,476	413,813	406,093	Bétail, total.
14	Value per farm.........	$	160	170	.165	293	233	Valeur par ferme.
15	Value per acre.........	$	1·67	2·38	1·65	2·39	3·49	Valeur par acre.
	VALUE OF FARM PRODUCTS ON FARMS, 1930							VALEUR DES PRODUITS AGRICOLES DES FERMES, 1930
16	Gross value..............	$	437,390	551,721	290,776	824,755	937,238	Valeur brute.
17	Average per farm.......	$	433	378	·388	654	537	Moyenne par ferme.
18	Field crops.............	$	139,423	221,661	76,930	449,793	356,755	Grandes cultures.
19	Vegetables...............	$	39,056	21,225	20,302	21,517	43,700	Légumes.
20	Fruits and maple products...	$	17,136	3,624	10,294	10,483	36,766	Fruits et produits de l'érable.
21	Forest products..........	$	88,756	117,284	69,058	149,912	136,844	Produits forestiers.
22	Greenhouse and hothouse products.	$	130	610	-	30	6,427	Produits des serres.
23	Nursery products.......	$	-	-	-	-	2,015	Produits des pépinières.
24	Stock sold alive........	$	19,988	21,302	11,285	22,436	42,350	Bétail vendu sur pied.
25	Stock slaughtered........	$	25,954	46,278	17,448	62,072	57,617	Bétail abattu.
26	Animal products..........	$	106,947	122,767	85,462	198,512	259,964	Produits animaux.
	CO-OPERATIVE MARKETING, 1930							OPÉRATIONS COOPÉRATIVES, 1930
27	Value of farm products sold through a co-operative organization.	$	763	4,175	100	5,000	1,205	Valeur des produits vendus par l'entremise des organisations coopératives.
28	Number of farms reporting...	No.	16	72	2	104	18	Nombre de fermes relevées.
29	Value of goods bought through a co-operative organization.	$	16,910	4,429	20	8,882	6,025	Valeur des denrées achetées par l'entremise des organisations coopératives.
30	Number of farms reporting...	No.	76	104	1	159	36	Nombre de fermes relevées.

TABLE 23. Mortgage Indebtedness, 1931, and Farm Expenses, 1930, by Counties, Nova Scotia

TABLEAU 23. Dettes hypothécaires, 1931, et dépenses des fermes, 1930, par comtés, Nouvelle-Ecosse

N	Item	Unit — Unité	Province	Anna-polis	Anti-gonish	Cape Breton	Col-chester	Item
	MORTGAGE INDEBTEDNESS, 1931							**DETTES HYPOTHÉCAIRES, 1931**
1	Amount of debt (¹)	$	6,570,000	1,017,000	44,300	86,200	481,500	Dette globale (¹).
2	Farms reporting debt	No.	4,049	610	59	67	420	Fermes déclarant des dettes.
3	Per cent of all farms	p.c.	10·27	28·27	3·34	3·14	15·64	Pourcentage de toutes les fermes.
	MORTGAGE STATUS OF "FULLY OWNED" FARMS REPORTING (²)							**ÉTAT DES DETTES HYPOTHÉCAIRES DES FERMES "PROPRIÉTÉS ENTIÈRES"(²)**
4	Farms reporting	No.	3,848	599	57	64	395	Fermes relevées.
5	Per cent of all "fully owned" farms.	p.c.	10·39	29·13	3·37	3·27	15·79	Pourcentage des fermes "propriétés entières".
6	Acreage of farms reporting	ac.	509,670	88,932	8,332	7,624	59,099	Superficie des fermes relevées.
7	Value of farms reporting	$	14,742,000	2,591,500	130,400	263,200	1,082,600	Valeur des fermes relevées.
8	Amount of debt	$	5,962,500	1,002,400	42,800	76,800	441,000	Montant de la dette.
9	Ratio of debt to value	p.c.	40·45	38·68	32·82	29·18	40·74	Proportion de la dette à la valeur.
10	Average value of farms, per acre.	$	28·92	29·14	15·65	34·52	18·32	Valeur moyenne des fermes à l'acre.
11	Average debt, per acre	$	11·70	11·27	5·14	10·07	7·46	Dette moyenne à l'acre.
	FARM EXPENSES, 1930							**DÉPENSES DES FERMES, 1930**
	Expenditure for:—							
12	Feed	$	2,782,420	215,250	66,510	240,860		
13	Farms reporting	No.	28,426	1,829	1,033	1,636		
14	Average per farm	$	97·88	117·69	64·39	146·92		
15	Fertilizers	$	879,540	81,860	30,140	25,940		
16	Farms reporting	No.	18,504	1,293	994	757		
17	Average per farm	$	47·53	63·31	30·32	34·27		
18	Seed	$	368,120	19,600	14,770	22,930		
19	Farms reporting	No.	17,108	1,029	811	1,122		
20	Average per farm	$	21·52	19·05	18·21	20·44		
21	Electric light and power	$	99,460	12,990	950	2,720		
22	Farms reporting	No.	3,267	418	13	96		
23	Average per farm	$	30·44	31·08	73·08	28·33		
24	Farm labour (cash and board).	$	2,460,200	235,250	46,190	95,040		
25	Farms reporting	No.	10,991	900	319	320		
26	Average per farm	$	223·84	261·39	144·80	297·00		
27	Weeks of hired labour	No.	200,798	18,677	3,490	8,111		
28	Average per farm	"	18·3	20·8	10·9	25·3		
29	Spraying chemicals	$	249,677	37,580	950	2,311		
30	Taxes(³)	$	1,296,870	88,910	60,710	55,180		
	STATUS OF TAXES ON "FULLY OWNED" FARMS							**ÉTAT DES TAXES SUR LES FERMES "PROPRIÉTÉS ENTIÈRES"**
31	Taxes on "fully owned" farms.	$	1,229,670	86,040	58,740	51,320	89,920	"
32	Improved acreage of farms.	ac.	756,148	49,194	43,958	31,965	84,329	
33	Average taxes, per farm.	$	33·20	41·85	34·72	26·22	35·94	
34	Average taxes, per acre.	$	0·30	0·32	0·30	0·30	0·25	
35	Average taxes, per acre improved.	$	1·63	1·75	1·34	1·61	1·07	
36	Value of farms	$	75,299,100	6,822,900	2,631,900	3,748,400	5,814,700	
37	Taxes per $1,000 valuation.	$	16·33	12·61	22·32	13·69	15·46	
38	Rent(⁴)	$	153,860	8,110	3,530	9,620	8,390	
39	Acres rented	ac.	127,735	8,117	3,958	9,269	11,744	
40	Acres rented, improved.	"	29,725	1,223	838	1,692	2,636	
41	Average rent, per acre.	$	1·20	1·00	0·89	1·04	0·71	
42	Average rent, per acre improved.	$	5·18	0·63	4·21	5·69	3·18	

(¹)Includes mortgage debt on owned property only.   (²)The term "fully owned" applies only to farms owned entirely by the operator. It does not include farms operated by managers or the owned part of farms partly owned, partly rented. (³) Includes taxes on owned property only.   (⁴)Does not include farms operated by share tenants and by cash and share tenants.

(¹)Comprend seulement les dettes des fermes exploitées par leurs propriétaires.   (²)Le terme "propriété entière" s'applique aux fermes qui sont la propriété exclusive de l'exploitant. Il ne couvre pas les fermes exploitées par gérants ou propriétaires partiels. (³)Comprend seulement les taxes sur les fermes qui sont la propriété de l'exploitant. (⁴)Le loyer payable partie en argent et partie en nature n'est pas compris.

TABLE 23. Mortgage Indebtedness, 1931, and Farm Expenses, 1930, by Counties, Nova Scotia—Con.

No.	Item	Unit	Cumberland	Digby	Guysborough	Halifax	Hants	Inverness	Kings
	MORTGAGE INDEBTEDNESS, 1931								
1	Amount of debt (¹)	$	425,100	71,300	8,700	155,400	737,400	21,800	3,130,100
2	Farms reporting debt	No.	378	135	18	142	511	40	1,126
3	Per cent of all farms	p.c.	13·47	6·45	1·04	5·26	21·56	1·32	36·86
	MORTGAGE STATUS OF "FULLY OWNED" FARMS REPORTING (²)								
4	Farms reporting	No.	360	125	15	137	481	39	1,045
5	Per cent of all "fully owned" farms	p.c.	13·66	6·40	0·90	5·28	22·85	1·39	37·75
6	Acreage of farms reporting	ac.	66,995	12,221	1,837	22,537	73,813	6,042	105,113
7	Value of farms reporting	$	876,900	205,900	18,700	423,000	1,732,000	75,100	6,236,900
8	Amount of debt	$	407,100	66,000	7,000	144,200	685,200	21,600	2,687,300
9	Ratio of debt to value	p.c.	46·42	32·05	37·43	34·09	39·11	28·76	43·09
10	Average value of farms, per acre	$	13·09	16·85	10·18	18·77	23·74	12·43	59·34
11	Average debt, per acre	$	6·08	5·40	3·81	6·40	9·28	3·57	25·57
	FARM EXPENSES, 1930								
	Expenditure for:—								
12	Feed	$	151,540	144,500	55,880	289,760	202,000	93,770	317,000
13	Farms reporting	No.	1,731	1,318	1,070	2,114	1,708	2,085	2,180
14	Average per farm	$	87·63	79·48	52·22	137·05	118·27	44·97	145·41
15	Fertilizers	$	70,510	17,350	8,480	23,760	59,000	87,430	323,290
16	Farms reporting	No.	1,639	800	375	684	1,461	1,888	2,224
17	Average per farm	$	43·02	21·45	22·61	34·74	40·38	23·57	145·36
18	Seed	$	40,200	11,530	7,640	23,080	27,200	20,330	43,880
19	Farms reporting	No.	1,651	727	449	946	1,198	1,274	1,559
20	Average per farm	$	24·35	15·86	17·02	24·34	22·70	15·96	28·11
21	Electric light and power	$	4,850	6,900	1,200	6,290	8,030	290	20,530
22	Farms reporting	No.	181	269	37	206	257	9	694
23	Average per farm	$	26·80	25·65	32·43	30·53	31·35	32·22	38·37
24	Farm labour (cash and board)	$	214,300	51,570	24,890	138,380	249,270	66,650	704,720
25	Farms reporting	No.	1,019	462	253	672	948	629	1,534
26	Average per farm	$	210·21	133·92	98·38	205·92	259·73	106·01	459·40
27	Weeks of hired labour	No.	18,270	4,961	2,643	11,556	20,091	5,271	66,544
28	Average per farm	"	17·9	10·7	8·0	17·2	21·2	8·4	36·9
29	Spraying chemicals	$	1,662	845	393	790	14,495	2,319	175,306
30	Taxes (³)	$	107,980	63,010	45,570	73,610	87,010	55,580	150,480
	STATUS OF TAXES ON "FULLY OWNED" FARMS								
31	Taxes on "fully owned" farms	$	101,290	60,070	44,740	69,900	84,850	50,290	133,610
32	Improved acreage of farms	ac.	103,451	17,770	15,739	25,630	53,646	48,113	81,946
33	Average taxes, per farm	$	38·44	30·76	26·84	26·94	38·88	28·60	48·27
34	Average taxes, per acre	¢	0·25	0·35	0·26	0·25	0·27	0·25	0·51
35	Average taxes, per acre improved	$	0·98	3·39	2·84	2·73	1·53	1·67	1·63
36	Value of farms	$	5,392,800	3,102,800	1,900,600	4,238,700	5,514,500	4,559,200	12,532,800
37	Taxes per $1,000 valuation	$	18·78	19·36	23·54	16·49	14·84	17·50	10·66
38	Rent (⁴)	$	14,560	3,480	2,010	9,070	24,510	6,530	36,210
39	Acres rented	ac.	10,483	3,256	3,127	6,950	15,666	11,656	11,430
40	Acres rented, improved	"	3,779	497	382	944	3,940	2,018	5,045
41	Average rent, per acre	$	1·39	1·04	0·64	1·31	1·56	0·56	3·17
42	Average rent, per acre improved	$	3·85	7·00	5·26	9·61	6·22	3·24	7·18

(¹) Includes mortgage debt on owned property only.

(²) The term "fully owned" applies only to farms owned entirely by the operator. It does not include farms operated by managers or the owned part of farms partly owned, partly rented.

(³) Includes taxes on owned property only.

(⁴) Does not include farms operated by share tenants and by cash and share tenants.

TABLEAU 23. Dettes hypothécaires, 1931, et dépenses des fermes, 1930, par comtés, Nouvelle-Ecosse—fin

Lunen-burg	Pictou	Queens	Richmond	Shelburne	Victoria	Yar-mouth	Unité	Item	No.
								DETTES HYPOTHÉCAIRES, 1931	
106,800	137,800	19,500	2,400	3,000	17,700	104,000	$	Dette globale (1)	1
139	194	25	9	6	17	152	No.	Fermes déclarant des dettes.	2
3·85	6·62	2·48	0·62	0·80	1·20	8·77	p.c.	Pourcentage de toutes les fermes.	3
								ETAT DES DETTES HYPO-THÉCAIRES DES FERMES. "PROPRIÉTÉS ENTIÈRES"(2)	
138	188	25	9	5	16	150	No.	Fermes relevées	4
3·97	6·77	2·61	0·64	0·70	1·18	9·26	p.c.	Pourcentage des fermes "propriétés entières".	5
13,865	22,909	4,769	379	543	2,304	12,356	ac.	Superficie des fermes relevées.	6
305,600	384,200	73,200	18,600	6,200	52,100	245,900	$	Valeur des fermes relevées.	7
106,400	134,900	19,500	2,400	1,700	15,700	100,500	$	Montant de la dette	8
34·82	35·11	26·64	12·90	27·42	30·13	40·87	p.c.	Proportion de la dette à la valeur.	9
22·04	16·77	15·35	49·08	11·42	22·61	19·90	$	Valeur moyenne des fermes à l'acre.	10
7·67	5·89	4·09	6·33	3·13	6·81	8·13	$	Dette moyenne à l'acre.	11
								DÉPENSES DES FERMES, 1930	
250,580	185,000	63,340	47,830	36,570	51,490	113,290			
2,936	1,875	669	1,030	539	995	1,341			
85·35	99·67	93·18	46·44	67·85	51·75	84·48			
45,990	61,110	8,510	4,930	2,100	9,780	14,460			
1,979	1,589	326	257	117	420	500			
23·24	38·46	26·10	19·18	17·95	23·29	28·92			
20,990	43,160	4,260	2,950	3,130	9,770	7,930			
1,370	1,745	231	212	144	525	418			
15·32	24·73	18·44	13·92	21·74	18·61	18·97			
7,280	4,830	2,620	110	1,310	150	5,970			
305	187	94	4	59	5	227			
23·87	25·83	27·87	27·50	22·20	30·00	26·30			
77,960	147,080	27,030	10,810	14,920	25,810	80,250			
907	951	189	116	110	192	488			
85·95	154·66	143·02	93·19	135·64	134·43	164·45			
6,768	12,278	2,132	1,036	1,058	1,879	6,833			
7·5	12·9	11·3	8·9	9·6	9·8	14·0			
5,490	2,875	523	116	117	545	692			
113,530	99,660	24,010	33,110	24,420	31,100	59,210			
111,570	95,510	23,330	31,950	23,700	30,090	55,750	$		
33,636	109,792	7,021	7,651	3,367	25,363	13,626			
32·11	34·37	24·35	22·85	33·24	22·17	34·41			
0·40	0·29	0·25	0·32	0·33	0·18	0·56			
3·32	0·87	3·32	4·18	7·04	1·19	4·09			
6,151,300	5,146,200	1,396,800	1,067,400	794,260	2,389,500	2,064,400		d	
18·14	18·56	16·70	29·93	29·84	12·59	27·01			
6,250	10,430	920	2,020	1,710	2,970	3,540	ac		
6,269	10,040	2,079	2,299	1,201	6,175	3,916	ac.		
953	3,767	205	275	101	784	646	"		
1·00	1·04	0·44	0·88	1·42	0·48	0·90			
6·56	2·77	4·49	7·35	16·93	3·79	5·48	$		

(1)Comprend seulement les dettes des fermes exploitées par leurs propriétaires.
(2)Le terme "propriété entière" s'applique aux fermes qui sont la propriété exclusive de l'exploitant. Il ne couvre pas les fermes exploitées par gérants ou propriétaires partiels.
(3)Comprend seulement les taxes sur les fermes qui sont la propriété de l'exploitant.
(4)Le loyer payable partie en argent et partie en nature n'est pas compris.

TABLE 24. Area of Field Crops by Counties, Nova Scotia, 1931

No.	Crops	Province	Annapolis	Antigonish	Cape Breton	Colchester	Cumberland	Digby	Guysborough	Halifax
		ac.	ac.	ac.	ac.	ac.	ac.	ac.	ac.	ac.
1	All field crops	,729	41,599	29,318	20,272	67,880	79,983	17,381	9,368	21,637
2	*Wheat, all*	*935*	*20*	*657*	*16*	*134*	*954*	*1*	*11*	*33*
3	Wheat, fall	127	3	1	8	20	32	1	3	-
4	Wheat, Durum		8	29	-	4	171	-	-	1
5	Wheat, other spring		9	627	7	110	751	-	8	32
6	Barley		291	556	13	928	1,597	171	51	131
7	Oats		3,708	5,571	1,852	11,402	15,164	853	1,292	2,075
8	Rye, fall		7	8	2	20	15	-	-	-
9	Rye, spring		1	-	-	-	-	-	-	-
10	Corn, for husking		8	-	-	3	-	-	-	-
11	Flax, for seed		-	1	-	2	4	-	-	-
12	Buckwheat		203	13	7	407	2,528	-	18	-
13	Beans		154	7	1	4	40	-	-	-
14	Peas		11	1	-	3	6			-
15	Mixed grains		308	91	4	672	848			
16	*Hay, cultivated* (1)		*34,457*	*19,412*	*14,290*	*51,089*	*54,369*	*1*		
17	Timothy		8,000	8,596	5,261	9,187	10,725			
18	Timothy and clover		25,562	10,770	8,554	41,867	43,458			
19	Alfalfa		58	34	36	20	54			
20	Millet and Hungarian grass		818	-		3	44			-
21	Brome grass		-	-	439	12	64			
22	Western rye grass		-				14			
23	Sweet clover						10	1		4
24	Corn, for fodder					35	24	7	-	12
25	Grains cut for hay	6				89	72	268	122	178
26	Grains cut for summer feeding					69	82	60	4	39
27	Other fodder crops	8				94	1,243	3	1,378	115
28	Potatoes	22				1,602	2,012	1,152	568	859
29	Turnips and swedes	7				1,095	926	286	57	252
30	Mangolds and sugar beets, for feed	1				222	74	72	-	41
31	Carrots, for feed					5	23	5	-	1
32	Sugar beets, for sugar	-				-	-	-	-	-
33	Other field roots	135				5	2	19	2	24
34	Tobacco	-				-	-	-	-	-
35	Hops	-				-	-	-	-	-
36	Flax, for fibre	-				-	-	-	-	-
37	Hemp	-				-	-	-	-	-
38	Other crops	1				-	-	-	-	-

(1) Includes alfalfa, clovers and all grasses.

TABLE 25. Farms Reporting Certain Crops by Counties, Nova Scotia, 1930

No.	Crops	Province	Annapolis	Antigonish	Cape Breton	Colchester	Cumberland	Digby	Guysborough	Halifax
		No.	No.	No.	No.	No.	No.	No.	No.	No.
1	Wheat(1)		27	367	16	113		3	14	38
2	Barley		229	347	17	379		162	46	97
3	Oats		1,097	1,223	679	1,855		609	618	551
4	Rye		8	4	4	3		10	-	-
5	Corn, for husking		19	3	-	4		4	2	-
6	Flax, for seed			3	-			-	-	1
7	Buckwheat			34	5			19	38	58
8	Beans			76	9			119	43	92
9	Peas			9	7			30	19	81
10	Mixed grains			28	2			12	-	14
11	Timothy and clover			1,654	1,942	2,		1,986	1,275	2,342
12	Alfalfa			7	9			3	11	9
13	Grasses			-	56			162	2	-
14	Corn, for fodder			1	1			19	-	7
15	Sweet clover			2	1			-	1	1
16	Potatoes			1,469	1,848			1,787	1,361	2,007
17	Roots			573	921			693	237	693
18	Tobacco			-	-			-	-	-

(1) There are 69 farms reporting fall wheat. This number has been added to the number of farms reporting spring wheat.

TABLEAU 24. Superficie des grandes cultures par comtés, Nouvelle-Ecosse, 1931

Hants	Inver- ness	Kings	Lunen- bûrg	Pic- tou	Queens	Rich- mond	Shel- burne	Vic- toria	Yar- mouth	Grandes cultures	No.
ac.	ac.	ac.	ac.	ac.	ac.	ac.	ac.	ac.	ac.		
49,531	40,355	65,169	28,897	62,354	5,846	5,624	1,909	17,699	9,907	Toutes grandes cultures.............	1
141	48	33	49	855	-	-	-	2	4	Tout blé.......................	2
8	6	2	6	33	-	-	-	-	4	Blé d'automne...................	3
31	5	2	3	22	-	-	-	-	-	Blé Durum.....................	4
102	37	29	20	798	-	13	-	2	-	Autre blé de printemps..........	5
501	191	590	771	1,894	13	12	1	65	57	Orge.........................	6
6,636	6,399	10,614	2,030	13,644	217	814	16	2,694	397	Avoine.......................	7
12	14	19	5	33	1	-	-	11	1	Seigle d'automne......	8
-	1	6	-	4	-	-	-	1	-	Seigle de printemps............	9
2	-	7	1	-	2	-	-	-	1	Maïs à grain.................	10
-	-	2	1	-	-	-	-	-	-	Graine de lin.................	11
133	15	449	32	353	2	2	-	8	1	Sarrasin.....................	12
104	17	173	19	10	17	-	8	1	5	Haricots (fèves)...............	13
6	2	11	2	4	1	-	3	-	1	Pois........................	14
375	20	717	12	755	1	1	-	4	13	Grains mélangés..............	15
37,138	29,555	46,295	23,317	40,911	5,230	4,088	1,636	12,763	8,195	Foin, cultivé (¹)...............	16
4,400	12,665	4,678	8,139	10,894	1,915	2,045	690	2,389	4,507	Mil.........................	17
32,644	16,789	41,535	15,093	29,793	3,298	1,920	929	10,330	3,677	Mil et trèfle.................	18
34	70	71	71	90	9	26	16	18	9	Luzerne.....................	19
35	13	2	-	7	5	-	-	-	2	Millet et mil de Hongrie.......	20
23	8	-	5	119	3	37	-	-	-	Brome.......................	21
-	30	-	2	-	-	-	-	-	-	Rye de l'ouest................	22
2	-	9	7	8	-	-	-	16	-	Trèfle d'odeur................	23
96	8	220	25	19	-	-	-	-	3	Maïs fourrager................	24
165	1,354	161	174	633	-	-	-	-	74	Foin de grain................	25
133	26	73	2	101	6	-	-	-	70	Grain coupé pour fourrage vert..	26
1,760	546	1,339	617	121	-	-	-	-	55	Autres cultures fourragères.......	27
1,419	1,880	3,383	1,486	2,154	-	-	-	-	682	Pommes de terre....	28
732	270	826	249	753	4	-	-	-	279	Navets et choux de Siam........	29
149	8	187	105	98	14	-	-	-	33	Betteraves fourragères.......	30
6	1	63	10	5	-	-	-	-	5	Carottes pour fourrage..........	31
-	-	-	-	-	-	-	-	-	-	Betteraves à sucre.............	32
23	-	1	10	9	-	-	-	-	30	Autres racines................	33
-	-	-	-	-	-	-	-	-	-	Tabac......................	34
-	-	-	-	-	-	-	-	-	-	Houblon.....................	35
-	-	-	-	-	-	-	-	-	-	Lin fibreux..................	36
-	-	-	-	-	-	-	-	-	-	Chanvre.....................	37
-	-	-	-	-	-	-	-	-	1	Autres cultures...............	38

(¹) Comprend la luzerne, les trèfles et toutes les herbes.

**TABLEAU 25. Nombre de fermes rapportant certaines cultures par comtés,
Nouvelle-Ecosse, 1930**

Hants	Inver- ness	Kings	Lunen- burg	Pic- tou	Queens	Rich- mond	Shel- burne	Vic- toria	Yar- mouth	Grandes cultures	No.
No.	No.	No.	No.	No.	No.	No.	No.	No.	No.		
99	33	16	35	481	1	-	-	5		....	1
252	139	214	1,243	721	21	11	-	35		....	2
1,270	2,013	1,739	1,736	1,896	159	458	32	812		re.....	3
4	7	8	7	2	-	-	-	3		....	4
7	10	10	10	2	3	-	-	-		m.......	5
-	1	-	-	-	-	-	-	-		lin......	6
131	11	247	84	221	-	-	-	5		....	7
471	118	332	491	38	-	12	21	3		....	8
29	12	18	26	16	-	5	20	1		gés......	9
116	8	115	12	172	-	1	-	5		....	10
2,200	2,846	2,591	3,375	2,762	-	1,356	648	1,159		....	11
11	14	10	17	26	-	10	7	9		....	12
8	8	2	63	9	-	20	-1	1		....	13
58	3	167	95	50	-	-	-	-		....	14
3	1	2	5	2	-	1	1	4		....	15
1,935	2,748	2,109	3,163	2,365	-	1,306	554	1,222		....	16
1,093	859	1,171	1,302	1,218	-	353	196	388		....	17
										....	18

(¹) Il y a 69 fermes qui rapportent du blé d'automne. Ce nombre a été ajouté au nombre de fermes rapportant du blé de printemps.

TABLE 26. Field Crops—Grains and Seeds by Counties, Nova Scotia, 1930

№	Crops	Unit	Province	Annapolis	Anti-gonish	Cape Breton	Col-chester	Cum-berland	Digby
1	All field crops.......................	ac.	574,021	41,524	29,269	20,459	67,391	79,222	17,257
2		$	13,031,376	779,671	686,849	678,341	1,368,892	1,309,489	449,730
3	*Grains and seeds................*	ac.	96,692	4,023	6,521	1,562	12,715	19,539	873
4		$	2,023,279	105,513	129,483	28,995	274,818	337,712	25,884
5	*Fodder crops, potatoes, roots and*	ac.	477,329	37,501	22,748	18,891	54,676	59,683	16,584
6	*other crops.*	$	11,008,097	674,158	557,396	649,346	1,093,869	971,777	423,846
	Grains and seeds—								
7	*Wheat, all.................*	ac.	2,913	21	894	10	156	790	1
8		bu.	50,366	559	11,661	218	3,393	14,169	40
9		$	57,332	882	16,418	197	3,481	14,884	42
10	Wheat, fall..................	ac.	104	3	5	4	29	23	–
11		bu.	2,813	86	177	105	965	473	–
12		$	3,256	172	228	84	965	730	–
13	Wheat, Durum..................	ac.	228	8	32	–	2	132	–
14		bu.	3,679	186	383	–	60	2,108	15
15		$	4,590	372	535	–	60	2,902	11
16	Wheat, other spring.........	ac.	2,581	10	657	6	125	635	1
17		bu.	43,866	287	11,101	113	2,368	11,578	25
18		$	49,386	338	14,655	113	2,456	11,252	31
19	Barley......................	ac.	7,018	255	470	15	798	1,366	137
20		bu.	208,524	7,956	12,752	372	24,871	37,096	4,476
21		$	177,490	8,286	10,708	289	16,653	31,298	5,012
22	Oats.......................	ac.	78,750	3,118	5,240	1,520	10,796	14,327	684
23		bu.	2,614,359	115,115	150,584	41,445	393,461	482,909	25,399
24		$	1,600,173	76,819	100,575	28,071	231,247	289,772	18,449
25	*Rye, all................*	ac.	146	17	9	2	11	11	2
26		bu.	3,724	422	336	45	515	421	40
27		$	2,769	378	202	45	91	147	40
28	Rye, fall...............	ac.	138	16	9	2	11	11	2
29		bu.	3,526	410	336	45	315	421	40
30		$	2,569	360	202	45	91	147	40
31	Rye, spring.................	ac.	8	1	–	–	–	–	–
32		bu.	198	12	–	–	–	–	–
33		$	200	18	–	–	–	–	–
34	Corn, for husking...........	ac.	36	12	1	–	1	2	3
35		bu.	1,421	415	24	–	101	41	88
36		$	873	209	10	–	51	22	53
37	Flax, for seed...............	ac.	4	–	1	–	–	2	–
38		bu.	29	–	6	–	–	17	–
39		$	62	–	18	–	–	26	–
40	Buckwheat..................	ac.	3,710	169	19	8	314	2,201	15
41		bu.	73,904	3,252	411	93	7,333	43,573	324
42		$	59,005	3,599	425	79	5,534	30,993	331
43	Beans......................	ac.	723	160	13	3	20	73	23
44		bu.	13,552	2,951	200	65	359	1,179	498
45		$	35,755	8,025	519	150	1,070	3,168	1,391
46	Peas......................	ac.	64	4	1	1	2	15	4
47		bu.	1,609	119	25	30	53	257	208
48		$	3,410	242	56	60	182	600	341
49	Mixed grains..............	ac.	3,428	267	73	3	617	752	4
50		bu.	117,782	9,733	1,954	120	23,805	22,703	217
51		$	82,263	7,076	1,444	96	16,133	14,674	217
52	All clover seed.............	bu.	79	10	–	–	1	35	–
53		$	957	–	64	–	15	424	–
54	All grass seed..............	bu.	460	–	2	1	51	273	1
55		$	3,190	–	14	8	361	1,704	8

TABLEAU 26. Grandes cultures—Céréales et graines par comtés, Nouvelle-Écosse, 1930

Guysborough	Halifax	Hants	Inverness	Kings	Lunenburg	Pictou	Unité	Grandes cultures	No.
9,476	21,747	49,509	40,232	64,979	29,211	61,711	ac.	Toutes grandes cultures	1
320,132	547,719	947,102	1,066,203	1,462,548	843,548	1,326,803	$		2
1,278	2,107	7,202	6,071	11,429	2,919	16,575	ac.	Céréales et graines	3
35,351	59,499	156,932	134,382	252,217	88,225	317,310	$		4
8,201	19,640	42,307	84,161	53,550	26,292	45,785	ac.	Cultures fourragères, pommes de terre, racines et autres cultures	5
284,791	494,520	790,170	931,921	1,210,328	755,323	1,009,493	$		6
								Céréales et graines—	
12	34	138	37	23	28	862	ac.	Tout blé	7
221	853	3,195	673	455	719	14,113	bo.		8
325	961	2,978	754	507	763	15,997	$		9
1	-	14	2	2	6	13	ac.	Blé d'automne	10
22	-	440	33	60	182	227	bo.		11
14	-	440	33	90	246	200	$		12
-	-	27	5	2	1	18	ac.	Blé Durum	13
-	-	502	80	38	3	286	bo.		14
-	-	434	80	38	3	229	$		15
11	34	97	30	19	21	831	ac.	Autre blé de printemps	16
199	863	2,223	560	357	534	13,600	bo.		17
311	961	2,104	641	379	514	15,568	$		18
43	120	482	138	455	803	1,821	ac.	Orge	19
1,659	3,767	15,058	3,751	13,128	25,425	55,189	bo.		20
1,798	3,511	9,821	3,744	14,202	26,320	43,337	$		21
1,197	1,858	5,954	5,853	9,710	1,979	12,861	ac.	Avoine	22
44,894	72,519	214,025	177,050	339,693	77,447	389,216	bo.		23
32,175	45,745	125,644	127,404	206,225	56,182	234,592	$		24
-	-	9	12	26	11	23	ac.	Tout seigle	25
-	-	210	401	464	283	450	bo.		26
-	-	168	321	475	270	358	$		27
-	-	8	12	19	11	23	ac.	Seigle d'automne	28
-	-	195	401	297	281	450	bo.		29
-	-	156	321	308	268	338	$		30
-	-	1	-	6	-	-	ac.	Seigle de printemps	31
-	-	15	-	167	2	-	bo.		32
-	-	12	-	167	2	-	$		33
-	-	2	1	8	3	1	ac.	Maïs à grain	34
9	-	65	24	290	97	165	bo.		35
5	-	29	12	290	59	83	$		36
-	-	-	-	1	-	-	ac.	Graine de lin	37
-	-	-	-	6	-	-	bo.		38
-	-	-	-	18	-	-	$		39
17	32	134	4	429	31	323	ac.	Sarrasin	40
444	937	2,617	104	6,382	727	7,521	bo.		41
655	798	2,046	104	7,290	709	6,228	$		42
5	14	141	14	150	54	6	ac.	Haricots (fèves)	43
107	321	2,824	355	2,569	1,063	191	bo.		44
353	767	6,793	1,408	6,159	3,467	382	$		45
1	11	4	1	4	1	4	ac.	Pois	46
20	270	138	54	77	47	66	bo.		47
40	509	288	99	176	128	172	$		48
-	38	338	11	624	9	677	ac.	Grains mélangés	49
-	1,115	12,378	209	23,288	326	21,481	bo.		50
-	892	8,840	136	16,592	227	15,661	$		51
-	-	15	-	16	-	2	bo.	Toutes graines de trèfle	52
-	-	285	-	153	-	16	$		53
-	1	5	17	26	-	78	bo.	Toutes graines d'herbe	54
-	16	40	300	130	-	504	$		55

TABLE 26. Field Crops—Grains and Seeds by Counties, Nova Scotia, 1930—Con.

TABLEAU 26. Grandes cultures—Céréales et graines par comtés, Nouvelle-Écosse, 1930—fin

No.	Crops	Unit — Unité	Queens	Richmond	Shelburne	Victoria	Yarmouth	Grandes cultures
1	All field crops...........	ac.	5,903	5,785	2,003	18,273	10,076	Toutes grandes cultures.
2		$	139,423	221,661	76,930	449,793	356,755	
3	Grains and seeds,................	ac.	231	714	31	2,486	416	Céréales et graines,
4		$	5,551	17,765	632	48,488	10,957	
5	Fodder crops, potatoes, roots	ac.	5,672	5,071	1,972	15,787	9,660	Cultures fourragères, pom-
6	and other crops,	$	133,872	203,896	76,298	401,305	345,798	mes de terre, racines et autres cultures.
	Grains and seeds,—							Céréales et graines,—
7	Wheat, all..............	ac.	1	–	–	3	3	Tout blé.
8		bu.	10	–	–	38	71	
9		$	8	–	–	38	97	
10	Wheat, fall...............	ac.	–	–	–	–	2	Blé d'automne.
11		bu.	–	–	–	–	43	
12		$	–	–	–	–	54	
13	Wheat, Durum............	ac.	–	–	–	–	1	Blé Durum
14		bu.	–	–	–	3	15	
15		$	–	–	–	3	23	
16	Wheat, other spring......	ac.	1	–	–	3	–	Autre blé de printemps.
17		bu.	10	–	–	35	13	
18		$	8	–	–	35	20	
19	Barley..................	ac.	13	11	–	54	37	Orge.
20		bu.	365	339	–	1,144	1,136	
21		$	347	237	–	862	965	
22	Oats....................	ac.	186	702	19	2,408	338	Avoine.
23		bu.	6,146	23,522	367	58,605	11,962	
24		$	4,066	17,395	277	47,107	8,433	
25	Rye, all.................	ac.	1	–	–	12	1	Tout seigle.
26		bu.	–	–	–	304	33	
27		$	–	–	–	274	20	
28	Rye, fall.................	ac.	1	–	–	12	1	Seigle d'automne.
29		bu.	–	–	–	304	31	
30		$	–	–	–	274	19	
31	Rye, spring..............	ac.	–	–	–	–	–	Seigle de printemps.
32		bu.	–	–	–	–	2	
33		$	–	–	–	–	1	
34	Corn, for husking........	ac.	1	–	–	–	1	Maïs à grain.
35		bu	21	–	–	–	81	
36		$	9	–	–	–	41	
37	Flax, for seed...........	ac.	–	–	–	–	–	Graine de lin.
38		bu.	–	–	–	–	–	
39		$	–	–	–	–	–	
40	Buckwheat..............	ac.	6	–	–	6	2	Sarrasin.
41		bu.	100	–	–	60	26	
42		$	100	–	–	101	16	
43	Beans..................	ac.	18	1	8	–	20	Haricots (fèves)
44		bu.	323	20	109	5	413	
45		$	822	52	215	10	1,004	
46	Peas...................	ac.	3	–	4	–	4	Pois.
47		bu.	52	9	65	1	118	
48		$	139	25	140	2	211	
49	Mixed grains,...........	ac.	2	–	–	3	10	Grains mélangés.
50		bu.	85	–	–	60	340	
51		$	60	–	–	45	170	
52	All clover seed..........	bu.	–	–	–	–	–	Toutes graines de trèfle.
53		$	–	–	–	–	–	
54	All grass seed...........	bu.	–	7	–	7	–	Toutes graines d'herbe.
55			–	56	–	49	–	

TABLE 27. Field Crops—Fodder Crops, Potatoes, Roots and Other Crops by Counties, Nova Scotia, 1930

TABLEAU 27. Grandes cultures—Cultures fourragères, pommes de terre, racines et autres cultures par comtés, Nouvelle-Écosse, 1930

No.	Crops	Unit — Unité	Province	Anna-polis	Anti-gonish	Cape Breton	Col-chester	Grandes cultures
1	All field crops............	ac.	574,021	41,524	29,269	20,453	67,391	Toutes grandes cultures.
2		$	13,031,376	779,671	686,849	678,341	1,368,682	
3	Grains and seeds..............	ac.	96,692	4,023	6,521	1,562	12,715	Céréales et graines.
4		$	2,023,232	105,513	129,462	28,245	274,813	
5	Fodder crops, potatoes, roots	ac.	477,329	37,501	22,743	18,891	54,676	Cultures fourragères, pom-
6	and other crops.	$	11,008,097	674,158	557,390	649,346	1,093,869	mes de terre, racines et autres cultures.
	Fodder crops—							**Cultures fourragères**
7	Hay, cultivated(1).........	ac.		35,029	19,747	14,796	51,528	Foin, cultivé(1).
8		tons		34,889	26,339	19,732	67,874	
9		$		451,376	384,528	388,394	708,315	
10	Timothy...............	ac.		8,246	8,784	5,558	9,327	Mil.
11		tons		7,708	11,555	7,006	12,380	
12		$		102,494	156,036	129,825	137,716	
13	Timothy and clover...,	ac.		25,809	10,932	8,748	42,170	Mil et trèfle.
14		tons		26,291	14,722	12,281	55,446	
15		$		338,046	217,562	238,911	570,115	
16	Alfalfa..........	ac.		65	21	29	15	Luzerne.
17		tons		96	33	40	24	
18		$		1,920	495	800	240	
19	Sweet clover............	ac.		24	13	–	4	Trèfle d'odeur.
20		tons		26	29	1	4	
21		$		468	435	10	44	
22	Millet and Hungarian	ac.		885	–	–	–	Millet et mil de Hongrie.
23	grass.	tons		768	–	–	–	
24		$		8,448	–	–	–	
25	Brome grass............	ac.		–	–	461	12	Brome.
26		tons		–	–	404	20	
27		$		–	–	4,848	200	
28	Western rye grass.......	ac.		–	–	–	–	Rye de l'ouest.
29		tons		–	–	–	–	
30		$		–	–	–	–	
31	Marsh hay..............	tons		1,800	2,318	557	668	Foin des marais.
32		$		17,444	25,920	8,134	3,000	
33	Corn, for fodder........	ac.		48	2	2	23	Maïs fourrager
34		tons		563	22	10	249	
35		$		2,263	110	36	2,121	
36	Grains cut for hay......,	ac.		831	529	2,035	170	Foin de grain.
37		tons		599	1,000	4,016	313	
38		$		7,338	12,152	57,655	2,536	
39	Grains cut for summer	ac.		164	26	96	98	Grain coupé pour four-
40	feeding.	tons		508	45	301	366	rage vert.
41		$		3,409	592	4,293	2,830	
42	Sunflower..............	ac.		8	8	–	9	Tournesol.
43		tons		14	60	2	223	
44		$		70	480	16	1,561	
45	Other fodder crops......	ac.		25	1,221	53	96	Autres cultures four-
46		tons		100	1,205	410	451	ragères.
47		$		700	9,640	2,275	4,059	
	Potatoes and roots—							**Pommes de terre et racines—**
48	Potatoes...............	ac.	22,069		984		1,519	Pommes de terre.
49		bu.	3,635,857		138,858		304,590	
50		$	2,033,559		88,684		137,642	
51	Turnips and swedes.....	ac.	6,931		226		1,054	Navets et choux de Siam.
52		bu.	3,044,257		77,857		669,260	
53		$	1,050,482		34,539		191,663	
54	Mangolds and sugar beets	ac.	1,017		2		171	Betteraves fourragères et
55		bu.	443,074		1,000		116,835	betteraves à sucre.
56		$	161,087		472		38,074	
57	Carrots, for feed........	ac.	121		1		3	Carottes, pour fourrage.
58		bu.	31,717		160		2,271	
59		$	19,291		156		701	
60	Other field roots........	ac.	109		2		5	Autres racines.
61		bu.	17,653		174	785	2,730	
62		$	12,929		123	784	1,367	
	Other crops—							**Autres cultures—**
63	Tobacco...............	ac.		–	–	–	–	Tabac.
64		lb.		–	–	–	–	
65		$		–	–	–	–	
66	Hops...................	ac.		–	–	–	–	Houblon.
67		lb.	303	–	–	–	–	
68		$	37	–	–	–	–	
69	Flax, for fibre..........	ac.		–	–	–	–	Lin fibreux.
70		lb.	20	–	–	–	–	
71		$	5	–	–	–	–	
72	Hemp..................	ac.		–	–	–	–	Chanvre.
73		lb.		–	–	–	–	
74		$		–	–	–	–	
75	Other crops...........	ac.	5	–	–	–	–	Autres cultures.
76		lb.	5,440	–	–	–	–	
77		$	153	–	–	–	–	

(1) Includes alfalfa, clovers and all grasses.
(1) Comprend la luzerne, les trèfles et toutes les herbes.

TABLE 27. Field Crops—Fodder Crops, Potatoes, Roots and Other Crops by Counties, Nova Scotia, 1930—Con.

No.	Crops	Unit	Cumberland	Digby	Guysborough	Halifax	Hants	Inverness	Kings
1	All field crops	ac.	79,222	17,257	9,476	21,747	49,509	40,232	64,979
2		$	1,309,489	449,730	329,132	547,219	947,102	1,066,203	1,462,545
3	Grains and seeds	ac.	19,559	873	1,276	2,107	7,202	6,071	11,429
4		$	337,712	25,884	36,351	63,199	156,932	134,282	268,217
5	Fodder crops, potatoes, roots and other crops	ac.	59,685	16,384	8,201	19,640	42,307	34,161	53,550
6		$	971,777	423,846	284,781	484,520	790,170	931,921	1,210,328
	Fodder crops—								
7	Hay, cultivated(1)	ac.		14,624	5,956	18,185	37,803	30,358	
8		tons		16,107	8,466	24,097	46,162	40,581	
9		$		263,067	151,576	319,506	632,908	869,302	
10	Timothy	ac.		6,563	867	4,744	4,594	13,098	
11		tons		6,776	1,333	6,418	4,985	17,473	
12		$		122,737	26,394	103,512	58,574	283,955	
13	Timothy and clover	ac.		5,954	5,042	13,375	33,122	17,137	
14		tons		7,226	7,062	17,604	41,078	22,972	
15		$		126,214	123,790	214,439	474,996	383,051	
16	Alfalfa	ac.		3	42	66	22	58	
17		tons		8		76	38	83	
18		$		160	1,320	1,520	514	1,660	
19	Sweet clover	ac.		-	-	-	5	-	
20		tons		1			2	3	-
21		$		18			40	36	-
22	Millet and Hungarian grass	ac.		1,104	-	-	-	36	13
23		tons	47	1,097	-	-	-	52	12
24		$	329	13,957	-	-	-	728	144
25	Brome grass	ac.	66	-	-	-	-	24	-
26		tons		-	-	-	-	6	-
27		$		-	54	-	-	60	-
28	Western rye grass	ac.		-	-	-	-	30	-
29		tons		-	-	-	-	12	-
30		$		-	-	-	-	144	-
31	Marsh hay	tons		961	3,021	1,380	557	1,882	
32		$		8,204	44,214	19,215	4,051	21,006	
33	Corn, for fodder	ac.		11	-	18	115	-	
34		tons		75	-	212	1,058	-	
35		$		376	-	1,060	4,553	-	
36	Grains cut for hay	ac.		269	154	185	224	1,115	
37		tons		535	317	474	384	2,024	
38		$		6,814	4,404	6,782	4,588	28,734	
39	Grains cut for summer feeding	ac.		59	6	27	173	39	
40		tons		143	10	142	375	97	
41		$		1,836	117	1,441	3,161	1,461	
42	Sunflower	ac.		-	-	-	25	-	
43		tons		1	-	2	181	-	
44		$		4	-	16	577	-	
45	Other fodder crops	ac.		2	1,467	122	1,808	543	
46		tons		11	1,704	286	1,712	595	
47		$		110	21,836	2,860	8,908	6,890	
	Potatoes and roots—								
48	Potatoes	ac.			566	797	1,307	1,832	3,595
49		bu.			72,059	138,355	202,030	226,953	649,798
50		$			54,042	97,928	103,140	166,207	323,226
51	Turnips and swedes	ac.			50	254	709	271	799
52		bu.			16,880	99,248	321,967	79,666	353,561
53		$			8,335	98,779	104,183	37,602	96,744
54	Mangolds and sugar beets	ac.			1	34	126	3	153
55		bu.			199	10,938	56,829	945	60,304
56		$			100	4,199	20,610	595	47,524
57	Carrots, for feed	ac.			-	2	5	-	52
58		bu.			105	422	773	90	12,531
59		$			105	301	372	61	7,627
60	Other field roots	ac.			1	16	12	-	7
61		bu.		858	86	2,634	1,621	71	600
62		$		524	52	2,434	1,118	50	210
	Other crops—								
63	Tobacco	ac.		-	-	-	-	-	-
64		lb.		-	-	-	-	-	-
65		$		-	-	-	-	-	-
66	Hops	ac.		-	-	-	-	-	-
67		lb.		-	-	-	-	3	85
68		$		-	-	-	-	1	13
69	Flax, for fibre	ac.		-	-	-	-	-	-
70		lb.		-	-	-	-	-	-
71		$		-	-	-	-	-	-
72	Hemp	ac.		-	-	-	-	-	-
73		lb.		-	-	-	-	-	-
74		$		-	-	-	-	-	-
75	Other crops	ac.		-	-	-	-	-	-
76		lb.		-	-	-	-	-	-
77		$		-	-	-	-	-	-

(1) Includes alfalfa, clovers and all grasses.

TABLEAU 27.   Grandes cultures—Cultures fourragères, pommes de terre, racines et autres cultures par comtés, Nouvelle-Ecosse, 1930—fin

Lunenburg	Pictou	Queens	Richmond	Shelburne	Victoria	Yarmouth	Unité	Grandes cultures	No.
29,211	61,711	5,903	5,785	2,003	18,273	10,076	ac.	Toutes grandes cultures ..	1
843,548	1,326,803	139,423	221,661	76,930	449,793	356,755	$		2
2,919	16,578	231	714	31	2,486	416	ac.	Céréales et graines........	3
88,225	317,310	5,561	17,765	632	48,488	10,967	$		4
26,292	45,133	5,672	5,071	1,972	15,787	9,660	ac.	Cultures fourragères, pommes de terre, racines et	5
755,323	1,009,493	133,872	203,896	76,298	401,305	345,798	$	autres cultures.	6
								Cultures fourragères—	
23,468	41,228	5,250	4,376			8,389	ac.	Foin, cultivé(¹)....,......	7
28,644	53,070	6,056	7,865			11,513	ton		8
472,943	681,717	81,296	133,875			187,213	$		9
8,120	11,129	1,895	2,144			4,603	ac.	Mil.....................	10
9,605	13,039	1,922	4,205	1,008		6,432	ton.		
149,957	174,042	31,463	72,130	9		101,176	$		
15,271	29,868	3,334	2,115			3,778	ac.	Mil et trèfle.........,....	
18,903	39,717	3,112	3,510	1,367		5,071	ton.		
320,970	503,764	49,495	59,629	2 8		85,902	$		
59	100	11	20			4	ac.	Luzerne...............	
93	168	10	38			4	ton.		
1,358	2,022	200	760	528		60	$		
6	9	2	–	1		1	ac.	Trèfle d'odeur.........	
13	47	3	–			3	ton.		
208	705	30	–	22		30	$		
–	–	5	2	–	–	3	ac.		
–	–	6	4	–	–	3	ton.		
–	–	72	60	–	–	45	$		
7	122	3	95	–	–	–	ac.	Brome...............	
10	99	3	108	–	–	–	ton.		
120	1,187	36	1,296	–	–	–	$		
5	–	–	–	–	–	–	ac.	Rye de l'ouest	
20	–	–	–	–	–	–	ton.		
300	–	–	–	–	–	–	$		
4,030	752	663	1,235	327			ton.	Foin des marais........	
44,094	7,083	7,672	10,018	3,530			$		
59	37	5	2	1	–		ac.	Maïs fourrager..........	
515	316	32	24	3	–		ton.		
3,571	1,580	160	96	12	–		$		
216	963	46	78	49	1,199		ac.	Foin de grain....,....	
511	1,584	85	147	90	1,643		ton.		
7,638	19,101	1,277	1,854	1,475	25,681		$		
5	117	8	19	5	119		ac.		
15	191	15	41	14	221		ton.		
99	2,094	225	492	210	2,652		$		
2	1	–	–	9	1	–	ac.	Tournesol....	
13	16	–	–	24	9	–	ton.		
78	165	–	–	120	45	–	$		
559	139	15	19	1	379	62	ac.		
562	274	18	17	3	353	72	ton.		
7,709	2,970	216	170	46	3,177	556	$		
								Pommes de terre et racines—	
1,548	1,961	285	473	167		645	ac.	Pommes de terre.......	
246,974	339,905	49,867	69,353	20,519		100,963	bo.		
160,964	180,116	32,853	44,777	17,461		74,578	$		
277	613	47	101	40		269	ac.		
78,948	246,059	15,665	25,875	6,861		127,702	bo.		
38,178	101,297	7,700	12,221	4,071		51,712	$		
109	66	11	3	4		43	ac.		
34,198	29,791	3,430	558	1,290		16,468	bo.		
17,720	11,963	1,935	251	592		5,347	$		
5	1	3	–	–		8	ac.		
2,314	1,027	616	70	162		1,245	bo.		
2,012	590	486	29	133		596	$	Autres racines..........	
3	7	2	–	–		27	ac.		
416	1,087	99	113	49		3,998	bo.		
295	816	52	113	49		3,301	$		
								Autres cultures—	
–	–	–	–	–	–	–	ac.	Tabac...............	
–	–	–	–	–	–	–	lb.		
–	–	–	–	–	–	–	$		
–	–	–	–	–	–	–	ac.	Houblon.............	
5	10	–	–	200	–	–	lb.		
2	1	–	–	20	–	–	$		
–	–	–	–	–	–	–	ac.	Lin fibreux............	
20	–	–	–	–	–	–	lb.		
5	–	–	–	–	–	–	$		
–	–	–	–	–	–	–	ac.	Chanvre...............	
–	–	–	–	–	–	–	lb.		
–	–	–	–	–	–	4	ac.	Autres cultures.........	
1	–	–	–	–	–	5,390	lb.		
50	–	–	–	–	–	108	$		77
45	–	–	–	–	–				

(¹)Comprend la luzerne, les trèfles et toutes les herbes.

TABLE 28. Fruits on Farms, Trees, 1931, Production and Value, 1930, by Counties, Nova Scotia

No.	Fruits and maple products	Unit	Province	Ann-apolis	Anti-gonish	Cape Breton	Col-chester	Cumber-land	Digby	Guys-borough	Halifax
1	Total value, all fruits and maple products.	$	3,399,377	457,240	13,465	18,393	34,305	63,076	29,735	5,128	11,832
	ORCHARD FRUITS										
2	Value of all orchard fruits.....1930	$	3,216,604	450,704	12,596	13,160	14,276	25,433	24,942	3,960	8,184
3	*Farms reporting orchard trees 1931*	*No.*	*21,297*	*1,795*	*814*	*797*	*1,263*	*1,671*	*1,345*	*357*	*740*
	Apples—										
4	Trees, not of bearing age....1931	No.	366,563	42,913	1,539	920	2,691	3,980	2,055	401	944
5	Trees, of bearing age........1931	"	1,816,384	353,140	9,245	9,161	21,958	43,261	40,334	2,876	8,764
6	Fruit produced.............1930	ou.	4,905,728	780,360	12,419	10,431	16,465	27,058	40,961	3,640	8,867
7	Value of fruit.............1930	$	3,152,530	440,481	11,294	10,952	13,032	22,211	21,776	3,275	7,689
	Crab apples—										
8	Trees, not of bearing age... 1931	No.	690	4	35	48	84	87	32	27	11
9	Trees, of bearing age.......1931	"	8,216	183	430	599	862	1,596	226	291	256
10	Fruit produced...........1930	bu.	11,738	380	788	861	950	1,707	419	491	396
11	Value of fruit.............1930	$	10,736	275	725	1,293	708	1,438	324	482	387
	Peaches—										
12	Trees, not of bearing age....1931	No.	108	37	–	–	5	2	5	–	2
13	Trees, of bearing age.......1931	"	487	193	2	–	12	5	10	1	1
14	Fruit produced.............1930	bu.	340	125	5	–	–	–	5	–	–
15	Value of fruit.............1930	$	536	206	4	–	–	–	5	–	–
	Pears—										
16	Trees, not of bearing age....1931	No.	2,725	638	30	8	124	183	103	10	6
17	Trees, of bearing age.......1931	"	16,355	3,149	21	19	172	417	410	17	16
18	Fruit produced............1930	bu.	21,145	4,215	23	16	70	203	413	13	26
19	Value of fruit.............1930	$	21,856	3,952	32	20	124	376	467	15	43
	Plums—										
20	Trees, not of bearing age....1931	No.	10,856	1,314	295	298	458	770	218	42	55
21	Trees, of bearing age.......1931	"	20,462	2,845	231	758	415	1,391	218	51	93
22	Fruit produced............1930	bu.	9,499	1,010	97	191	141	432	90	36	32
23	Value of fruit.............1930	$	17,946	2,177	221	635	303	836	198	96	59
	Cherries—										
24	Trees, not of bearing age....1931	No.	2,217	168	71	60	226	276	117	8	11
25	Trees, of bearing age.......1931	"	14,033	1,282	376	421	808	2,340	757	128	26
26	Fruit produced............1930	bu.	2,888	708	78	49	19	117	473	29	1
27	Value of fruit.............1930	$	13,000	3,613	320	260	109	572	2,172	92	6
	GRAPES AND SMALL FRUITS										
28	Area under small fruits........1930	ac.	819	33	4	15	73	113	22	8	9
29	Value of grapes and small fruits. 1930	$	163,957	5,853	865	5,227	18,962	24,330	4,603	1,138	3,622
30	Area under grapes and small fruits. 1931	ac.	941	41	6	25	88	120	27	10	12
	Grapes—										
31	Vines, not of bearing age....1931	No.	401	31	–	–	–	4	10	–	2
32	Vines, of bearing age.......1931	"	910	59	–	–	2	16	32	–	–
33	Fruit produced...........1930	lb.	26,855	1,347	–	–	–	420	586	–	–
34	Value.................1930	$	2,065	108	–	–	–	34	44	–	–
	Strawberries—										
35	Production.................1930	qts.	1,277,326	44,193	4,602	25,804	182,530	195,694	30,082	4,716	15,070
36	Value.................1930	$	141,481	4,810	815	4,858	18,430	21,140	3,492	835	2,576
	Raspberries—										
37	Production................1930	qts.	49,046	3,638	–	744	921	10,177	5,170	8	2,859
38	Value.................1930	$	9,431	458	–	175	206	2,133	895	1	593
	Blackberries—										
39	Production.................1930	qts.	3,565	271	40	162	165	191	70	48	127
40	Value.................1930	$	513	44	3	38	54	35	10	5	26
	Currants—										
41	Production................1930	qts.	7,941	967	76	472	385	684	30	176	479
42	Value.................1930	$	1,156	104	14	120	58	84	5	28	89
	Loganberries—										
43	Production.................1930	qts.	690	6	–	–	100	–	–	–	500
44	Value.................1930	$	78	1	–	–	15	–	–	–	54
	Gooseberries—										
45	Production.................1930	qts.	26,813	2,888	77	178	1,443	5,869	796	151	1,745
46	Value.................1930	$	3,072	328	13	36	199	591	122	27	264
	Other small fruits—										
47	Production.................1930	qts.	68,667	–	400	–	–	3,644	500	1,978	100
48	Value.................1930	$	6,161	–	20	–	–	313	35	242	20
	MAPLE SYRUP AND SUGAR										
49	Trees tapped.................1931	No.	108,761	1,821	20	17	7,702	90,091	332	83	217
50	Maple syrup produced........1931	gals.	5,878	168	2	6	395	4,243	45	14	13
51	Maple sugar produced........1931	lb.	20,854	926	–	3	1,015	20,827	309	15	10
52	Value of maple syrup and 1931 sugar.	$	18,816	683	4	6	1,067	13,313	190	30	26
53	*Farms reporting maple products, 1931.*	*No.*	*416*	*42*	*1*	*2*	*43*	*84*	*21*	*6*	*5*

TABLEAU 28. Fruits des fermes, arbres, 1931, production et valeur, 1930, par comtés, Nouvelle-Ecosse

Hants	Inverness	Kings	Lunenburg	Pictou	Queens	Richmond	Shelburne	Victoria	Yarmouth	Unité	Fruits et produits de l'érable	No.
225,122	19,739	2,312,385	77,815	52,839	17,136	3,624	10,294	10,483	36,766	$	Valeur totale, tous fruits et produits de l'érable.	1
											FRUITS DES VERGERS	
217,981	17,541	2,274,430	70,975	29,782	13,588	2,721	9,586	8,829	17,916	$	Valeur de tous fruits des vergers. 1930	2
1,703	1,214	2,518	2,489	1,936	674	164	385	652	780	No.	Fermes déclarant des arbres 1931 fruitiers.	3
											Pommes—	
24,845	2,426	270,705	4,513	5,281	485	352	403	1,203	907	No.	Arbres, jeunes............1931	4
152,447	9,536	983,733	75,960	47,060	18,910	1,481	8,179	6,552	23,787	"	Arbres, d'âge à rapporter...1931	5
317,311	13,575	3,436,502	132,986	26,444	26,948	2,474	10,633	8,209	30,445	bo.	Production, volume.......1930	6
212,763	13,430	2,251,734	68,410	25,243	13,273	2,293	9,282	7,873	17,509	$	" valeur........1930	7
											Pommettes—	
13	87	109	30	45	1	5	5	67	–	No.	Arbres, jeunes 1931	8
416	562	322	399	1,433	69	88	87	263	134	"	Arbres, d'âge à rapporter...1931	9
670	1,002	850	713	1,192	133	247	202	569	168	bo.	Production, volume.......1930	10
507	1,134	597	521	1,084	101	265	154	579	162	$	" valeur........1930	11
											Pêches—	
13	–	20	19	3	–	–	–	2	–	No.	Arbres, jeunes 1931	12
15	3	163	57	9	2	5	–	2	6	"	Arbres, d'âge à rapporter...1931	13
3	3	87	94	10	1	–	–	4	3	bo.	Production, volume.......1930	14
4	2	224	61	20	2	–	–	5	3	$	" valeur........1930	15
											Poires—	
260	33	621	365	258	24	19	17	3	23	No.	Arbres, jeunes 1931	16
1,965	17	8,067	1,113	582	101	10	67	9	203	"	Arbres, d'âge à rapporter...1931	17
1,892	16	12,238	1,381	370	96	6	42	16	109	bo.	Production, volume.......1930	18
2,048	38	12,269	1,461	602	156	17	60	22	154	$	" valeur........1930	19
											Prunes—	
1,652	920	2,901	403	1,264	32	61	30	116	27	No.	Arbres, jeunes 1931	20
2,335	831	8,010	466	2,089	85	180	129	245	84	"	Arbres, d'âge à rapporter...1931	21
828	346	5,039	256	699	21	82	31	138	33	bo.	Production, volume.......1930	22
1,789	1,323	7,448	404	1,857	23	136	83	280	78	$	" valeur........1930	23
											Cerises—	
113	395	437	47	244	16	4	13	4	7	No.	Arbres, jeunes 1931	24
773	1,502	1,483	136	3,737	45	16	116	67	20	"	Arbres, d'âge à rapporter...1931	25
181	435	470	22	266	10	5	2	21	2	bo.	Production, volume.......1930	26
870	1,614	2,148	118	976	33	10	7	70	10	$	" valeur........1930	27
											RAISINS ET PETITS FRUITS	
30	5	297	18	97	13	2	2	7	71	ac.	Superficie en petits fruits.....1930	28
6,095	2,120	37,760	6,230	21,929	3,350	903	708	1,647	18,615	$	Valeur des raisins et des petits fruits. 1930	29
33	9	315	26	123	15	1	2	15	73	ac.	Superficie en raisins et petits fruits 1931	30
											Raisins—	
80	–	134	95	20	11	–	8	–	6	No.	Ceps, jeunes 1931	31
117	–	288	308	19	44	1	16	–	8	"	Ceps, d'âge à rapporter...1931	32
3,089	–	4,671	16,229	445	2,555	8	180	–	325	lb.	Production, volume.......1930	33
187	–	374	1,050	27	204	1	13	–	23	$	" valeur........1930	34
											Fraises—	
46,369	8,313	309,728	35,183	177,315	13,730	4,471	3,557	8,245	167,714	ptes	Production, volume.......1930	35
5,166	1,542	30,306	4,579	20,729	1,989	838	519	1,571	17,286	$	" valeur........1930	36
											Framboises—	
1,880	8	18,178	1,027	2,336	810	80	190	–	1,020	ptes	Production, volume.......1930	37
240	2	3,411	251	521	237	10	49	–	249	$	" valeur........1930	38
											Mûres—	
425	44	109	803	110	20	800	50	100	30	ptes	Production, volume.......1930	39
67	10	17	127	15	2	40	4	13	3	$	" valeur........1930	40
											Gadelles—	
1,413	1,136	604	437	160	171	–	138	78	335	ptes	Production, volume.......1930	41
135	231	80	57	24	21	–	24	18	64	$	" valeur........1930	42
											Mûres de Logan—	
–	–	–	64	–	–	–	10	–	10	ptes	Production, volume.......1930	43
–	–	–	6	–	–	–	1	–	1	$	" valeur........1930	44
											Groseilles et cassis—	
2,160	219	1,481	1,362	588	695	120	900	275	5,866	ptes	Production, volume.......1930	45
300	46	164	160	83	77	14	98	45	505	$	" valeur........1930	46
											Autres petits fruits—	
–	1,510	34,645	–	5,760	16,258	–	–	–	3,872	ptes	Production, volume.......1930	47
–	289	3,408	–	530	820	–	–	–	484	$	" valeur........1930	48
											SIROP ET SUCRE D'ÉRABLE	
2,365	122	501	1,262	2,996	416	–	–	36	700	No.	Érables incisés........1931	49
118	32	103	186	403	66	–	–	4	80	gals.	Production de sirop.........1931	50
2,207	28	153	652	376	223	–	–		110	lb.	" sucre........1931	51
1,046	79	195	610	1,128	198	–	–	7	235	$	Valeur du sirop et du sucre..1931	52
40	11	30	46	64	22	–	–	1	1	No.	Fermes déclarant des produits de l'érable, 1931.	53

TABLE 29. Live Stock on Farms by Counties, Nova Scotia, 1931

No.	Item	Unit	Province	Anna-polis	Anti-gonish	Cape Breton	Col-chester	Cum-berland	Digby	Guys-borough	Halifax
1	Value of all live stock.......	$	12,808,610	776,239	770,814	703,581	1,338,140	1,139,861	437,443	346,193	691,534
	DOMESTIC ANIMALS										
2	Total value.................	$	12,085,065	730,479	724,732	661,986	1,278,493	1,072,118	403,513	333,428	633,516
	Horses—										
3	Total number............	No.	43,074	2,365	2,560	2,140	4,494	5,133	727	1,443	1,997
4	Total value..............	$	3,985,210	225,412	235,159	211,467	386,974	431,559	64,405	116,451	191,409
5	Under 1 year...........	No.	951	29	80	30	94	135	1	35	17
6	From 1-2 years..........	"	973	37	111	34	104	116	10	38	11
7	Mares, 2 years and over....	"	20,453	1,156	1,190	1,072	2,160	2,336	310	605	879
8	Geldings, 2 years and over.	"	20,516	1,137	1,168	989	2,119	2,531	405	750	1,082
9	Stallions, 2 years and over(1).	"	181	6	11	15	17	15	1	15	8
10	Farms reporting horses.....	"	23,821	1,421	1,354	1,568	2,003	2,214	601	943	1,280
	Mules—										
11	Number..................	No.	19	–	–	2	1	–	–	–	–
12	Value...................	$	1,655	–	–	115	75	–	–	–	–
	Cattle—										
13	Total number............	No.	221,001	13,608	13,840	8,750	23,956	23,322	9,631	6,287	10,338
14	Total value.............	$	6,718,873	439,163	343,688	351,258	818,798	566,672	299,447	161,654	373,826
15	Under 1 year............	No.	43,126	2,853	2,930	1,316	4,586	5,378	1,609	1,150	1,837
16	Heifers, 1-2 years........	"	28,584	1,692	1,795	1,171	3,404	3,069	1,079	794	1,165
17	Steers, 1-2 years..........	"	11,674	924	1,380	42	765	1,684	719	510	415
18	Cows and heifers, 2 years and over.	"	118,790	6,847	6,484	5,979	13,972	11,582	4,172	3,153	5,977
19	Steers, 2 years and over...	"	14,376	1,126	1,049	10	730	1,103	1,961	556	717
20	Bulls, 1 year and over(1)..	"	4,451	166	202	232	499	506	91	124	227
21	Cows in milk or in calf.....	"	108,148	6,299	5,582	5,673	13,775	10,435	3,798	2,784	5,609
22	Farms reporting cows in milk or in calf.	"	31,155	1,808	1,447	1,738	2,113	2,259	1,766	1,260	1,959
	Sheep—										
23	Total number...........	No.	196,344	6,549	25,626	13,550	7,703	7,415	3,887	11,170	6,430
24	Total value...............	$	946,054	35,341	127,271	76,584	39,203	36,300	18,789	46,360	51,551
25	Under 1 year...........	No.	89,156	3,147	11,774	6,060	3,507	3,364	1,638	5,042	2,838
26	Ewes, 1 year and over.....	"	101,646	3,250	13,278	7,121	4,062	3,820	2,116	5,824	3,444
27	Rams, 1 year and over(1).	"	4,432	126	556	289	128	218	92	232	137
28	Wethers, 1 year and over..	"	1,110	26	18	80	6	13	21	75	1
29	Farms reporting sheep......	"	9,723	285	999	795	281	302	187	63	859
	Goats—										
30	Number.................	No.	48	4	–	1	4			1	19
31	Value..................	$	560	28	–	10	40	–	–	5	185
	Swine—										
32	Total number............	No.	43,865	2,802	1,798	1,283	3,435	4,491	1,835	922	3,898
33	Total value..............	$	432,713	30,535	18,614	12,552	33,403	37,587	20,872	8,858	36,735
34	Under 6 months..........	No.	33,266	1,859	1,391	1,165	2,720	3,421	1,312	806	2,890
35	Sows, 6 months and over(1)	"	5,949	487	269	68	494	694	191	81	523
36	Boars, 6 months and over(1).	"	454	30	17	9	36	44	22	-	52
37	Other hogs, 6 months and over	"	4,196	426	121	41	185	332	330	28	433
38	Farms reporting swine......	"	20,383	1,229	976	737	1,168	1,589	1,289	719	1,135
	POULTRY										
39	Total number.............	No.	1,280,115	73,815	74,028	71,948	106,424	117,924	66,002	21,779	118,151
40	Total value.............	$	714,686	43,469	46,042	51,575	59,477	67,468	33,895	12,765	57,879
41	Farms reporting poultry....	No.	30,167	1,665	1,318	1,672	2,068	2,500	1,625	1,181	2,016
	Hens and chickens—										
42	Total number............	No.	1,244,718	72,210	71,519	70,621	102,588	111,444	65,400	20,938	114,773
43	Total value..............	$	668,875	41,438	41,097	49,561	55,347	59,951	33,198	11,698	54,225
44	Hens, old stock..........	No.	631,014	35,321	39,217	42,660	50,254	59,017	29,800	15,111	43,956
45	Chickens hatched in 1931..	"	613,704	36,889	32,302	27,961	52,334	52,427	35,600	5,827	70,817
	Turkeys—										
46	Number.................	No.	11,182	194	1,902	253	1,463	2,024	92	325	1,243
47	Value..................	$	16,867	279	3,982	593	1,626	2,130	131	582	1,276
	Ducks—										
48	Number.................	No.	9,794	520	176	514	642	1,585	337	246	1,093
49	Value..................	$	7,199	346	148	525	457	1,308	259	156	769
	Geese—										
50	Number.................	No.	14,329	891	431	536	1,727	2,866	173	270	1,036
51	Value..................	$	21,051	1,406	815	874	2,040	4,070	307	629	1,600
	Other poultry—										
52	Number.................	No.	92	–	–	24	4	5	–	–	6
53	Value..................	$	94	–	–	22	7	9	–	–	8
	BEES										
54	Number of hives...........	No.	905	273	2	2	19	43	4	–	14
55	Value..................	$	9,059	2,291	40	20	170	275	35	-	140
56	Farms reporting bees.......	No.	115	57	1	1	3	3	4	-	3

(1) For breeding.

TABLEAU 29. Bétail sur les fermes par comtés, Nouvelle-Ecosse, 1931

Hants	Inverness	Kings	Lunenburg	Pictou	Queens	Richmond	Shelburne	Victoria	Yarmouth	Unité	Item	No.
1,034,562	1,045,646	1,235,363	743,185	1,192,795	161,242	248,830	123,476	413,813	406,093			
987,539	1,011,324	1,155,658	699,720	1,121,620	151,195	236,585	116,317	396,522	380,320	$	e............	2
3,309	4,384	4,625	1,614	4,663	365	1,009	122	1,540	584	No.	....	3
336,093	392,908	498,084	125,893	448,421	31,217	72,408	10,435	144,697	62,218	$	e..........	4
63	192	102	15	90	5	8	1	52	2	No.	....	
75	204	80	9	82	2	21	–	37	2	"	....	
1,548	2,070	2,182	827	2,240	179	573	74	766	286	"	....	
1,603	1,891	2,248	757	2,233	178	406	47	679	293	"	...	8
20	27	13	6	18	1	1	–	6	1	"		
1,570	*2,480*	*2,136*	*1,346*	*2,223*	*277*	*823*	*103*	*1,046*	*455*	"		
1	–	7	1	1	–	6	–	–	–	No.	e.....................	11
100	–	1,025	150	50	–	140	–	–	–	$	....	12
16,072	17,745	17,311	15,965	19,461	3,084	4,264	2,321	7,053	7,993	No.		13
573,922	399,904	558,835	493,381	560,695	107,471	105,142	94,986	180,403	288,828	$		14
2,816	3,828	3,623	3,161	3,515	542	814	357	1,386	1,425	No.	... .	15
2,166	2,425	2,294	1,751	2,780	349	519	254	936	941	"	....	
447	697	1,027	1,529	363	315	96	121	151	489	"		
9,804	9,822	9,239	6,548	12,035	1,358	2,577	1,084	4,234	3,923	"		
441	342	877	2,876	302	485	131	470	99	1,101	"		
398	631	251	100	466	35	127	35	247	114	"		
8,970	*9,052*	*8,259*	*6,018*	*11,036*	*1,240*	*2,310*	*986*	*3,928*	*3,592*	"		
1,844	*2,645*	*2,157*	*2,830*	*2,355*	*644*	*1,113*	*592*	*1,205*	*1,420*	"		
8,215	43,200	7,631	7,542	18,443	1,235	12,059	1,795	12,027	1,861	No.	....	
42,440	190,437	45,051	34,471	84,277	6,355	53,308	6,234	60,317	11,655	$		
3,871	19,753	3,692	3,481	8,022	477	5,541	610	5,684	625	No.	us.......	
4,135	22,190	3,687	3,837	10,010	697	6,256	952	6,045	922	"	...	
205	1,113	214	172	383	51	199	30	241	46	"		
4	144	38	52	28	10	63	203	57	268	"		
331	*2,100*	*257*	*574*	*757*	*66*	*799*	*78*	*816*	*75*	"		
2	–	10	–	4	–	–	–	–	3	No.	....	30
7	–	125	–	35	–	–	–	–	125	$	....	31
3,687	2,760	4,973	4,162	3,349	614	616	482	1,173	1,565	No.	....	
34,977	28,075	52,538	45,825	28,142	6,152	4,587	4,662	11,105	17,494	$		
2,863	2,122	3,365	2,747	2,798	501	601	461	982	1,262	No.	....	
533	314	974	528	436	39	8	5	117	188	"		
49	24	54	41	28	6	1	–	11	23	"		
242	300	580	846	87	68	6	16	63	92	"		
1,297	*1,787*	*1,598*	*2,373*	*1,457*	*423*	*550*	*417*	*712*	*927*	"		

VOLAILLES

Hants	Inverness	Kings	Lunenburg	Pictou	Queens	Richmond	Shelburne	Victoria	Yarmouth	Unité	Item	No.
82,554	0,310	157,289	92,497	115,309	20,344	18,534	13,591	25,947	43,669	No.	....	
45,124	64,322	76,402	42,945	70,834	10,047	12,245	7,159	17,291	25,748	$		
1,814	*2,586*	*2,123*	*2,642*	*2,340*	*629*	*1,066*	*593*	*1,189*	*1,358*	No.		
79,102	58,335	155,306	90,739	112,272	20,182	18,231	13,245	25,153	42,660	No.	....	42
41,311	31,012	73,266	41,274	66,457	9,924	11,736	6,951	15,725	24,704	$	....	
36,228	41,248	49,464	49,408	68,018	11,078	13,254	8,923	18,201	19,856	No.		
42,874	17,087	105,842	41,331	44,254	9,104	4,977	4,322	6,952	22,804	"		
986	521	305	8	1,218	7	65	16	549	11	No.		46
1,062	1,170	506	32	2,112	15	123	27	1,196	19	$	....	47
914	226	425	1,122	679	143	120	312	105	635	No.		48
435	208	290	725	695	87	123	163	67	438	$	....	49
1,552	1,216	1,249	610	1,138	12	118	3	138	363	No.	e...........	50
2,310	1,907	2,336	905	1,564	21	263	15	302	587	$	....	51
–	12	4	18	2	–	–	15	2	–	No.	....	52
–	25	4	9	6	–	–	3	1	–	$		53

ABEILLES

Hants	Inverness	Kings	Lunenburg	Pictou	Queens	Richmond	Shelburne	Victoria	Yarmouth	Unité	Item	No.
181	–	299	33	33	–	–	–	–	2	No.	Nombre de ruches........	54
1,899	–	3,303	520	341	–	–	–	–	25	$	Valeur....................	55
13	. –	*20*	*2*	*4*	–	–	–	–	*2*	No.	*Fermes déclarant des ruchers.*	56

(¹) Pour la reproduction.

TABLE 30. Stock Sold Alive, Stock Slaughtered and Animal Products on Farms by Counties, Nova Scotia, 1930

No.	Item	Unit	Province	Annapolis	Anti-gonish	Cape Breton	Col-chester	Cumber-land	Digby
	STOCK SOLD ALIVE OFF FARMS ON WHICH RAISED								
1	Total value	$	1,552,097	118,436	132,546	40,345	181,621	131,771	55,113
2	Domestic animals	$	1,466,340	110,304	127,690	35,511	174,228	126,291	50,877
3	Poultry	$	85,757	8,132	4,856	4,834	7,393	5,480	4,236
	Number of each kind—								
4	Horses, total	No.				60			34
5	Colts and fillies	"				2			–
6	Other horses	"				58			
7	Cattle, total	"				1,458			
8	Calves	"				1,077			
9	Milch cows	"				307			
10	Other cattle	"				74			
11	Sheep, total	"				1,674			
12	Lambs	"				1,393			
13	Other sheep	"				281			
14	Swine	"				169			
15	Poultry, total	"				6,576			
16	Hens, old stock	"				2,967			
17	Chickens of 1930	"				3,431			
18	Turkeys	"				27			
19	Geese	"				93			
20	Ducks	"				56			
	STOCK SLAUGHTERED ON FARMS ON WHICH RAISED(1)								
21	Total value	$	1,740,587	105,155	92,277	84,492	156,258	157,611	67,238
22	Domestic animals	$	1,412,988	84,639	81,451	67,086	121,321	117,133	51,633
23	Poultry	$	327,599	20,516	10,826	17,406	34,937	40,478	15,605
	Number of each kind—								
24	Cattle, total	No.	26,428	1,237	1,505	1,404	2,588	2,049	702
25	Calves	"	11,420	531	250	834	1,586	530	242
26	Other cattle	"	15,008	706	1,255	570	1,002	1,519	460
27	Sheep	"	21,695	687	1,675	3,096	552	888	299
28	Swine	"	30,360	2,285	1,289	807	3,072	2,717	1,273
29	Poultry, total	"	327,337	20,006	12,816	17,406	31,202	33,340	19,066
30	Hens and chickens	"	306,877	19,456	11,837	16,150	28,426	28,357	18,954
31	Turkeys	"	8,672	78	849	794	1,216	1,984	30
32	Geese	"	7,786	347	74	214	1,112	2,215	34
33	Ducks	"	4,002	125	56	248	448	784	48
	ANIMAL PRODUCTS ON FARMS								
34	Total value	$	7,712,492	462,901	345,450	584,579	893,273	662,896	273,693
	Dairy products—								
35	Number of cows milked	No.	101,953	5,807	5,536	5,627	11,143	9,364	3,824
36	Milk produced	lb.	421,136,357	27,390,923	18,252,041	22,807,434	52,044,229	40,118,754	14,776,998
37	Value of milk produced	$	5,901,523	342,510	249,014	442,891	756,416	507,835	197,251
38	Milk sold	lb.	59,713,577	1,790,494	581,300	7,774,360	18,146,963	3,183,257	649,465
39	Cream sold	gals.	97,496	2,364	1,247	9,809	16,884	5,976	2,521
40	Butterfat sold	lb.	4,697,058	485,216	252,161	42,959	702,116	530,754	90,987
41	Butter made on farms	"	6,059,671	327,809	277,561	318,475	329,232	697,653	356,577
42	" sold off farms	"	2,383,300	138,797	54,799	120,083	166,107	339,308	104,527
43	Cheese made on farms	"	35,537	100		9,286	300	656	1,033	–
	Eggs—								
44	Produced	doz.	5,809,231	396,151	397,291	379,399	462,965	519,361	256,432
45	Value of eggs produced	$	1,739,358	117,135	116,647	138,365	133,936	151,865	74,025
46	Eggs sold	doz.	3,416,489	250,556	306,134	232,566	294,763	313,695	142,688
47	Value of eggs sold	$	1,024,253	74,085	99,883	84,816	85,275	91,727	41,190
48	Chickens raised	No.	641,235	43,747	26,360	38,070	49,337	50,354	35,204
	Honey and wax—								
49	Honey produced	lb.	34,693	7,445	135	–	550	4,540	120
50	Wax produced	"	455	97	3	–	13	23	–
51	Value of honey and wax	$	5,073	1,035	31	–	83	551	15
	Wool—								
52	Sheep shorn	No.	104,998	3,491	13,583	7,460	3,876	3,852	2,169
53	Wool produced	lb.	532,610	19,639	75,491	33,666	22,490	22,790	10,114
54	Value of wool	$	66,538	2,221	9,758	3,323	2,838	2,645	1,402

(1) For home use or for sale.

TABLEAU 30. Bétail vendu sur pied, bétail abattu et produits animaux des fermes, par comtés, Nouvelle-Ecosse, 1930

Guys-borough	Halifax	Hants	Inverness	Kings	Lunen-burg	Pictou	Unité	Item	No.
								BÉTAIL VENDU SUR PIED SUR LES FERMES OÙ IL A ÉTÉ ÉLEVÉ	
44,108	**77,771**	**129,507**	**119,205**	**175,181**	**111,073**	**108,059**	$	....	1
43,359	65,592	120,885	116,202	162,047	107,494	104,530	$	....	2
749	12,179	8,622	3,003	13,134	3,579	3,529	$	....	3
								No	
49	69	95	159	144			No.	....	
5	4	4	15	14			"	....	
44	65	91	144	130			"		
697	1,700	3,376	1,449	3,051			"	....	
136	1,052	2,211	647	1,308			"	....	
117	332	699	294	577			"		
444	316	466	508	1,166			"	....	
3,284	1,904	1,879	12,874	2,459			"		
3,025	1,662	1,541	12,190	2,190			"		
259	242	338	684	269			"		
522	1,071	3,884	1,799	5,723			"	....	
708	23,589	10,185	3,542	19,978	5		"		
196	4,664	3,707	1,294	5,307	⅓		"		
379	18,447	6,249	1,946	14,364	3		"	....	
36	123	47	88	–	–		"	Dindons..................	
92	217	174	209	167	14		"	es..................	
5	138	8	5	140	53		"		
								BÉTAIL ABATTU SUR LES FERMES OÙ IL A ÉTÉ ÉLEVÉ (¹)	
50,304	**109,732**	**135,710**	**141,623**	**146,250**	**130,375**	**162,193**	$	....	21
46,238	79,488	107,345	126,972	110,928	113,883	130,205	$	....	22
4,066	30,244	28,365	14,651	35,322	16,492	31,988	$	....	23
790	1,113	2,869	2,880	1,819	1,304	3,469	No.	....	24
167	337	1,940	1,060	956	267	1,738	"	....	25
623	776	929	1,820	863	1,037	1,731	"	....	26
889	417	1,175	3,562	773	1,021	2,280	"	....	27
623	3,092	2,319	2,126	2,874	2,427	2,568	"		28
4,176	30,663	27,120	16,825	34,442	20,969	31,788	"	......	29
3,752	28,800	25,571	15,860	33,765	20,285	29,400	"	....	30
243	727	496	250	61	12	1,451	"	.....	31
124	564	890	610	478	· 330	448	"	.....	32
57	572	163	105	138	342	489	"	....	33
153,554	**494,587**	**668,880**	**467,738**	**657,655**	**442,876**	**831,758**	$	....	34
2,790	5,107	8,118	9,279	7,196	5,786	10,516	No.	....	
8,782,001	23,025,150	35,694,566	30,815,567	35,073,799	24,609,843	42,635,569	lb.		
117,311	351,907	558,963	374,049	479,392	311,777	648,180	$	....	
447,995	6,137,585	8,119,468	1,299,850	3,181,009	1,236,295	4,792,367	lb.	....	
1,122	4,238	14,342	7,305	8,014	3,830	11,623	gals.		
31,334	116,584	463,612	189,337	648,100	204,206	662,113	lb.	....	
181,007	344,554	361,553	610,719	328,795	521,283	459,843	"		
70,212	137,799	149,235	210,852	133,714	214,666	184,038	"		
411	20	–	22,983	–	250	265	"	....	
109,497	424,051	362,260	300,380	605,242	465,550	577,912	douz.	... .	44
32,555	140,085	106,028	80,841	174,338	126,471	176,882	$	....	45
42,141	250,750	205,529	114,187	377,102	276,093	368,441	douz.	....	46
12,529	82,835	60,155	30,731	108,623	75,003	112,769	$	.....	47
7,096	65,405	42,478	30,063	105,188	40,053	55,167	No.	.....	48
–	270	8,883	–	10,413	517	1,820	lb.	... .	
–	–	55	–	227	17	20	"	....	
–	37	1,315	–	1,581	68	357	$		
								Laine—	
5,913	3,462	4,073	23,136	3,967	4,025	10,181	No.	Moutons tondus..............	52
29,808	18,285	23,441	111,340	21,050	19,402	54,735	lb.	Laine produite..............	53
3,688	2,558	2,574	12,848	2,344	4,560	6,339	$	Valeur de la laine..........	54

(¹) Pour consommation domestique ou vente.

TABLE 30. Stock Sold Alive, Stock Slaughtered and Animal Products on Farms by Counties, Nova Scotia, 1930—Con.

TABLEAU 30. Bétail vendu sur pied, bétail abattu et produits animaux des fermes, par comtés, Nouvelle-Écosse, 1930—fin

No.	Item	Unit — Unité	Queens	Rich- mond	Shelburne	Victoria	Yar- mouth	Item
	STOCK SOLD ALIVE OFF FARMS ON WHICH RAISED							BÉTAIL VENDU SUR PIED SUR LES FERMES OÙ IL A ÉTÉ ÉLEVÉ
1	Total value	$	19,988	21,302	11,235	32,436	42,350	Valeur totale
2	Domestic animals	$	18,569	20,893	10,859	31,370	39,639	Animaux domestiques
3	Poultry	$	1,419	409	426	1,066	2,711	Volailles
	Number of each kind—							
4	Horses, total	No.	7		3			Chevaux, total
5	Colts and fillies	"	–		–			
6	Other horses	"	7		3			
7	Cattle, total	"	390		246			
8	Calves	"	74		59			
9	Milch cows	"	115		102			
10	Other cattle	"	201		85			
11	Sheep, total	"	258		174			
12	Lambs	"	209		98			
13	Other sheep	"	49		76			
14	Swine	"	138		7			
15	Poultry, total	"	2,609		491			
16	Hens, old stock	"	803		195			
17	Chickens of 1930	"	1,786		296			
18	Turkeys	"	–		–		–	
19	Geese	"	2		–		56	
20	Ducks	"	18		–		31	
	STOCK SLAUGHTERED ON FARMS ON WHICH RAISED([1])							BÉTAIL ABATTU SUR LES FERMES OÙ IL A ÉTÉ ÉLEVÉ([1])
21	Total value	$	25,954	43,278	17,448	62,672	52,617	Valeur totale
22	Domestic animals	$	22,777	39,408	14,681	54,934	42,866	Animaux domestiques
23	Poultry	$	3,177	3,870	2,767	7,138	9,751	Volailles
	Number of each kind—							Nombre, par espèce—
24	Cattle, total	No.	296	618	146	1,084	555	Bêtes à cornes, total
25	Calves	"	62	186	46	432	256	Veaux
26	Other cattle	"	234	432	100	652	299	Autres bêtes à cornes
27	Sheep	"	116	1,680	241	2,110	234	Moutons
28	Swine	"	374	524	245	810	935	Porcs
29	Poultry, total	"	3,673	4,539	3,018	6,237	10,051	Volailles, total
30	Hens and chickens	"	3,656	4,332	2,963	5,539	9,774	Poules et poulets
31	Turkeys	"	–	11	7	463	–	Dindons
32	Geese	"	3	94	–	141	108	Oies
33	Ducks	"	14	102	48	94	169	Canards
	ANIMAL PRODUCTS ON FARMS							PRODUITS ANIMAUX
34	Total Value	$	106,947	122,767	85,462	198,512	259,964	Valeur totale
	Dairy products—							Produits laitiers—
35	Number of cows milked	No.	1,164	2,423	968	3,893	3,412	Vaches traites
36	Milk produced	lb.	5,608,449	7,399,133	4,390,545	12,547,147	15,164,209	Lait produit
37	Value of milk produced	$	73,180	93,936	58,594	159,867	208,450	Valeur du lait produit
38	Milk sold	lb.	508,714	67,290	121,155	107,693	1,568,317	Lait vendu
39	Cream sold	gals.	426	419	85	4,936	2,355	Crème vendue
40	Butterfat sold	lb.	30,660	24,804	4,299	51,569	166,247	Butyrine vendue
41	Butter made on farms	"	121,116	160,228	120,946	289,356	252,965	Beurre de ferme
42	" sold off farms	"	43,123	46,226	46,923	129,079	93,813	" vendu sur la ferme
43	Cheese made on farms	"	100	110	–	23	–	Fromage de ferme
	Eggs—							Œufs—
44	Produced	doz.- douz.	101,149	91,044	78,944	114,745	166,858	Production
45	Value of eggs produced	$	33,059	25,110	25,960	35,171	50,885	Valeur
46	Eggs sold	doz.	48,192	34,924	32,593	51,492	74,593	Vendus
47	Value of eggs sold	$	15,751	9,632	10,718	15,783	22,748	Valeur des œufs vendus
48	Chickens raised	No.	9,533	7,626	4,520	10,162	20,272	Poulets élevés
	Honey and wax—							Miel et cire—
49	Honey produced	lb.	–	–	–	–	–	Miel produit
50	Wax produced	"	–	–	–	–	–	Cire produite
51	Value of honey and wax	$	–	–	–	–	–	Valeur du miel et de la cire
	Wool—							Laine—
52	Sheep shorn	No.	745	6,713	1,249	6,270	833	Moutons tondus
53	Wool produced	lb.	3,507	27,028	5,854	29,465	4,505	Laine produite
54	Value of wool	$	708	3,721	908	3,474	629	Valeur de la laine

([1]) For home use or for sale—([1]) Pour consommation domestique ou vente.

TABLE 31. Animals Raised on Farms by Counties, Nova Scotia, 1930

TABLEAU 31. Animaux élevés sur les fermes par comtés, Nouvelle-Ecosse, 1930

Province and county Province et comté	Colts and fillies — Poulains et pouliches	Calves — Veaux	Lambs — Agneaux	Pigs — Porcelets
	No.	No.	No.	No.
Province	962			
Annapolis	21			
Antigonish	78			
Cape Breton	23			
Colchester	88			
Cumberland	73			
Digby	—			
Guysborough	30			
Halifax	9			
Hants	56			
Inverness	265			
Kings	132			
Lunenburg	4			
Pictou	105			
Queens	1			
Richmond	18			
Shelburne	—			
Victoria	41			
Yarmouth	9			

TABLE 32. Vacant and Abandoned Farms by Counties, Nova Scotia, 1931

TABLEAU 32. Fermes vacantes ou abandonnées par comtés, Nouvelle-Ecosse, 1931

Province and county Province et comté	Number of vacant or abandoned farms — Nombre de fermes vacantes ou abandonnées	Total number of acres — Superficie totale	Acres of improved land — Acres défrichées	Value of farms — Valeur des fermes	Value of buildings — Valeur des bâtiments
	No.	ac.	ac.	$	$
Province	3,064		43,536		
Annapolis	81		945		
Antigonish	145		3,147		
Cape Breton	670		8,014		
Colchester	69		2,126		
Cumberland	91		2,529		
Digby	115		872		
Guysborough	124		952		
Halifax	139	1 1	994		
Hants	65	2	988		
Inverness	463	6 7	7,938		
Kings	35		449		
Lunenburg	78		493		
Pictou	272		8,126		
Queens	44		327		
Richmond	236		1,006		
Shelburne	58		150		
Victoria	250		3,645		
Yarmouth	131		835		

TABLE 33. Forest Products of Farms by Counties, Nova Scotia, 1930

No.	Item	Unit	Province	Anna-polis	Anti-gonish	Cape Breton	Col-chester	Cum-be-land	Digby	Guys-bor-ough	Hali-fax
1	Total value........................	$	3,898,141	283,687	148,223	119,186	319,005	350,137	271,710	151,028	208,015
2	Used on farms.....................	$	2,072,687	143,975	109,990	83,217	141,953	165,021	105,418	78,156	129,068
3	Sold............................	$	1,825,454	139,712	38,233	35,969	177,052	185,116	166,292	72,872	78,947
	USED ON FARMS										
4	Firewood, total...................	cds.	221	23,616							
5		$	575	123,666							
6	Soft............................	cds.	422	8,008							
7		$	8r	32,830							
8	Hard...........................	s.	99	15,608							
9		$	89	90,836							
10	Fence posts......................	'o.	70	43,262							
11		$	.324	3,359							
12	Rails...........................	No.	,630	3,247	1						
13		$	392	175							
14	Logs, for lumber.................	M		936							
15				12,968							
16	Other forest products.............			3,807							
	SOLD										
17	Firewood, total...................		55,398	7,195	726				4,493	634	
18			338,692	48,006	3,605				27,536	3,227	
19	Soft............................		13,705	489	192				1,076	271	
20			68,079	2,248	706				4,940	1,225	
21	Hard...........................		41,693	6,706	534				3,417	363	
22			270,613	45,758	2,899				22,596	2,002	
23	Fence posts......................		25,683	1,425	476				1,545	841	
24			2,015	88	47				112	70	
25	Rails...........................		5,697	–	–				–	440	
26			327	–	–				–	13	
27	Railway ties.....................		87,440	1,033	90				31,816	–	
28			51,330	626	39				17,370	–	
29	Telegraph and telephone poles........		7,442	48	6				311	139	
30			6,638	53	30				490	101	
31	Pulpwood.......................		112,771	7,112	4,609				5,828	11,052	
32			634,393	41,040	29,957				37,543	62,530	
33	Logs, for lumber.................		41,004	2,706	290				4,875	336	
34			605,304	40,334	4,315				79,318	6,149	
35	Other forest products.............		186,755	9,565	240				3,923	782	
36	*Farms reporting forest products.......*		*28,369*	*1,715*	*1,441*				*1,619*	*1,188*	

TABLE 34. Farm Machinery, Facilities and Roads by Counties, Nova Scotia, 1931

No.	Item	Pro-vince	Ann-apolis	Anti-gonish	Cape Breton	Col-chester	Cum-berland	Digby	Guys-bor-ough	Hali-fax
	FARM MACHINERY	No.	No.	No.	No.	No.	No.	No.	No.	No.
1	Automobiles......................	10,297	676	329	524	970	1,075	436	328	610
2	Number of farms reporting..................	9,982	654	323	509	941	1,048	422	318	586
3	Binders.........................	2,015	42	134	21	353	612	6	9	94
4	Number of farms reporting..................	2,013	41	134	21	353	612	6	9	94
5	Combines........................	–	–	–	–	–	–	–	–	–
6	Number of farms reporting............	–	–	–	–	–	–	–	–	–
7	Cream separators	19,392	1,213	1,128	827	1,556	1,887	1,004	499	838
8	Number of farms reporting............	19,349	1,208	1,127	825	1,553	1,882	1,002	499	838
9	Electric motors...................	437	51	5	9	51	29	10	2	16
10	Number of farms reporting............	355	42	4	5	38	25	7	2	13
11	Gasoline engines..................	2,848	295	47	72	254	326	101	30	169
12	Number of farms reporting............	2,578	260	46	65	232	297	99	28	158
13	Headers.........................	–	–	–	–	–	–	–	–	–
14	Number of farms reporting............	–	–	–	–	–	–	–	–	–
15	Milking machines.................	41	–	3	1	–	11	1	–	4
16	Number of farms reporting............	41	–	3	1	–	11	1	–	4
17	Motor trucks.....................	1,704	92	25	157	138	143	97	32	172
18	Number of farms reporting............	1,633	89	24	146	131	136	95	31	165
19	Silos...........................	278	21	10	6	49	7	–	–	7
20	Number of farms reporting............	261	20	10	6	47	7	–	–	7
21	Threshing machines...............	837	59	27	25	72	129	15	8	47
22	Number of farms reporting............	836	59	27	25	71	129	15	8	47
23	Tractors........................	424	41	4	10	38	37	4	1	13
24	Number of farms reporting............	415	40	4	10	37	37	4	1	13
	FARMS REPORTING FACILITIES									
25	Water piped in the kitchen	4,047	437	89	188	220	356	174	96	172
26	" " " bathroom................	1,689	208	32	67	101	119	89	38	92
27	Telephone.......................	10,266	762	420	471	1,082	964	283	415	750
28	Radio...........................	4,770	400	88	225	365	437	267	122	320
29	Electric light or gas...............	3,760	440	27	113	283	240	284	66	243
	KIND OF ROAD									
30	All farms reporting................	38,918	2,140	1,716	2,117	2,656	2,787	2,080	1,700	2,691
	Farms located on:—									
31	Asphalt.........................	24	–	–	1	–	5	–	–	8
32	Concrete........................	27	–	1	8	2	–	–	–	4
33	Macadam........................	134	5	1	5	–	–	15	10	90
34	Gravel..........................	18,134	1,634	785	1,036	1,187	1,084	1,382	558	1,075
35	Improved dirt....................	12,150	389	557	535	758	1,141	509	569	824
36	Unimproved dirt.................	8,449	112	372	532	709	557	174	563	690

TABLEAU 33. Produits forestiers des fermes par comtés, Nouvelle-Ecosse, 1930

Hants	Inverness	Kings	Lunenburg	Pictou	Queens	Richmond	Shelburne	Victoria	Yarmouth	Unité	Item	No.
308,552	272,748	282,016	426,829	195,381	88,756	117,254					.....	1
122,274	208,047	147,047	183,716	127,809	46,355	57,552					.....	2
186,278	64,701	134,969	243,113	67,572	42,401	59,702					.....	3
22,814	31,115	23,554	34,338	19,341	8,875	11,046					.....	4
107,278	157,501	126,894	144,533	97,158	43,874	47,102					.....	5
8,296	8,271	8,790	17,096	4,942	3,963	8,314						6
34,170	32,565	37,827	70,197	20,007	19,522	34,142						7
14,518	22,844	14,764	17,242	14,399	4,912	2,732					.....	8
73,108	124,936	89,067	74,336	77,151	24,352	12,960						9
68,886	182,142	23,625	143,189	156,108	11,291	35,019	8 28					10
3,877	14,063	1,600	9,118	11,826	806	2,895						11
29,162	317,035	1,075	25,289	54,497	1,500	125,100						12
1,834	14,986	60	1,583	3,331	91	4,753	26					13
550	768	522	1,270	850	93	121						14
7,990	14,870	9,389	19,979	13,882	1,464	2,692						15
1,295	6,627	9,104	8,503	1,612	120	110					.....	16
5,510	916	6,872	6,433	969	1,910	222	0					17
31,058	4,608	44,951	39,333	5,124	10,946	1,007	45				.....	18
1,272	306	1,234	2,012	458	359	109	65					19
6,180	1,392	6,196	10,039	2,289	1,861	449	78					20
4,238	610	5,638	4,421	511	1,551	113	43					21
24,878	3,216	38,755	29,294	2,835	9,085	558	6					22
1,651	4,681	960	2,764	998	1,773	400	5				.....	23
176	496	42	173	86	75	24	10					24
207	1,432	-	6	1,805	-	525	5					25
8	78	-	1	99	-	32	4					26
12,670	1,198	45	12,022	2,564	-	3,688			-			27
5,883	756	26	7,910	2,032		1,808			-			28
401	2,298	275	165	814	576	45	13					
269	1,531	851	204	575	430	21						30
16,986	2,740	4,944	14,289	1,656	2	8 391					.....	31
91,536	11,476	20,979	79,342	8,947	14 322	43 874						32
4,328	1,338	1,436	5,214	1,925	1,122	29					.....	33
50,900	22,778	29,951	75,966	32,666	16,604	5 57						34
6,448	22,978	38,169	40,184	18,043								
1,557	2,527	1,549	2,986	1,903	6,8	,22			,99			

TABLEAU 34. Outillage, facilités et routes des fermes par comtés, Nouvelle-Ecosse, 1931

Hants	Inverness	Kings	Lunenburg	Pictou	Queens	Richmond	Shelburne	Victoria	Yarmouth	Item	No.
No.	No.	No.	No.	No.	No.	No.	No.	No.			
613	394	1,058	807	1,118	259	172	152	229		.....	
594	383	1,011	767	1,098	248	169	150	226		.....	
170	16	179	11	357	-	2	-	4			
170	16	178	11	357	-	2	-	4			
-	-	-	-	-	-	-	-	-			
1,339	1,870	1,591	1,300	1,802	262	618	212	736			
1,336	1,866	1,584	1,299	1,798	261	618	211	733			
52	2	161	13	18	3	-	-	-			
40	2	134	12	16	2	-	-	-			
205	137	656	141	201	36	36	29	58			
187	131	548	132	192	35	34	27	54			
-	-	-	-	-	-	-	-	-			
-	1	11	-	6	-	1	-	-			
1	1	11	-	8	-	1	-	-		.....	
144	47	183	104	139	35	34	26	18			
137	46	172	102	137	34	32	24	18			
49	1	85	14	20	1	2	-	3			
44	1	76	14	20	1	2	-	3			
100	44	123	49	94	8	8	1	17			
100	44	123	49	94	8	8	1	17			
53	5	173	6	24	4	4	-	2			
53	5	167	6	24	4	4	-	2			
204	293	730	209	378	61	49	62	187		.. ..	25
97	76	390	95	107	36	22	11	41		...	26
692	489	1,248	333	1,260	167	144	147	315		.....	27
325	116	564	378	431	138	58	130	79		.....	28
297	17	735	332	214	110	6	82	8		....	29
2,337	3,005	2,986	3,562	2,921	1,001	1,431	693	1,379		....	30
2	-	6	1	-	-	-	-	-			31
2	-	-	3	6	-	-	-	-		.....	32
2	1	4	-	1	-	-	-	-		.....	33
1,432	1,147	1,638	1,199	1,044	570	679	437	469		.....	34
491	1,265	953	822	1,300	177	366	168	586		.....	35
408	592	385	1,537	570	254	386	88	324		....	36

TABLE 35. Distance of Farms from Nearest Market Town and Railway Station by Counties, Nova Scotia, 1931

TABLEAU 35. Distance de la ferme au marché et à la gare de chemin de fer les plus rapprochés, par comtés, Nouvelle-Ecosse, 1931

N	Item	Province	Annapolis	Antigonish	Cape Breton	Colchester	Cumberland	Item
		No.	No.	No.	No.	No.	No.	
	DISTANCE TO MARKET TOWN							DISTANCE DU MARCHÉ
1	Under 5 miles	10,471	1,125	301	456	522	933	Moins de 5 milles.
2	5- 9 miles	8,755	688	333	621	645	772	5- 9 milles.
3	10-14 "	5,926	217	601	253	332	415	10-14 "
4	15-24 "	6,311	18	506	277	540	395	15-24 "
5	25 miles and over	7,325	110	24	493	591	291	25 milles et plus.
6	Not reporting	656	–	–	35	55	–	Ne donnant pas de constatation.
	DISTANCE TO RAILWAY STATION							DISTANCE DE LA GARE DE CHEMIN DE FER
7	Under 5 miles	19,853	1,309	934	1,061	1,374	1,446	Moins de 5 milles.
8	5- 9 miles	9,142	597	368	490	737	826	5- 9 milles.
9	10-14 "	3,876	188	230	147	346	303	10-14 "
10	15-24 "	2,822	23	206	232	161	84	15-24 "
11	25 miles and over	2,931	–	8	166	3	110	25 milles et plus.
12	Not reporting	1,020	41	19	39	64	37	Ne donnant pas de constatation.

No.	Item	Digby	Guysborough	Halifax	Hants	Inverness	Kings	Lunenburg	Item
		No.	No.	No.	No.	No.	No.	No.	
	DISTANCE TO MARKET TOWN								DISTANCE DU MARCHÉ
1	Under 5 miles	574	296	107	360	980	1,845	971	Moins de 5 milles.
2	5- 9 miles	285	273	116	311	626	853	959	5- 9 milles.
3	10-14 "	247	316	244	295	376	195	639	10-14 "
4	15-24 "	362	456	569	278	449	41	889	15-24 "
5	25 miles and over	603	333	1,545	1,072	502	28	103	25 milles et plus.
6	Not reporting	22	51	21	54	94	93	53	Ne donnant pas de constatation.
	DISTANCE TO RAILWAY STATION								DISTANCE DE LA GARE DE CHEMIN DE FER
7	Under 5 miles	1,262	91	1,269	1,229	1,090	2,325	1,564	Moins de 5 milles.
8	5- 9 miles	454	113	520	586	600	486	1,097	5- 9 milles.
9	10-14 "	243	183	253	237	295	100	477	10-14 "
10	15-24 "	73	235	216	261	319	51	304	15-24 "
11	25 miles and over	37	794	415	2	650	–	7	25 milles et plus.
12	Not reporting	24	309	29	55	73	93	65	Ne donnant pas de constatation.

N	Item	Pictou	Queens	Richmond	Shelburne	Victoria	Yarmouth	Item
		No.	No.	No.	No.	No.	No.	
	DISTANCE TO MARKET TOWN							DISTANCE DU MARCHÉ
1	Under 5 miles	748	339	268	259	152	235	Moins de 5 milles.
2	5- 9 miles	702	318	535	225	195	298	5- 9 milles.
3	10-14 "	685	144	221	93	221	432	10-14 "
4	15-24 "	592	185	42	74	255	383	15-24 "
5	25 miles and over	183	13	347	56	567	364	25 milles et plus.
6	Not reporting	21	11	47	43	24	32	Ne donnant pas de constatation.
	DISTANCE TO RAILWAY STATION							DISTANCE DE LA GARE DE CHEMIN DE FER
7	Under 5 miles	1,821	675	452	493	157	1,001	Moins de 5 milles.
8	5- 9 miles	821	224	337	180	150	556	5- 9 milles.
9	10-14 "	179	40	317	43	171	124	10-14 "
10	15-24 "	81	57	199	2	286	32	15-24 "
11	25 miles and over	3	–	109	–	627	–	25 milles et plus.
12	Not reporting	26	14	46	32	23	31	Ne donnant pas de constatation.

TABLE 36. Co-operative Marketing; Items Sold through a Co-operative Organization by Counties, Nova Scotia, 1930

TABLEAU 36. Coopératives de vente; denrées vendues par leur intermédiaire, par comtés, Nouvelle-Ecosse, 1930

No.	Item	Province	Annapolis	Antigonish	Cape Breton	Colchester	Cumberland	Item
		$	$	$	$	$	$	
1	Value of all sales............	1,352,803	197,413	34,260	281	11,293	24,582	Toutes ventes.
2	Eggs...................	48,188	13,037	5,093	124	1,384	13,387	Œufs.
3	Wool...................	3,947	29	1,058	3	162	92	Laine.
4	Sheep and lambs.........	65,785	51	24,059	85	182	401	Moutons et agneaux.
5	Poultry, all kinds..........	7,101	799	484	3	416	2,604	Volailles.
6	Cattle....................	5,375	60	1,897	35	98	2,011	Bêtes à cornes.
7	Pigs.....................	12,509	180	520	–	572	4,783	Porcs.
8	Wheat...................	33	–	25	–	–	–	Blé.
9	Other grains.............	969	–	20	8	–	605	Autres grains..
10	Potatoes.................	62,406	569	945	7	361	613	Pommes de terre.
11	Roots...................	7,460	175	15	–	–	1	Plantes-racines.
12	Fruits, all kinds.........	1,109,975	182,154	–	–	7,820	–	Fruits.
13	All other farm products...	29,055	359	144	16	300	85	Autres produits.
		No.	No.	No.	No.	No.	No.	
14	Farms reporting sales......	3,066	372	417	11	51	129	Fermes déclarant des ventes.

No.	Item	Digby	Guysborough	Halifax	Hants	Inverness	Kings	Lunenburg	Item
		$	$	$	$	$	$	$	
1	Value of all sales............	2,067	4,356	281	65,136	38,977	922,925		
2	Eggs...................	2,060	–	–	3,672	2,177	2,032		
3	Wool...................	7	90	35	326	1,112	140		
4	Sheep and lambs..........	–	3,941	–	117	30,263	–		
5	Poultry, all kinds..........	–	120	–	646	1,063	293		
6	Cattle....................	–	180	–	–	378	160		
7	Pigs.....................	–	–	–	–	8	2,846		
8	Wheat...................	–	–	–	–	–	–		
9	Other grains.............	–	–	–	–	168	100		
10	Potatoes.................	–	25	246	150	2,186	52,253		
11	Roots...................	–	–	–	–	742	6,373		
12	Fruits, all kinds...........	–	–	–	60,075	–	847,710		
13	All other farm products....	–	–	–	150	880	11,016		
		No.	No.	No.	No.	No.	No.	No.	
14	Farms reporting sales........	4	87	5	101	838	639	17	Fermes déclarant des ventes.

No.	Item	Pictou	Queens	Richmond	Shelburne	Victoria	Yarmouth	Item
		$	$	$	$	$	$	
1	Value of all sales............	34,310	763	4,175				
2	Eggs...................	3,854	135	497				
3	Wool...................	225	41	320				
4	Sheep and lambs.........	84	–	2,257				
5	Poultry, all kinds.........	211	30	375				
6	Cattle....................	275	–	220				
7	Pigs.....................	3,249	40	68				
8	Wheat...................	–	–	–		18		
9	Other grains.............	50	–	–		18		
10	Potatoes.................	3,530	242	438	100	40		
11	Roots...................	59	–	–	–	–		
12	Fruits, all kinds...........	7,344	260	–	–	–		
13	All other farm products...	15,429	15	–	–	14		
		No.	No.	No.	No.	No.	No.	
14	Farms reporting sales.......	183	15	72	2	104	18	Fermes déclarant des ventes.

TABLE 37. Population, Tenure and Condition of Farm Land by Subdivisions, Nova Scotia, 1931

N	Subdivision	Rural population — Total	On farms / Sur les fermes	Not on farms / Non sur les fermes	Occupiers of land — Total / Occupants du sol	Owners(1) / Propriétaires(1)	Tenants / Locataires	Part owners part tenants / Propriétaires partiels
		No.	No.	No.	No.	No.	No.	No.
	NOVA SCOTIA—NOUVELLE-ECOSSE	281,192	173,965		39,444	37,176	1,055	1,21b
	Annapolis	13,528	9,018			2,066	61	31
1	Albany	162	117			28	-	1
2	Bear River	531	318			54	2	2
3	Belleisle	699	489			110	4	1
4	Brooklyn E.	387	341			74	-	1
5	Carleton Corner	770	504			117	-	3
6	Clarence	788	571			114	2	2
7	Clementsport	805	554			142	3	1
8	Clementsvale	563	529			99	9	2
9	Dalhousie	268	213			42	1	-
10	Granville Ferry	548	280			75	-	4
11	Hampton	314	265			62	-	-
12	Lawrencetown	635	251			69	1	-
13	Lawrencetown Lane	578	457			98	3	3
14	Lequille	676	422	254		87	9	-
15	Maitland	263	235			58	-	-
16	Margaretville	330	218			45	1	-
17	Melvern	431	348			85	4	2
18	Milford	261	202			41	1	-
19	Nictau	784	417			79	3	1
20	Parker Cove	542	219			47	2	2
21	Port George	382	294			79	2	-
22	Port Lorne	408	315			75	1	-
23	Round Hill	448	349			90	4	1
24	Springfield	580	267			51	1	4
25	Thornes Cove	692	328			81	3	-
26	Torbrook	606	517			113	4	-
27	Indian Reserves—Indiennes	77	-	-		-	-	-
28	Urban Parts—Parties urbaines	-	-	-	43	41	1	1
	Antigonish		7,735				31	34
1	Antigonish (Rural)	682					2	1
2	Arisaig	242					2	-
3	Cape George	498					3	2
4	Harbour au Bouche	703					2	-
5	Heatherton	477					1	9
6	Linwood	460					1	1
7	Lochaber	388						-
8	Maryvale	270					2	-
9	Morristown	434						13
10	North Grant	312					4	1
11	Pomquet	636					3	1
12	St. Andrews	780					2	4
13	St. Joseph N.	373	344				1	1
14	St. Joseph S.	366	335				1	-
15	South River, Middle	313	313	-		69	1	-
16	South River, Upper	158	148	10		42	1	-
17	Tracadie	763	713	50		154	4	-
18	Indian Reserves—Indiennes	176	-	176		1	-	-
19	Urban Parts—Parties urbaines	-	-	-		10	1	2
	Cape Breton	23,154	10,035	13,119	2,135	1,972	82	81
1	Bateston	139	133	6	35	33	2	-
2	Big Pond	239	222	17	50	47	1	2
3	Boisdale	449	420	29	88	79	4	5
4	Boularderie (pt.)	891	590	301	118	98	13	6
5	Catalone	168	156	12	37	34	2	1
6	Dominion No. 6	1,408	268	1,140	46	42	4	-
7	Dutch Brook	620	265	355	53	53	-	-
8	East Bay N.	237	235	2	55	53	1	1
9	East Bay S.	317	296	21	66	64	1	1
10	Edwardsville & Coxheath	1,801	858	943	185	170	4	11
11	Eton	142	140	2	34	30	2	2
12	Frenchvale	249	245	4	52	51	-	-
13	Gabarus	738	504	234	122	118	4	-
14	George River	778	681	97	142	128	7	7
15	Grand Mira	556	526	30	110	107	-	3
16	Grand Narrows	857	812	45	176	155	7	14
17	Hillside	489	395	94	90	90	-	-

(1) Includes managers.
(2) Includes field crops, market gardens, orchards, vineyards and small fruits.
(3) Includes acreage under double crop.

TABLEAU 37. Population, tenure et état de la terre par subdivisions, Nouvelle-Ecosse, 1931

Area of occupied land — Superficie de la terre occupée			Condition of occupied land — Etat de la terre occupée								
			Improved—Défrichée				Unimproved—En friche				
Total	Owned — Propriété	Rented — Louée	Total	Under crops(²) — En culture(²)	Fallow — Jachère	Pasture — Pâturage	Total	Woodland — En forêt	Natural pasture — Pâturage naturel	Marsh or waste land — Marécage	N°
ac.	ac.	ac.	ac.	ac.	ac.	ac.	ac.	ac.	ac.	ac.	
4,302,031	4,164,170	137,861	844,632	(³)623,672	9,229	168,303	3,457,399	2,502,773	744,971	209,655	
288,739	279,493	9,246	51,918	(²)50,844	3,068	505					
5,959	5,834	125	469	457	-	-					
7,471	6,876	595	1,078	1,049	-	-					
17,583	17,067	516	3,278	3,121	124	47					
8,028	8,008	20	3,327	3,235	50	13					
23,628	23,236	392	3,735	3,659	34	138					
16,059	15,694	365	4,883	4,765	787	14					
12,615	12,345	270	2,179	2,092	21	35					
12,453	11,776	677	1,337	1,305	-	25					
6,797	6,772	25	405	375	-	-					
12,925	12,137	788	2,018	1,892	46	-					
6,255	6,255	-	1,107	1,049	-	-					
6,703	6,613	90	2,626	2,483	142	10					
16,458	15,975	483	2,956	3,002	111	15					
15,473	14,403	1,070	1,488	1,271	53	10					
10,429	10,429	-	651	632	4	-					
5,168	5,068	100	1,375	1,353	57	2					
8,059	7,959	100	3,307	3,503	915	9					
8,010	7,610	400	515	453	2	31					
12,353	11,668	685	2,590	2,674	119	2					
4,682	4,469	213	333	307	-	-					
9,890	9,791	99	2,292	2,106	109	-					
8,445	8,360	85	1,997	1,873	17	18					
13,544	13,077	467	1,768	2,000	109	126					
11,742	10,982	760	901	892	7	-					
13,059	12,699	360	810	748	15	4					
12,157	11,607	550	3,154	3,171	103	-					
2,794	2,783	11	1,339	1,377	243	6		-			
207,467	202,696	4,771	46,246			820					
21,613	21,293	320	5,084			59					
6,391	6,291	100	1,322			27					
11,753	11,490	263	2,523			84					
6,737	6,723	14	1,486			357					
13,672	12,827	845	2,594			27					
8,196	8,076	120	1,486			-					
16,302	16,302	-	2,205			-					
6,345	6,255	90	1,684			-					
14,223	13,381	842	2,237			45					
9,467	9,372	95	1,841			-					
11,485	11,020	465	3,337			78					
27,322	26,903	419	6,886			14					
9,176	9,046	130	2,606			15					
11,955	11,880	75	3,141			29					
10,588	10,578	10	2,658			85					
7,248	7,234	14	2,644	908		-					
13,875	13,049	826	2,032	1,709		-					
25	25	-	25	25		-					
1,094	951	143	455	349		-	-	-	-	-	-
185,828	175,743	10,085	35,461	20,613	555					23,370	
2,117	1,912	205	209	150	-					144	
5,855	5,794	61	727	553	-					527	
9,718	8,835	883	1,515	852	27					511	
8,283	7,687	596	2,379	1,441	5					941	
4,412	3,813	599	343	292	-					471	
1,502	1,231	271	340	153	5					-	
6,056	6,056	-	864	626	6					1,827	
7,069	6,849	220	1,648	708	3					230	
8,440	8,244	196	1,335	924	19					743	
15,246	13,994	1,252	3,664	2,498	104					2,142	
6,675	6,055	620	990	499	-					719	
5,194	5,024	170	741	450	12					749	
10,838	10,583	255	1,019	956	-	-				2,077	
12,524	11,676	848	2,138	1,157	28	182				3,537	
17,434	16,889	545	4,050	1,676	-	2,251				832	
15,194	14,113	1,081	4,397	2,524	187	1,529				1,737	
11,722	11,722	-	1,676	713	-	785				876	

(¹) Comprend les gérants.
(²) Comprend grandes cultures, jardins maraîchers et potagers, vergers, vignobles et petits fruits.
(³) Comprend la superficie en culture double.

TABLE 37. Population, Tenure and Condition of Farm Land by Subdivisions, Nova Scotia, 1931—Con.

No.	Subdivision	Rural population / Population rurale			Occupiers of land / Occupants du sol			
		Total	On farms / Sur les fermes	Not on farms / Non sur les fermes	Total	Owners [1] / Propriétaires[1]	Tenants / Locataires	Part owners, part tenants / Propriétaires partiels
		No.	No.	No.	No.	No.	No.	No.
	NOVA SCOTIA-Con.—NOUVELLE-ÉCOSSE-suite							
	Cape Breton-Con.—fin							
18	Lingan (South Bar)	3,042	523	2,519	96	88	6	2
19	Little Bras d'Or	3,448	680	2,768	127	120	5	2
20	Louisburg Parish	315	23	292	7	7	-	-
21	Mainadieu	428	345	83	70	70	-	-
22	Port Morien	2,120	495	1,625	96	76	8	12
23	Reserve	2,459	348	2,111	56	53	2	1
24	South Forks	554	415	139	89	78	5	6
25	Trout Brook	300	284	16	71	71	-	-
26	Indian Reserves—Indiennes	410	176	234	26	26	-	-
27	Urban Parts—Parties urbaines	-	-	-	38	31	2	5
	Colchester						91	86
1	Acadia Mines						-	2
2	Brookfield						3	14
3	Brule						-	6
4	Clifton						5	15
5	Earltown						1	1
6	Economy						8	5
7	Five Islands						13	-
8	Gay's River						1	3
9	Kemptown							
10	Lower Londonderry						4	-
11	Lower Onslow						5	1
12	Lower Stewiacke						2	1
13	Middle Londonderry						2	5
14	Middle Stewiacke						2	-
15	New Annan						7	2
16	North River						7	3
17	Salmon River						12	5
18	Tatamagouche E.						-	-
19	Tatamagouche W.-O.							1
20	Upper Londonderry							6
21	Upper Stewiacke E.							5
22	Upper Stewiacke W.-O.							6
23	Waughs River						8	1
24	Indian Reserves—Indiennes							
25	Urban Parts—Parties urbaines	-	-	-			1	4
	Cumberland						57	102
1	Advocate						1	-
2	Amherst Head						1	1
3	Apple River							
4	Booth Cross Roads						2	4
5	Diligent						3	-
6	Doherty Creek							
7	East Amherst						-	1
8	Fort Lawrence							1
9	Linden							4
10	Maccan						4	
11	Malagash						2	9
12	Mansfield						2	4
13	Middleboro							2
14	Nappan		434					7
15	Parrsboro E.						7	4
16	Port Greville						2	3
17	Pugwash							1
18	Pugwash River						6	11
19	River Hebert						8	14
20	River Philip						1	1
21	Rodney							1
22	Shulie							
23	Southampton						4	5
24	Tidnish						5	5
25	Wallace						1	2
26	Wallace Bridge						-	-
27	Wentworth						1	1
28	West Amherst						1	9
29	Westchester						3	2
30	Indian Reserves—Indiennes							
31	Urban Parts—Parties urbaines	-	-	-			1	7

(1) Includes managers.
(2) Includes field crops, market gardens, orchards, vineyards and small fruits

TABLEAU 37. **Population, tenure et état de la terre, par subdivisions, Nouvelle-Ecosse, 1931—suite**

Area of occupied land — Superficie de la terre occupée | Condition of occupied land — État de la terre occupée

Improved—Défrichée | Unimproved—En friche

Total	Owned / Propriété	Rented / Louée	Total	Under crops(2) / En culture(2)	Fallow / Jachère	Pasture / Pâturage	Total	Woodland / En forêt	Natural pasture / Pâturage naturel	Marsh or waste land / Marécage	N°
ac.	ac.	ac.	ac.	ac.	ac.	ac.	ac.	ac.	ac.	ac.	
3,680	3,304	376	828	511	73	209	2,852	1,722	1,015	115	18
3,571	3,437	134	1,244	906	27	144	2,327	1,214	634	479	19
818	818	-	50	27	-	4	768	439	109	220	20
1,339	1,339	-	163	89	-	34	1,176	1,176	-	-	21
5,977	5,383	594	919	602	22	206	5,058	3,614	349	1,095	22
1,169	1,159	10	315	212	-	56	854	578	266	10	23
10,435	9,498	937	2,234	1,091	1	1.139	8,201	5,634	1,704	863	24
8,835	8,835	-	867	595	6	229	7,968	6,106	835	1,027	25
510	510	-	216	84	-	86	294	217	50	27	26
1,215	983	232	590	324	30	162	625	171	345	109	27
380,225	368,136	12,089	89,882	,489	79					5,380	
6,464	6,064	400	1,375	27	-						
25,121	23,048	2,073	3,799	426	-						
8,020	7,818	202	5,260	,738	7						
17,237	16,460	777	4,482	,82	8						
26,947	26,845	102	9,173	,66	-						
11,738	10,749	989	2,529		-						
10,059	9,065	994	1,800		-						
15,922	15,361	561	2,600		-						
7,236	7,236	-	1,301		-						
22,255	22,051	204	3,318		2						
19,172	18,803	369	4,812		13						
15,102	14,916	186	2,758		-						
13,720	13,467	253	3,612		-						
23,382	22,572	810	2,987		-						
19,791	18,960	831	4,957		10						
27,350	26,567	783	6,189		24						
20,724	20,187	537	3,703		6						
7,908	7,908	-	3,030		3						
11,863	11,585	278	3,902		-						
19,150	18,503	647	5,713		1						
17,119	16,644	475	3,169		1						
17,496	17,032	464	3,925		-						
10,323	10,261	62	3,759		-						
22	22	-	8		-						
6,104	6,012	92	1,721		4						
429,990	418,801	11,189	118,408		1,102						
8,801	8,787	14	853		-						
17,136	17,074	62	5,019		67						
3,087	3,087	-	527		35						
11,038	10,305	733	1,747		50						
8,772	8,572	200	1,209		10						
13,911	13,811	100	5,732		-						
21,313	21,145	168	6,265		131						
4,882	4,865	17	2,665		40						
16,965	16,358	607	7,596		-						
1,052	852	200	382		21						
11,459	10,596	863	4,777		21						
23,370	22,792	578	8,247		6						
25,747	25,472	275	7,061		92						
9,762	9,219	543	3,956		46						
18,908	18,250	658	2,796		-						
15,654	15,433	221	1,603		92						
9,759	9,758	1	4,369		82						
16,044	13,888	2,156	6,312		117						
22,491	21,480	1,011	6,030		63						
24,862	24,858	4	5,301		-						
8,292	8,212	80	1,739		15		-	-	-		
20	20	-	20		20		-	-	-		
26,486	26,391	95	3,219		37		23,267	19,154	2,634		
24,042	23,132	910	7,570		13		16,472	14,593	1,549		
16,057	15,782	275	5,071		-		10,986	8,974	1,799		
9,664	9,664	-	3,491		5		6,173	4,371	1,707		
26,384	26,184	200	4,144		9		22,240	20,621	1,519		
6,576	5,945	631	4,581		-		1,895	1,160	611		
21,451	21,160	291	3,252		-		18,199	13,258	4,146		
15			15		-		-	-	-		
5,990	5,694	296	2,759		150		3,231	1,666	1,025		

(1) Comprends les gérants.
(2) Comprend grandes cultures, jardins maraîchers et potagers, vergers, vignobles et petits fruits.

TABLE 37. Population, Tenure and Condition of Farm Land by Subdivisions, Nova Scotia, 1931—Con.

N	Subdivision	Rural population Population rurale			Occupiers of land Occupants du sol			
		Total	On farms Sur les fermes	Not on farms Non sur les fermes	Total	Owners (¹) Proprié- taires(¹)	Tenants Loca- taires	Part owners, part tenants Proprié- taires partiels
		No.	No.	No.	No.	No.	No.	No.
	NOVA SCOTIA-Con.—**NOUVELLE-ECOSSE**-suite							
	Digby	16,941	10,065			1,958	42	93
1	Barton	404	282			67	2	2
2	Cheticamp	290	270			49	2	4
3	Church Point	448	279			55	2	-
4	Comeauville	530	417			84	1	2
5	Concession & Lower Concession	550	482				-	26
6	Corberrie	277	207				-	-
7	Culloden	672	435				2	3
8	Freeport	559	27				-	-
9	Grosses Coques	332	293				-	-
10	Hillsburg	777	428				1	-
11	Little River	464	131				-	-
12	Marshalltown	989	731				6	▲
13	Meteghan	506	280				-	-
14	Meteghan N	556	297				1	3
15	Meteghan River	546	275				-	1
16	New Tusket & Havelock	537	442				1	-
17	Plympton	758	615				3	7
18	Rossway	318	268				1	-
19	St. Bernard	951	682				2	3
20	St. Mary's (Cape)	202	176				-	1
21	Salmon River	1,151	1,062				10	18
22	Sandy Cove & Centreville	668	287				5	-
23	Saulnierville	1,272	802				-	14
24	Smith's Cove	365	142				-	1
25	Tiverton	425	93				-	1
26	Westport	458	38				-	1
27	Weymouth (North)	600	262				3	1
28	Weymouth Bridge	248	362				-	1
29	Indian Reserves—Indiennes	88	-				-	-
30	Urban Parts—Parties urbaines	-	-		5		-	1
	Guysborough	12,593	7,186		1,725	1,669	25	31
1	Beckerton	278	28		4	4	-	-
2	Caledonia	246	143		28	28	-	-
3	Charlo's Cove	312	161		34	34	-	-
4	Country Harbour	735	324		68	67	1	-
5	Crow Harbour	818	405		78	78	-	-
6	Glenelg (Forks)	554	397		90	88	4	-
7	Goldborough	251	19			8	1	-
8	Goshen	408	299				3	1
9	Guysborough	1,203	676				-	1
10	Hazel Hill	870	33				-	-
11	Intervale	353	320				-	-
12	Isaac Harbour	304	67				-	-
13	Lakedale	163	148				-	-
14	Larry's River	522	485				-	-
15	Liscomb	477	406				-	-
16	Manchester Lower	211	203				2	-
17	Manchester Upper	452	425			2	3	-
18	Marie Joseph	471	343				-	-
19	Melford	440	420				-	17
20	Mulgrave	67	47				-	-
21	New Harbour	330	197				-	-
22	Port Felix	373	88				-	-
23	Port Hilford	241	146			39	-	2
24	Roman Valley	193	188			58	-	-
25	Salmon River	451	284	167		72	1	-
26	Seal Harbour	364	172	192		37	-	-
27	Sherbrooke	680	109	571		51	2	-
28	Sonora	298	179	119		58	3	-
29	Tracadie	279	268	11		55	-	-
30	Whitehead	426	112	314		23	-	-
31	Wine Harbour	123	94	29		23	5	3
32	Urban Parts—Parties urbaines	-	-	-		58	5	3
	Halifax	31,829	12,803	19,026	2,702	2,608	65	29
1	Bedford Basin	1,741	48	1,693	13	11	1	1
2	Caribou Mines	182	31	151	10	9	-	1
3	Chezzetcook E	758	603	155	172	172	-	-
4	Chezzetcook W	813	116	697	30	30	-	-

(¹)Includes managers.
(²)Includes field crops, market gardens, orchards, vineyards and small fruits.

TABLEAU 37. Population, tenure et état de la terre par subdivisions, Nouvelle-Écosse, 1931—suite

Area of occupied land — Superficie de la terre occupée			Condition of occupied land — État de la terre occupée								No.
			Improved—Défrichée				Unimproved—En friche				
Total	Owned — Propriété	Rented — Louée	Total	Under crops(2) — En culture(2)	Fallow — Jachère	Pasture — Pâturage	Total	Woodland — En forêt	Natural pasture — Pâturage naturel	Marsh or waste land — Marécage	
ac.	ac.	ac.	ac.	ac.	ac.	ac.	ac.	ac.	ac.	ac.	
183,106	179,092	4,014	19,844	8,43	51	620					
5,638	5,543	95	605	589	-	-					
4,195	4,048	147	338		-	-					
2,040	1,900	140	498		1	26					
3,590	3,579	11	488		-	3					
7,602	7,220	382	522	50	3	11					
7,925	7,925	-	436	4?	-	-					
9,655	9,348	307	949	9.	-	-					
732	732	-	119	1	-	-					
3,559	3,545	14	412	3	-	2					
9,245	9,015	230	1,329	1 2	26	-					
3,407	3,407	-	204	1	-	-					
17,418	17,312	106	2,054	1,9	2	-					
3,625	3,625	-	566	54	1	11					
7,055	7,021	34	610	6	-	11					
1,757	1,749	8	821	33	-	456					
14,508	14,490	18	743	7	-	8					
13,016	12,413	603	967		-	-		8,			
8,602	8,402	200	937		3	-					
9,400	9,177	223	972		-	7					
1,428	1,419	9	159		-	-					
15,254	14,687	567	1,786		1	11					
7,071	6,746	325	721		4	-					
6,249	5,988	261	1,201		9	8					
3,237	3,162	75	652		-	34					
1,291	1,282	9	120		-	3			365		
729	695	34	131		1	10			227		
4,463	4,254	209	742		-	-			1,722		
10,366	10,361	5	725		-	17			5,674		
-	-	-	-		-	-					
49	47	2	37	27	-	2	12	10	2	-	
175,506	172,299	3,207	16,433		163	4,192			25,459		
314	314	-	5		-	-					
7,462	7,462	-	650		-	214			632		
222	222	-	52		-	23			4	-	
9,819	9,669	150	422		-	12					
3,244	3,244	-	140		5	6					
18,021	17,711	310	1,544		1	24					
463	435	28	55		-	15					
12,641	12,339	302	1,070		-	-					
13,832	13,829	3	1,414		32	261					
23	23	-	9		-	-					
14,096	13,971	125	832		-	33					
1,280	1,280	-	63		-	-					
5,735	5,735	-	483		5	197					
3,593	3,593	-	226		-	6					
2,024	2,024	-	181		-	23					
5,846	5,368	478	1,785		40	580					
11,350	10,775	575	1,528		2	521					
4,209	4,209	-	218		4	5					
14,057	13,900	157	617		3	-					
1,381	1,381	-	84		1	25					
2,753	2,753	-	160		-	-					
55	55	-	45		-	-					
4,488	4,383	105	178		-	-					
9,198	9,198	-	2,513		59	2,023					
8,460	8,360	100	446		-	48					
47	47	-	40		-	-			-		
6,187	6,187	-	376		5	66			570		
2,331	2,124	207	239		6	37			511		
5,563	5,403	160	538		-	60			1,262		
507	507	-	75		-	3			105		
3,910	3,705	205	132		-	-			322		
2,395	2,093	302	313		-	10			218		
287,551	280,436	7,115	28,765	22,109	204	4,131	258,786	241,639	28,526	18,621	
1,585	1,505	80	64	.13	1	22	1,521	1,197	8	316	1
130	128	2	32	27	-	-	98	98	-	-	2
4,691	4,691	-	600	473	-	-	4,091	3,776	268	47	3
1,120	1,120	-	198	158	-	8	922	698	183	41	4

(1) Comprend les gérants.
(2) Comprend grandes cultures, jardins maraîchers et potagers, vergers, vignobles et petits fruits.

TABLE 37. Population, Tenure and Condition of Farm Land by Subdivisions, Nova Scotia, 1931—Con.

No.	Subdivision / Subdivision	Rural population — Population rurale Total	On farms — Sur fermes	Not on farms — Non sur les fermes	Occupiers of land — Occupants du sol Total	Owners (¹) — Propriétaires(¹)	Tenants — Locataires	Part owners, part tenants — Propriétaires partiels
		No.	No.	N .	No.	No.	No.	No.
	NOVA SCOTIA-Con.—**NOUVELLE-ECOSSE**-suite							
	Halifax-Con.—fin							
5	Cole Harbour	2,596	25	,	4	3	1	–
6	East Dover	477	112		23	22	1	–
7	Eastern Passage	1,406	175	,	36	35	1	–
8	Fall River	814	256		49	45	4	–
9	Ferguson's Cove	374	3		1	1	–	–
10	French Village	790	494		113	106	4	3
11	Gay's River	757	618		131	128	2	1
12	Hackett's Cove	590	217		82	76	5	1
13	Hammonds Plains	619	311		55	54	1	–
14	Herring Cove	240	–		–	–	–	–
15	Hubbard Cove	329	176		42	35	6	1
16	Ingram River	820	495		104	97	6	1
17	Jeddore	1,015	836		159	159	–	–
18	Lawrencetown	258	228		52	48	1	3
19	Little River	268	227		50	47	2	1
20	Meaghers Grant	395	363		85	83	2	–
21	Middle Musquodoboit	832	600		132	127	2	–
22	Musquodoboit Harbour	880	555		116	115	1	–
23	Musquodoboit Upper	1,077	871		161	158	3	–
24	Northwest Arm	3,037	86		22	19	2	1
25	Port Dufferin	645	509		109	105	1	3
26	Porter's Lake	50	49		11	11	–	–
27	Portuguese Cove	226			–	–	–	–
28	Preston	741			110	108	1	1
29	Preston Road	1,059			93	86	3	4
30	Sackville	1,636			157	152	4	1
31	Sambro	431			7	7	–	–
32	Seaforth	168			12	12	–	–
33	Sheet Harbour	1,196			50	50	–	–
34	Ship Harbour	853			95	90	3	–
35	Shoal Bay	899			95	94	1	–
36	Smith Cove	826			109	109	–	–
37	Sober Island	222			5	5	–	–
38	Spry Bay	478			88	86	–	–
39	Spryfield	327			34	34	–	–
40	Terence Bay	629			28	28	–	–
41	Upper Prospect	295			21	21	–	–
42	Indian Reserves—Indiennes	80			3	3	–	–
43	Urban Parts—Parties urbaines	–			33	27	5	1
	Hants	**15,657**			**2,370**	**2,113**	**146**	**111**
1	Avondale	476			97	72	12	13
2	Burlington	441			113		9	1
3	Falmouth	879			122		14	10
4	Gore	1,118			169		12	3
5	Kempt	1,037			181		9	9
6	Maitland	1,155			194		6	12
7	Martock	687			113		11	12
8	Nine Mile River	1,102			145		4	6
9	Noel	1,239			182		9	2
10	Rawdon	426			94		5	4
11	Rawdon & Uniacke	461			65		1	1
12	Ste. Croix	1,771			181		27	21
13	Scotch Village	599			120		6	3
14	Shubenacadie	1,658			175		2	4
15	South Newport	922			145		6	5
16	Walton	770			110		6	–
17	Windsor Forks	709			115		4	3
18	Indian Reserves—Indiennes	207			6		–	–
19	Urban Parts—Parties urbaines	–			43		3	2
	Inverness	**16,518**	**14,919**	**1,599**	**3,027**	**2,811**	**53**	**163**
1	Broad Cove Marsh	667	636	31	115	103	3	9
2	Cheticamp	2,513	2,059	454	321	252	9	60
3	Creignish	397	377	20	80	72	1	7
4	Glencoe	822	777	45	126	125	–	1
5	Hillsboro	580	523	57	110	100	3	7
6	Judique	992	924	68	179	177	1	1
7	Lake Ainslie E	353	348	5	72	69	2	1
8	Lake Ainslie W.—O	197	196	1	51	51	–	–

(¹)Includes managers.
(²)Includes field crops, market gardens, orchards, vineyards and small fruits.

TABLEAU 37. Population, tenure et état de la terre par subdivisions, Nouvelle-Écosse, 1931—suite

Area of occupied land — Superficie de la terre occupée			Condition of occupied land — Etat de la terre occupée								No.
			Improved—Défrichée				Unimproved—En friche				
Total	Owned — Propriété	Rented — Louée	Total	Under crops(2) — En culture(2)	Fallow — Jachère	Pasture — Pâturage	Total	Woodland — En forêt	Natural pasture — Pâturage naturel	Marsh or waste land — Marécage	
ac.	ac.	ac.	ac.	ac.	ac.	ac.	ac.	ac.	ac.	ac.	
152	145	7	18	10	–	4	134	45	5		
1,899	1,699	200	68	40	–	–	1,831	1,581	106		
2,867	2,856	11	416	100	112	91	2,451	1,994	360		
9,412	8,332	1,080	952	585	9	307	8,460	7,099	431		
200	200	–	5	2	–	–	195	195	–	–	
7,238	6,962	276	536	467	–	5	6,702	3,671	613		
22,426	22,086	340	3,248	2,922	–	125	19,178	15,606	3,339		
3,679	3,451	228	252	183	1	10	3,427	1,857	511		
7,952	7,937	15	335	282	2	8	7,617	6,292	963		
–	–	–	–	–	–	–	–	–	–		
2,454	2,300	154	162	104	–	45	2,292	2,060	211		
4,905	4,686	219	327	206	–	61	4,578	3,210	335		
18,011	18,011	–	381	347	–	–	17,630	17,081	263		
8,109	7,717	392	753	675	–	34	7,356	3,893	1,257		
9,724	9,322	402	1,691	1,384	10	227	8,033	5,853	1,821		
15,930	15,805	125	1,811	1,154	51	526	14,119	11,677	2,227		
30,976	30,572	404	5,733	3,943	–	1,737	25,243	22,100	2,445		
9,811	9,807	4	472	317	–	53	9,339	7,726	372		
32,147	31,940	207	3,687	3,400	2	179	28,460	22,008	4,852		
3,372	3,137	235	204	106	8	63	3,168	2,974	96		
7,572	6,531	1,041	462	339	–	64	7,110	6,745	137		
553	553	–	86	37	–	30	467	254	163		
–	–	–	–	–	–	–	–	–	–		
4,689	4,669	20	628		–	2	82			536	
9,755	9,232	523	1,164		–	100				1,716	
23,133	23,000	133	1,732		–	112				2,255	
307	307	–	48		–	28					
317	317	–	92		–	–				49	
4,524	4,524	–	238		–	–				309	
8,411	7,768	643	263		–	66				282	
7,032	7,017	15	464		–	14				507	
6,223	6,223	–	393		1	3				1,121	
345	345	–	43		–	–				32	
5,658	5,443	215	477		2	–				461	
8,065	8,065	–	280		–	39				8	
290	290	–	60		–	–				13	
1,072	1,072	–	42		–	–				45	–
152	152	–	42		–	7				51	
663	519	144	306		3	49				176	
330,992	315,216	15,776	64,282		153						
7,298	6,504	794	2,679		10						
11,607	11,206	401	2,690		–						
15,396	13,571	1,825	4,859		–						
37,174	35,117	2,057	3,972		2						
13,701	13,262	439	2,519		–						
24,722	23,649	1,073	4,428		37						
13,358	12,271	1,087	3,058		11						
29,424	28,026	1,398	5,081		6						
22,842	22,061	781	5,015		10						
21,201	19,435	1,766	3,404		4						
15,956	15,836	120	1,861		–						
11,053	9,785	1,268	2,715		–						
15,707	15,287	420	3,959		33						
34,331	33,820	511	6,838		–						
21,964	21,580	384	4,621		3						
12,359	11,961	398	1,979		12						
18,648	18,161	487	2,451		9						
187	187	–	106		16						
4,064	3,497	567	2,047		–	328					
338,429	326,640	11,789	55,638	40,682	389	10,090	282,791	217,566	52,701	12,524	
12,507	10,640	1,867	2,747	1,647	113	637	9,760	6,171	3,459	130	1
13,065	11,470	1,595	2,596	2,228	–	48	10,469	7,489	2,660	320	2
10,924	10,348	576	1,006	536	–	297	9,918	7,688	1,646	584	3
24,044	23,944	100	3,621	2,929	27	586	20,423	16,342	3,574	507	4
16,499	15,261	1,238	3,665	2,681	–	854	12,934	9,249	3,275	410	5
20,007	19,807	200	3,399	2,555	33	698	16,608	12,758	2,142	1,708	6
11,316	11,112	204	1,971	1,794	19	71	9,345	7,958	1,358	29	7
7,026	7,026	–	1,341	731	7	552	5,685	5,313	158	214	8

(1)Comprend les gérants.
(2)Comprend grandes cultures, jardins maraîchers et potagers, vergers, vignobles et petits fruits.

TABLE 27. Population, Tenure and Condition of Farm Land by Subdivisions, Nova Scotia, 1931—Con.

N	Subdivision / Subdivision	Rural population / Population rurale			Occupiers of land / Occupants du sol			
		Total	On farms — Sur les fermes	Not on farms — Non sur les fermes	Total	Owners (1) — Proprié- taires(1)	Tenants — Loca- taires	Part owners, part tenants — Proprié- taires partiels
		No.	No.	No.	No.	No.	No.	No.
	NOVA SCOTIA-Con.—NOUVELLE-ECOSSE-suite Inverness-Con.—fin							
9	Margaree Harbour E	602	545			99	–	
10	Margaree Harbour W.—O	255	185			37	2	
11	Margaree N.E	8	779				2	
12	Margaree S.W.—O	7	738				–	
13	Orangedale		433					
14	Pleasant Bay		246				1	
15	Poplar Grove		546				7	
16	Port Hastings		325					
17	Port Hood		1,121				3	
18	River Denys		486					
19	River Inhabitants		646					
20	St. Joseph		1,022				7	
21	Strathlorne		860				3	
22	West Bay		353				2	
23	Whycocomagh N		632				4	1
24	Indian Reserves—Indiennes		162				2	–
25	Urban Parts—Parties urbaines	–	–	–			1	2
	Kings			6,422				150
1	Aylesford			644				9
2	Cambridge			641				3
3	Canard			164				10
4	Canning			753				4
5	Cornwallis			1,666				15
6	Dalhousie			23				7
7	Harbourville			61				5
8	Horton			1,239				37
9	Kingston			160				4
10	North Kingston			152				3
11	Port Williams			415				27
12	Scots Bay			108				10
13	Sheffield Mills			101		43		4
14	Somerset			255		162		5
15	Indian Reserves—Indiennes			40		3	–	
16	Urban Parts—Parties urbaines	–	–	–		108	11	7
	Lunenburg	24,620	16,005	8,615	3,614	3,478	79	57
1	Baker Settlement	434	390	44	83	82	1	–
2	Bars' Corner	902	835	67	185	179	3	3
3	Blandford	520	301	219	83	83		–
4	Blockhouse	459	308	151	65	64		–
5	Blue Rocks	747	141	606	24	23	1	–
6	Chester Basin	506	330	176	73	72		1
7	Chester E	991	491	500	103	99	4	–
8	Chester W.—O	980	381	599	90	83	5	2
9	Conquerall Bank	521	274	247	58	54	4	2
10	Dayspring	585	232		55	54	–	
11	Dublin W.-O	379	146		46	46	–	
12	East Lahave (Park Creek)			355	89	88	1	–
13	Feltz S				71		–	–
14	First Peninsula				42		2	2
15	First South				102		2	2
16	Garden Lots				35			3
17	Hebbville				78		3	–
18	Hemford				185		2	5
19	Indian Point				109		4	1
20	Italy Cross				126		–	–
21	Lahave Island				4			1
22	Mader's Cove				35		1	3
23	Martin's Brook				50		2	–
24	Midville Branch				96		–	–
25	Mill Cove				24		1	–
26	New Cornwall			58	127		6	2
27	New Germany E			348	107		4	4
28	New Germany W.—O			67	40		–	1
29	New Ross E			68	143	138	1	1
30	New Ross W.—O			39	76	75		1
31	Northfield			149	170	166	2	2
32	Oakland	439		143	73	69	8	1
33	Petite Rivière & Broad Cove	770		206	140	137	3	
34	Pleasantville	660		217	114	112	1	1
35	Riverport	659		384	59	57	1	1

(1) Includes managers.
(2) Includes field crops, market gardens, orchards, vineyards and small fruits.

TABLEAU 37. Population, tenure et état de la terre par subdivisions, Nouvelle-Ecosse, 1931—suite

Area of occupied land — Superficie de la terre occupée			Condition of occupied land — État de la terre occupée								
			Improved—Défrichée				Unimproved—En friche				
Total	Owned — Propriété	Rented — Louée	Total	Under crops(2) — En culture(1)	Fallow — Jachère	Pasture — Pâturage	Total	Woodland — En forêt	Natural pasture — Pâturage naturel	Marsh or waste land — Marécage	No.
ac.	ac.	ac.	ac.	ac.	ac.	ac.	ac.	ac.	ac.	ac.	
5,954	5,951	3	782	678	–	–					
5,928	5,387	541	894	608	10						
20,817	20,725	92	3,610	2,667	–						
21,723	21,550	173	3,457	2,849	–						
15,111	14,460	651	2,044	1,446	1						
3,054	2,844	210	441	312	18						
11,436	10,593	843	2,087	1,503	6						
8,571	8,562	9	1,452	1,053	26						
19,050	18,763	287	4,060	2,969	4						
21,921	20,971	950	2,342	1,589	19						
25,107	24,987	120	2,832	2,060	–						
9,675	8,806	869	1,640	1,471	–						
18,716	18,400	316	3,476	2,732	29						
14,106	13,961	145	1,627	1,067	25						
18,383	17,663	720	3,730	2,089	39						
896	880	16	96	60	6						
2,593	2,529	64	822	428	7						
290,364	**276,117**	**14,247**	**101,428**	**91,064**	**1,043**						
33,827	32,105	1,722	11,473	10,383	6						
12,161	11,755	406	3,981	3,475	10						
5,009	4,352	657	4,134	3,308	–						
12,956	12,720	236	6,668	6,132	60						
66,267	64,086	2,181	22,570	20,715	538						
9,605	8,981	624	703	551	–						
11,336	11,084	252	2,483	2,448	4						
71,890	68,435	3,455	19,824	18,082	1						
11,318	10,553	765	3,128	2,882	–						
16,230	14,928	1,302	5,187	4,892	4						
7,106	6,267	839	5,480	4,441	7						
8,788	8,466	322	2,026	1,796	10						
4,504	4,161	343	2,246	1,504	377						
13,683	13,067	616	8,742	7,999	20						
288	288	–	40	33	–						
5,396	4,869	527	2,743	2,423	6						
292,424	**285,594**	**6,830**	**35,284**	**30,592**	**257**	**1,446**			**70,198**		
8,020	7,995	25	775	257	44	60			2,388		
21,151	20,542	609	2,685	2,539	5	9			5,442		
3,409	3,409	–	450	310	1	–			353		
5,235	5,198	37	667	561	–	–			1,764		
252	227	25	96	78	–	1			–		
5,316	5,313	3	423	372	–	–					
6,130	5,830	300	602	503	–	16					
8,302	7,875	427	820	786	–	8					
6,656	6,486	170	750	711	–	–					
5,834	5,709	125	737	680	–	–					
1,837	1,837	–	367	347	–	–					
1,776	1,746	30	464	419	4	3					
1,482	1,482	–	586	495	–	10					
2,022	1,904	118	763	714	2	10					
3,332	3,328	4	723	694	–	–					
1,586	1,511	75	541	504	–	–					
6,644	6,640	4	1,134	1,174	–	2					
21,148	20,389	759	2,945	1,992	96	704					
2,220	2,141	79	558	459	–	24					
13,720	13,720	–	1,088	1,032	–	20					
469	468	1	87	49	–	28					
1,550	1,501	49	348	336	–	10					
2,076	2,043	33	869	850	10	–					
8,413	8,413	–	916	785	–	–					
3,245	3,045	200	53	57	–	–			–	–	
15,302	14,832	470	1,497	1,398	2	7			3,669		
10,484	9,779	705	1,283	1,211	–	18			2,031		
3,904	3,804	100	479	436	–	–			1,209		
26,310	25,897	413	1,205	1,112	6	5			2,808		
11,159	11,064	95	544	488	–	–			993		
19,945	19,421	524	2,428	1,688	2	406			8,659		
5,433	5,338	95	587	509	4	10			839		
11,150	10,939	211	1,269	1,180	–	19			2,557		
5,203	5,151	52	853	795	6	4			1,429		
734	698	36	328	285	–	–			50		

(1) Comprend les gérants.
(2) Comprend grandes cultures, jardins maraîchers et potagers, vergers, vignobles et petits fruits.

TABLE 37. Population, Tenure and Condition of Farm Land by Subdivisions, Nova Scotia, 1931—Con.

No.	Subdivision	Rural population Population rurale			Occupiers of land Occupants du sol			
		Total	On farms Sur les fermes	Not on farms Non sur les fermes	Total	Owners (1) Propriétaires (1)	Tenants Locataires	Part owners, part tenants Propriétaires partiels
		No.	No.	No.	No.	No.	No.	No.
	NOVA SCOTIA-Con.—NOUVELLE-ECOSSE-suite							
	Lunenburg-Con.—fin							
36	Rose Bay	545	324	221	76	72	1	3
37	Tancook	561	472	89	94	85	4	5
38	Upper Lahave	855	441	414	118	112	3	3
39	Vogler's Cove	541	434	107	111	104	3	4
40	Waterloo	804	749	55	150	146	4	-
41	Western Shore	805	259	546	44	43	-	-
42	Indian Reserves—Indiennes	35	9	26	1	1	-	-
43	Urban Parts—Parties urbaines	-	-	-	60	53	5	2
	Pictou	15,447	11,035	4,412	2,931		70	77
1	Abercrombie & Granton	443	358	85	83		3	4
2	Bailey's Brook	465	382	83	113		6	5
3	Barney River	670	568	102	146		2	1
4	Big Island	93	72	21	24		-	-
5	Bridgeville	325	260	65	79		4	1
6	Cape John	600	438	162	100		2	3
7	Caribou	449	380	69	97		-	-
8	Caribou River	204	192	12	49		-	-
9	Churchville	671	389	282	75		3	1
10	Dalhousie	470	448	22	128		-	2
11	East River St. Mary's	230	175	55	41		1	1
12	Eureka	395	88	307	24		3	-
13	Fisher's Grant	279	163		34		7	1
14	Fraser's Mountain & Linacy	579	367		85	77	4	4
15	Gairloch	249	197		62	57	2	3
16	Garden of Eden	242	226		61	61	-	-
17	Green Hill	469	450		114	104	4	6
18	Hopewell	508	254		58	53	4	1
19	Little Harbour	704	633		139	134	1	4
20	Lorne	288	271		66	63	-	3
21	McLellan's Brook	443	206		45	41	2	2
22	McLellan's Mountain	136	132		36	32	1	3
23	Merigomish	473	406		95	81	4	10
24	Middle River	481	447		110	104	8	1
25	Mill Brook	320	272		83	79	-	4
26	Mount Thom	472	429		120	120	-	-
27	Pictou Island	224	181		36	35	-	1
28	River John	859	601		168	167	-	1
29	River John West Branch	410	394		96	96	-	-
30	Riverton	367	105		24	23	-	-
31	Scotch Hill	333	267		72	72	-	-
32	Scotsburn	360	252		66	66	-	-
33	Sunnybrae	327	238	89	60	54	-	-
34	Thorburn	977	86	891	24	23	1	-
35	Toney River	471	427	44	111	107	2	2
36	Wentworth Grant	298	265	33	82	80	1	1
37	Indian Reserves—Indiennes	163	15	148	3	3	-	-
38	Urban Parts—Parties urbaines	-	-	-	122	109	7	6
	Queens	7,943	4,297	3,646	1,010	960	31	19
1	Beach Meadows	232	202	30	55	54	-	1
2	Brookfield N	765	616	149	127	118	8	1
3	Brooklyn	917	155	762	32	30	2	-
4	Caledonia	692	389	303	94	86	6	2
5	Greenfield	405	342	63	72	70	1	1
6	Hunt's Point	291	272	19	69	64	2	3
7	Kempt	433	304	129	69	69	-	-
8	Mill Village	651	341	310	67	61	2	4
9	Milton	1,494	429	1,065	91	88	2	2
10	Port Medway	503	265	238	67	59	6	2
11	Port Mouton	761	370	391	89	89	-	-
12	West Berlin	274	270	4	68	65	3	-
13	Western Head	490	342	148	107	104	-	2
14	Indian Reserves—Indiennes	35	-	35	-	-	-	-
15	Urban Parts—Parties urbaines	-	-	-	3	3	-	-
	Richmond	11,098	6,606	4,492	1,460	1,398	29	33
1	Arichat	576	207	369	39	34	2	3
2	Arichat E. & Petite de Grat	1,474	102	1,372	19	19	-	-
3	Arichat W.—O	862	116	746	23	22	-	1
4	Black River	284	273	11	65	63	-	2
5	D'Escousse	433	353	80	95	92	2	1

(1) Includes managers.
(2) Includes field crops, market gardens, orchards, vineyards and small fruits.

TABLEAU 37. Population, tenure et état de la terre par subdivisions, Nouvelle-Ecosse, 1931—suite

Area of occupied land — Superficie de la terre occupée			Condition of occupied land — Etat de la terre occupée								
			Improved—Défrichée				Unimproved—En friche				
Total	Owned / Propriété	Rented / Louée	Total	Under crops[2] / En culture[2]	Fallow / Jachère	Pasture / Pâturage	Total	Woodland / En forêt	Natural pasture / Pâturage naturel	Marsh or waste land / Marécage	No.
ac.	ac.	ac.	ac.	ac.	ac.	ac.	ac.	ac.	ac.	ac.	
2,310	2,301	9	827	712	62	2	1,483	1,068	394	21	36
1,184	1,025	159	483	400	–	–	701	112	549	40	37
5,884	5,718	166	803	701	–	–	5,081	2,425	1,772	884	38
2,124	2,071	53	448	380	–	6	1,676	1,232	330	114	39
24,594	24,134	460	1,978	1,904	–	–	22,616	15,820	5,354	1,442	40
3,745	2,741	4	206	176	–	10	2,539	1,887	340	312	41
60	60	–	15	15	–	–	45	30	15	–	42
2,074	1,869	205	604	497	9	54	1,470	812	643	15	43
345,680	**335,287**	**10,393**	**119,823**	6	630	51,288	2	1	36,061		1
7,705	7,257	448	2,060		1	658					
9,527	8,877	650	4,048		–	1,561			1,235		
23,832	23,467	365	3,640	447	108	930			2,674		
1,846	1,846	–	825	404	–	335					
10,688	10,063	625	3,601	430	181	1,733					
9,316	9,114	202	5,857	295	–	2,526					
10,067	10,067	–	2,825	910	–	863					
6,183	6,183	–	1,609	17	–	419					
6,464	6,179	285	3,343	326	95						
17,667	17,544	123	6,971		–						
8,379	8,319	60	1,160		3						
1,333	1,168	165	489		8						
1,988	1,713	275	699		2						
5,878	5,487	391	2,586		–						
9,191	8,746	445	3,924		7						
10,649	10,649	–	2,965		–						
12,901	12,302	599	6,297		60						
5,524	4,954	570	1,719		–						
15,335	14,935	400	3,602		4						
9,373	9,135	238	3,357		10						
4,758	4,373	385	1,901		–						
6,766	6,416	350	1,578		–						
9,620	8,975	645	2,975		10						
14,852	13,727	1,125	5,946		15						
11,920	11,545	375	3,746		–						
15,661	15,661	–	5,418		2						
3,051	2,991	60	1,071		–						
16,780	16,779	1	7,989		78						
16,612	16,612	–	4,934		32						
2,283	2,050	233	841		–						
8,368	8,368	–	2,993		–						
7,179	7,179	–	3,102		–						
10,993	10,406	587	4,039		–				144		
931	927	4	320		2				1,999		
16,412	16,108	304	4,967		2				1,657		
12,440	12,270	170	4,543		–						
11	11	–	11		–		–	–	–		
3,197	2,884	313	1,872		10	371	1,325	556	736		
96,369	**94,165**	**2,204**	**7,378**		75	298					
3,088	3,084	4	300		–	16					
14,443	14,075	368	1,369		12	40					
1,409	1,329	80	104		–	–					
14,490	13,505	985	1,343		25	7					
15,849	15,799	50	507		5	–					
3,839	3,630	209	311		6	26					
9,864	9,864	–	1,241		2	58					
9,178	9,122	56	277		–	5					
3,584	3,553	26	326		21	23					
3,012	2,720	292	265		4	–					
9,977	9,977	–	455		–	103					
3,743	3,648	95	447		–	7					
3,774	3,735	39	413		–	13					
–	–	–	–		–	–					
119	119	–	20	19	–	–	99	86	13		
104,378	**101,241**	**3,137**	**8,216**	5,676	110	1,296	96,162	73,527	13,464	9,171	
1,892	1,773	119	363	243	3	85	1,529	1,168	310	51	1
258	258	–	83	60	–	5	175	82	59	34	2
1,110	1,106	4	108	69	5	19	1,002	826	54	122	3
14,250	13,950	300	1,006	395	2	489	13,244	10,878	1,689	677	4
1,302	1,294	8	402	323	–	33	900	516	167	217	5

(1) Comprend les gérants.
(2) Comprend grandes cultures, jardins maraîchers et potagers, vergers, vignobles et petits fruits.

TABLE 37. Population, Tenure and Condition of Farm Land by Subdivisions, Nova Scotia, 1931—Con.

N	Subdivision / Subdivision	Rural population — Population rurale			Occupiers of land — Occupants du sol			
		Total	On farms — Sur les fermes	Not on farms — Non sur les fermes	Total	Owners (1) — Propriétaires(1)	Tenants — Locataires	Part owners, part tenants — Propriétaires partiels
		No.	No.	No.	No.	No.	No.	No.
	NOVA SCOTIA-Con.—NOUVELLE-ECOSSE-fin							
	Richmond-Con.—fin							
6	Framboise	460	362	98	84	84	-	-
7	Grand River	443	389	54	99	99	-	-
8	Inhabitants River	967	839	128	164	153	6	5
9	L'Ardoise	666	660	6	150	150	-	-
10	Loch Lomond	182	182	-	44	42	1	1
11	Point Tupper	582	175	407	42	35	5	2
12	Poulamon	696	319	377	62	62	-	-
13	Red Islands	373	343	30	79	71	8	-
14	River Bourgeois	1,021	707	314	151	144	1	6
15	Rockdale	913	910	3	187	185	2	-
16	St. Peter's	984	636	348	151	137	2	12
17	Indian Reserves—Indiennes	182	33	149	6	6	-	-
	Shelburne		3,406				18	18
1	Barrington Head & Passage		454				6	4
2	Churchover & Rosary		134				1	2
3	Clyde River & Cape Negro		92				-	-
4	Green Harbour		264				3	3
5	Jordan Bay		172				-	-
6	Jordan River		247				1	-
7	North Cape Island		767				1	-
8	North East Harbour		157				2	3
9	Ohio		218				-	-
10	Port Latour		77				-	-
11	Sable River & Louis Head		299				4	1
12	Sandy Point		119				-	2
13	Shag Harbour		169				-	2
14	Woods Harbour		237				-	-
15	Indian Reserves—Indiennes		-				-	-
16	Urban Parts—Parties urbaines	-	-	-	14	13	-	1
	Victoria		6,297				24	28
1	Baddeck		395				2	-
2	Baddeck Centre		61				1	1
3	Bay St. Lawrence		356				1	1
4	Big Baddeck		227				-	-
5	Big Bras d'Or		187				-	4
6	Boularderie (pt.)		579				7	1
7	Cape North		705				1	4
8	Englishtown		213				1	3
9	Ingonish		733				1	1
10	Iona		617				1	2
11	Little Narrows N. & S.		374				1	7
12	Middle River		433				2	3
13	Neil's Harbour		-				-	-
14	New Campbellton		169		-	38	2	1
15	North River		364			89	1	-
16	North Shore		354			80	-	-
17	South Gut		298			71	2	-
18	Washabuck		232			52	1	-
	Yarmouth		8,318				40	70
1	Amirault Hill		526				1	11
2	Arcadia		460				4	2
3	Argyle Head & Lower Argyle		430				3	-
4	Belleville		883				2	-
5	Brooklyn		235				-	2
6	Carleton		695				10	2
7	Chegoggin		485				1	8
8	Eel Brook		466				4	15
9	Hebron		428				4	1
10	Kemptville		309				-	4
11	Ohio		457				3	4
12	Plymouth		397				-	-
13	Port Maitland		284			82	2	-
14	Pubnico E		309			67	1	-
15	Pubnico Head		255			58	-	-
16	Pubnico W.—O		1,011			161	1	1
17	Rockville		353			72	3	-
18	The Islands		177			24	-	-
19	Tusket		158			35	1	2
20	Indian Reserve—Indiennes		-		5	2	-	-
21	Urban Parts—Parties urbaines	-	-	-	5	3	-	2

(1) Includes managers.
(2) Includes field crops, market gardens, orchards, vineyards and small fruits.

TABLEAU 37. **Population, tenure et état de la terre par subdivision, Nouvelle-Écosse, 1931—fin**

Area of occupied land — Superficie de la terre occupée			Condition of occupied land — État de la terre occupée								No.
			Improved—Défrichée				Unimproved—En friche				
Total	Owned — Propriété	Rented — Louée	Total	Under crops(2) — En culture(2)	Fallow — Jachère	Pasture — Pâturage	Total	Woodland — En forêt	Natural pasture — Pâturage naturel	Marsh or waste land — Marécage	
ac.	ac.	ac.	ac.	ac.	ac.	ac.	ac.	ac.	ac.	ac.	
6,808	6,808	–	332	275	–	2	6,476	3,190	2,448	838	6
16,602	16,602	–	740	355	–	196	15,862	9,537	2,823	3,502	7
13,902	12,975	927	787	670	–	13	13,115	12,118	660	337	8
4,303	4,303	–	623	562	–	–	3,680	3,051	483	146	9
7,294	7,094	200	414	280	19	14	6,880	5,103	1,112	665	10
2,896	2,797	99	222	123	–	72	2,674	2,215	369	90	11
1,102	1,102	–	180	152	–	9	922	844	78	–	12
6,650	6,369	281	679	588	–	71	5,971	4,703	1,045	223	13
11,482	11,323	159	696	567	–	43	10,786	8,390	840	1,556	14
3,849	3,843	6	529	214	75	52	3,320	3,153	143	24	15
10,637	9,603	1,034	1,021	774	6	193	9,616	7,743	1,184	689	16
41	41	–	31	26	–	–	10	10	–	–	17
75,038	**73,837**	**1,201**	**3,557**	**2,118**	**52**	**552**	**71,481**	**60,779**			
6,739	6,593	146	352	230	3	1	6,387	4,503			
3,604	3,419	185	148	116	–	8	3,456	1,647			
9,597	9,597	–	176	139	6	–	9,421	8,605			
4,711	4,506	205	172	107	1	19	4,539	4,404			
4,384	4,384	–	224	162	–	–	4,160	3,942			
7,669	7,569	100	306	68	8	6	7,363	7,037			
1,150	1,147	3	381	269	16	42	769	461			
2,384	2,302	82	130	117	–	–	2,254	2,075			
19,430	19,430	–	352	233	1	43	19,078	18,062			
208	208	–	97	47	–	32	111	53			
9,243	8,784	459	423	248	–	47	8,820	6,871			
2,190	2,177	13	133	100	5	17	2,057	1,785			
1,862	1,856	6	341	81	–	249	1,521	728			
1,598	1,598	–	246	165	–	56	1,352	424			
269	267	2	78	36	0	32	193	182	11	–	
173,423	**167,248**	**6,175**	**26,668**	**17,916**	**211**	**058**					
16,935	16,625	310	3,479	2,366	29						
1,427	582	845	242	110	–	97			855		
4,751	4,733	18	643	416	8	68					
11,870	11,870	–	1,540	678	–	701					
4,409	4,235	174	1,074	468	–	405					
17,752	16,695	1,057	4,637	2,384	18						
15,701	14,871	830	1,561	1,440	–	37					
5,568	5,202	366	470	268	–	92					
5,935	5,833	102	523	226	5	122					
9,456	9,351	105	1,906	1,389	–	142					
16,938	15,958	980	1,891	1,233	–						
20,032	19,212	820	3,470	2,898	2	547					
3,465	3,227	238	441	163	59	100	3,024	2,498	503		
11,556	11,456	100	1,229	1,029	–	70	10,327	8,633	1,313		
10,462	10,462	–	1,791	1,711	–	–	8,671	6,205	2,464		
10,902	10,722	180	888	719	14	72	10,014	8,769	1,195		
6,264	6,214	50	883	418	76	177	5,381	3,667	1,431		
116,522	**112,129**	**4,393**	**15,401**	**10,634**	**267**	**1,866**		**59,811**			
2,007	1,923	84	396	317	–	1		869			
5,353	5,088	265	1,208	382	37	515		1,111			
7,096	6,539	557	1,016	659	60	168		3,540			
9,245	9,200	45	571	470	1	12		5,052			
4,634	4,571	63	539	445	–	19		2,035			
20,629	19,254	1,375	1,361	667	28	79		13,253			
4,799	4,499	300	1,898	1,509	–	218		473			
2,906	2,682	224	253	182	–	25		1,763			
7,572	7,291	281	1,609	1,193	18	145		2,769			
10,610	10,427	183	628	517	–	8		6,361			
19,038	18,583	455	1,435	1,266	–	40		13,337			
4,767	4,767	–	611	267	22	120		2,439			
5,847	5,697	150	896	708	49	71		3,010			
1,051	1,043	8	231	135	–	1		820	177		
1,541	1,541	–	193	71	21	26		1,348	659		
2,377	2,252	125	615	521	2	17		1,762	977		
4,513	4,327	186	1,463	1,110	5	265		3,050	1,024		
869	862	7	93	34	9	11		776	392		
1,542	1,464	78	298	132	15	92		1,244	553		
126	119	7	87	49	–	33	39	17	18	4	21

(1) Comprend les gérants.
(2) Comprend grandes cultures, jardins maraîchers et potagers, vergers, vignobles et petits fruits.

TABLE 38. Live Stock and Crops by Subdivisions, Nova Scotia, 1931

No.	Subdivision / Subdivision	Horses / Chevaux	Cows in milk or in calf / Vaches en lactation ou en gestation	Others / Autres	Sheep / Moutons	Swine / Porcs	Hens and chickens / Poules et poulets	Others / Autres
		No.	No.	No.	No.	No.	No.	No.
	NOVA SCOTIA—NOUVELLE-ECOSSE	**43,074**	**108,145**	**112,856**	**196,344**	**43,865**	**1,244,718**	**35,397**
	Annapolis	**2,365**	**6,299**	**7,309**	**6,549**		**72,210**	**1,605**
1	Albany	33	63	98	12		529	-
2	Bear River	57	159	186	244		1,887	-
3	Belleisle	146	415	618	302		2,128	
4	Brooklyn E	128	275	281	190		3,189	
5	Carleton Corner	158	438	633	185		9,819	
6	Clarence	196	651	694	659		6,404	
7	Clementsport	97	254	359	304		3,369	
8	Clementsvale	69	198	359	359		2,097	
9	Dalhousie	25	55	75	16		357	
10	Granville Ferry	89	331	380	518		2,089	
11	Hampton	54	167	108	525		875	
12	Lawrencetown	105	270	271	48		2,320	
13	Lawrencetown Lane	152	348	301	82		2,938	
14	Lequille	75	266	313	37		2,271	
15	Maitland	36	86	183	143		915	
16	Margaretville	73	120	91	171		1,746	
17	Melvern	124	267	264	396		5,916	
18	Milford	15	70	97	278		667	
19	Nietau	138	315	285	68		4,733	
20	Parker Cove	27	53	66	255		803	-
21	Port George	104	249	193	566		2,691	191
22	Port Lorne	91	220	217	729		1,432	67
23	Round Hill	80	233	321	56		2,878	61
24	Springfield	58	218	283	111		1,801	-
25	Thornes Cove	48	163	271	117		1,681	23
26	Torbrook	133	293	261	145		3,573	-
27	Indian Reserves—Indiennes	-	-	-	-			
28	Urban Parts—Parties urbaines	54	122	101	33	56	3,102	28
	Antigonish	**2,560**	**5,582**	**8,258**	**25,626**			**2,509**
1	Antigonish (Rural)	296	673	981	2,565		°	363
2	Arisaig	99	192	357	1,305			463
3	Cape George	176	340	522	2,744		.. -	199
4	Harbour au Bouche	120	246	232	581			11
5	Heatherton	133	357	457	1,207		.	2
6	Linwood	114	237	334	788		.. -	-
7	Lochaber	131	352	514	1,772			60
8	Maryvale	91	163	263	878			117
9	Morristown	147	291	482	1,480			289
10	North Grant	119	273	326	1,160			492
11	Pomquet	206	410	466	1,201			75
12	St. Andrews	300	702	1,223	3,211			277
13	St. Joseph N	119	253	447	1,270			41
14	St. Joseph S	113	264	489	1,498			33
15	South River, Middle	122	295	403	1,717			55
16	South River, Upper	65	149	280	1,134			23
17	Tracadie	173	330	432	1,002			-
18	Indian Reserves—Indiennes	-	-	-	-			-
19	Urban Parts—Parties urbaines	36	55	50	113	17		9
	Cape Breton	**2,140**	**5,673**	**3,077**	**13,550**	**1,283**		**1,327**
1	Bateston	18	34	9	157	11		-
2	Big Pond	54	153	100	670	28		
3	Boisdale	94	263	170	558	54		
4	Boularderie (pt.)	164	377	172	167	94	2.	
5	Catalone	34	73	27	471	16		
6	Dominion No. 6	33	48	23	-	24		
7	Dutch Brook	73	186	95	104	98		
8	East Bay N	69	208	112	887	22		
9	East Bay S	72	221	143	777	22		
10	Edwardsville & Coxheath	198	581	212	229	111		
11	Enon	42	141	117	678	24		
12	Frenchvale	55	152	92	639	36		
13	Gabarus	96	210	104	1,683	20		
14	George River	154	481	179	257	117		
15	Grand Mira	136	420	428	1,926	45		
16	Grand Narrows	202	503	396	2,289	104		
17	Hillside	98	207	119	560	44		
18	Lingan (South Bar)	78	227	52	-	56		

(1) Includes alfalfa, clovers and all grasses.

TABLEAU 38. Bétail et grandes cultures par subdivisions, Nouvelle-Écosse, 1931

All field crops — Toutes cultures	Wheat — Blé	Barley — Orge	Oats — Avoine	Rye — Seigle	Mixed grains — Grains mélangés	Other cereals and flax — Autres céréales et lin	Cultivated hay(1) — Foin cultivé(1)	Potatoes — Pommes de terre	Roots — Racines	Other crops — Autres cultures	Orchards and vineyards — Vergers et vignobles	Market gardens — Jardins maraîchers	N°
ac.	ac.	ac.	ac.	ac.	ac.	ac.	ac.	ac.	ac.	ac.	ac.	ac.	
574,729	2,935	7,833	85,378	161	3,883	4,899	420,816	22,664	8,775	17,385	40,939	1,065	
41,593	20	291	3,708	8	308	376					9,086	118	
427	–	3	40	–	–	7					30	–	1
979	–	7	87	–	3	9					66	2	2
2,640	–	21	184	–	3	29					475	2	3
2,679	2	15	225	2	140	15					551	4	4
2,787	–	8	163	–	1	14					868	2	5
3,889	3	28	418	–	30	34					873	1	6
1,866	3	20	131	–	–	6					154	69	7
1,237	–	15	142	1	–	6					68	–	8
363	–	–	3	–	–	–					12	–	9
1,694	–	3	97	–	3	2					198	–	10
1,049	–	5	124	–	–	6					–	–	11
1,860	–	3	192	–	19	33					–	–	12
2,251	1	22	267	–	–	27					–	–	13
1,093	–	4	52	–	–	7					–	3	14
593	–	–	12	–	–	4					–	1	15
1,247	–	14	122	–	–	9					–	11	16
2,163	3	19	169	–	42	35					1,	8	17
435	–	1	19	–	–	–					–	–	18
1,824	3	11	278	–	12	27					–	7	19
287	–	1	3	–	–	–					–	–	20
1,948	1	23	220	–	15	5					–	3	21
1,812	–	18	189	–	21	34					–	1	22
1,432	–	13	73	–	–	13					–	–	23
821	–	13	63	–	20	12					–	–	24
646	–	1	66	–	–	9					–	–	25
2,606	1	22	216	5	–	28					–	–	26
											–	–	27
968	3	1	127	–	–	4	801	23	9		405	4	28
29,318	657	556	5,571	8	91	22		1,1	2	1,5	227	7	
4,125	105	68	731	–	25	–					35	2	1
680	83	11	221	–	7	3					–	–	2
1,956	104	47	331	–	9	–					–	–	3
790	2	6	91	–	–	–					7	–	4
2,211	17	14	393	4	–	–					16	–	5
1,350	5	18	183	–	–	–					–	–	6
1,651	2	14	341	–	–	1					20	–	7
1,244	35	36	207	–	–	–					6	–	8
892	41	16	352	–	–	–					20	1	9
1,639	20	30	312	–	12	4					22	1	10
2,406	58	73	368	–	21	–					26	1	11
3,471	76	94	701	–	16	6					12	–	12
550	17	12	243	–	–	3					14	–	13
1,937	26	20	334	–	–	–				1,	9	–	14
1,445	21	20	212	4	1	2					2	–	15
906	6	37	149	–	–	3					11	–	16
1,697	31	35	342	–	–	–					–	–	17
25	–	–	–	–	–	–					–	–	18
343	8	–	60	–	–	–		41		2	4	2	19
20,272	15	13	1,852	2	4	8		1,		2,128	212	104	
149	–	–	12	2	–	–					1	–	1
550	–	3	89	–	–	–				36	3	–	2
839	2	1	91	–	–	–				135	9	–	3
1,430	–	–	4	–	–	–				203	6	3	4
289	–	–	51	–	–	–					3	3	5
148	–	–	5	–	–	5					4	–	6
622	–	–	24	–	–	–					5	1	7
702	–	–	151	–	–	–					1	–	8
923	–	–	103	–	–	–					31	39	9
2,426	–	–	108	–	–	–					3	–	10
496	–	–	57	–	–	–					8	–	11
442	–	–	51	–	–	–					7	–	12
949	–	–	74	–	–	–					39	25	13
1,091	3	1	74	–	–	1					39	25	14
1,654	–	1	238	–	–	–					18	–	15
2,511	2	3	333	–	–	1					12	–	16
692	–	2	144	–	–	–					20	–	17
511	5	1	80	–	–	–					–	–	18

(1) Comprend la luzerne, les trèfles et toutes les herbes.

TABLE 38. Live Stock and Crops by Subdivisions, Nova Scotia, 1931—Con.

No.	Subdivision / Subdivision	Horses / Chevaux	Cattle — Bêtes à cornes		Sheep / Moutons	Swine / Porcs	Poultry — Volailles	
			Cows in milk or in calf / Vaches en lactation ou en gestation	Others / Autres			Hens and chickens / Poules et poulets	Others / Autres
		No.	No.	No.	No.	No.	No.	No.
	NOVA SCOTIA-Con.—**NOUVELLE-ECOSSE**—suite							
	Cape Breton-Con.—fin							
19	Little Bras d'Or	103	219	85	8	77	–	68
20	Louisburg Parish	3	5	3	25	–	–	–
21	Mainadieu	14	45	38	267	7	–	71
22	Port Morien	85	169	47	118	64	–	52
23	Reserve	42	66	38	–	39	–	100
24	South Forks	99	307	113	240	93	–	38
25	Trout Brook	58	173	115	831	21	–	40
26	Indian Reserves—Indiennes	17	34	24	–	2	–	–
27	Urban Parts—Parties urbaines	49	170	64	–	54	–	–
	Colchester	4,49						
1	Acadia Mines	8						
2	Brookfield	23						
3	Brule	22						
4	Clifton	21						
5	Earltown	21						
6	Economy	17						
7	Five Islands	8						
8	Gay's River	11						
9	Kemptown	5						
10	Lower Londonderry	19						
11	Lower Onslow							
12	Lower Stewiacke							
13	Middle Londonderry				–			
14	Middle Stewiacke				464			
15	New Annan				476			
16	North River				484			
17	Salmon River				93			
18	Tatamagouche E.				50			
19	Tatamagouche W.-O				175			
20	Upper Londonderry				155			
21	Upper Stewiacke E.				978			
22	Upper Stewiacke W.-O				675			
23	Waughs River				100			
24	Indian Reserves—Indiennes				–		–	–
25	Urban Parts—Parties urbaines			222	33	125		44
	Cumberland				7,415	4,391		6,480
1	Advocate				–	42		18
2	Amherst Head					242		222
3	Apple River							–
4	Booth Cross Roads							
5	Diligent							
6	Doherty Creek							
7	East Amherst							
8	Fort Lawrence							
9	Linden							
10	Maccan				–			
11	Malagash							
12	Mansfield							
13	Middleboro							
14	Nappan							
15	Parrsboro E.							
16	Port Greville							
17	Pugwash							
18	Pugwash River							
19	River Hebert							
20	River Philip							
21	Rodney				–			
22	Shulie							–
23	Southampton				201			314
24	Tidnish				553			713
25	Wallace				100	122	.	79
26	Wallace Bridge				50	92	–.	62
27	Wentworth				394	128		101
28	West Amherst				198	213		340
29	Westchester	163			161	78		100
30	Indian Reserves—Indiennes	1			–	–		–
31	Urban Parts—Parties urbaines	146		225	–	168		552

(¹) Includes alfalfa, clovers and all grasses.

TABLEAU 38. **Bétail et grandes cultures par subdivisions, Nouvelle-Écosse, 1931**—suite

Crops—Grandes cultures

All field crops — Toutes cultures	Wheat — Blé	Barley — Orge	Oats — Avoine	Rye — Seigle	Mixed grains — Grains mélangés	Other cereals and flax — Autres céréales et lin	Cultivated hay(1) — Foin cultivé(1)	Pota-toes — Pommes de terre	Roots — Racines	Other crops — Autres onitures	Orchards and vineyards — Vergers et vignobles	Market gardens — Jardins maraîchers	No.
ac.	ac.	ac.	ac.	ac.	ac.	ac.	ao.	ac.	ac.	ac.	ac.	ac.	
891	–	1	107	–	4	–	709	38	10	22	8	6	19
27	3	–	7	–	–	–	14	3	–	–	–	–	20
89	–	–	–	–	–	–	68	6	–	15	–	–	21
590	–	–	6	–	–	–	385	55	12	132	7	4	22
209	–	–	12	–	–	–	145	33	5	14	2	1	23
1,056	–	–	31	–	–	1	692	102	30	200	12	18	24
590	–	–	53	–	–	–	385	32	9	111	5	–	25
80	–	–	1	–	–	–	53	19	2	5	4	–	26
316	–	–	20	–	–	1	210	50	16	19	4	4	27
67,880	**134**	**928**	**11,402**	**20**	**672**	**419**	**51,089**	**1**		**287**	**464**	**57**	1
1,270	–	16	110	–	–	17	1,079			13	6	–	2
3,405	–	14	463	8	3	4	2,780			13	19	–	3
3,687	21	82	732	–	331	46	2,370			6	51	–	4
3,789	–	51	542	–	32	5	2,799			34	36	4	5
3,659	19	85	709	–	–	8	2,752			8	3	–	6
2,227	7	29	377	–	20	7	1,706			2	47	–	7
1,651	4	8	197	–	3	15	1,351			–	11	6	8
2,262	1	3	268	–	1	2	1,911			19	25	–	9
684	1	2	152	–	–	4	505			–	–	–	10
2,566	2	2	414	–	10	18	2,013			4	25	–	10
4,000	3	89	545	–	26	21	3,024			31	6	21	11
2,249	4	30	352	–	4	6	1,746			25	5	9	12
3,045	2	32	608	–	14	29	2,100			7	17	2	13
2,949	–	7	516	10	–	–	2,278			7	3	–	14
3,371	13	47	765	–	3	38	2,414			4	60	–	15
4,914	2	66	787	2	10	46	3,823			24	1	3	16
3,096	9	24	501	–	30	14	2,314			8	10	5	17
1,960	4	60	392	–	31	9	1,399			–	26	–	18
3,375	12	69	600	–	63	48	2,497			–	31	1	19
4,289	3	44	686	–	14	20	3,216			20	4	3	20
2,659	7	7	465	–	30	19	2,030			6	15	–	21
2,712	1	20	498	–	22	14	2,062			17	11	–	22
2,638	16	117	548	–	4	22	1,830			–	40	–	23
5	–	–	–	–	–	–	5	–	–	–	–	–	24
1,418	3	24	175	–	21	7	1,085	36	28	39	12	–	25
79,963	**954**	**1,597**	**15,164**	**15**	**848**	**2,578**	**54,369**			**1,421**			1
687	1	–	88	–	–	1 2	507			48			1
3,405	47	52	661	–	40	53	2,318			6			2
171	20	1	73	–	–	2	20			–			3
693	7	9	258	–	–	10	266			81			4
784	–	2	170	5	–	26	397			146			5
3,883	52	142	670	–	124	115	2,620			44			6
3,841	37	31	853	–	89	48	2,287			274			7
1,553	2	10	338	–	18	–	1,137			3			8
4,731	94	120	1,009	–	125	304	2,930			7			9
183	–	2	29	–	–	–	138			–			10
3,532	30	228	675	–	18	48	2,442			1			11
5,288	151	56	140	–	9	297	3,498			9			12
4,602	142	138	902	–	27	293	3,008			–			13
2,737	10	21	477	–	5	11	2,085			15			14
2,500	–	22	347	–	–	32	1,992			4			15
1,220	–	–	132	–	2	14	992			2			16
3,010	26	92	509	–	15	26	2,251			–			17
4,692	84	88	068	–	71	232	3,018			13			18
3,967	39	40	534	–	27	18	3,048			38			19
3,572	43	28	625	–	5	103	2,616			27			20
1,293	4	4	215	10	–	13	991			8			21
13	–	–	–	–	7	–	10			–			22
2,056	4	2	487	–	7	11	1,303			7			23
5,071	69	178	839	–	124	375	3,300			6			24
3,563	31	134	776	–	9	63	2,450			–			25
2,325	29	113	459	–	28	122	1,498			5			26
2,929	10	34	540	–	12	102	2,181			–			27
3,807	2	7	483	–	52	20	1,937			633			28
2,634	7	34	312	–	41	128	2,038			10			29
5	–	–	–	–	–	–	5	–		–			30
1,736	13	11	495	–	–	10	1,086	60		34			31

(1) Comprend la luzerne, les trèfles et toutes les herbes.

TABLE 38. Live Stock and Crops by Subdivisions, Nova Scotia, 1931—Con.

N	Subdivision — Subdivision	Live stock—Bétail						
			Cattle — Bêtes à cornes		Sheep	Swine	Poultry — Volailles	
		Horses — Chevaux	Cows in milk or in calf — Vaches en lactation ou en gestation	Others — Autres	Moutons	Porcs	Hens and chickens — Poules et poulets	Others — Autres
		No.	No.	No.	No.	No.	No.	No.
	NOVA SCOTIA-Con.—NOUVELLE-ECOSSE-suite							
	Digby	727		5,833	3,887		x	602
1	Barton	2		232	130			14
2	Cheticamp			154	88			–
3	Church Point			127	–			–
4	Comeauville			174				2
5	Concession & Lower Concession			348				–
6	Corberrie			194				46
7	Culloden			171				–
8	Freeport			51				–
9	Grosses Coques							–
10	Hillsburg							4
11	Little River							9
12	Marshalltown							99
13	Meteghan							16
14	Meteghan N			85				39
15	Meteghan River			80				58
16	New Tusket & Havelock			197				88
17	Plympton			192				11
18	Rossway			156				33
19	St. Bernard			166				100
20	St. Mary's (Cape)			53	–	26		–
21	Salmon River	44		426	281	193		19
22	Sandy Cove & Centreville	24		112	695	22		6
23	Saulnierville	52		265	18	189		–
24	Smith's Cove	20		82	18	48		15
25	Tiverton	1		23	36	9		–
26	Westport	3		40	456	13		–
27	Weymouth (North)	27		119	4	50		9
28	Weymouth Bridge	37		119	121	58		34
29	Indian Reserves—Indiennes	–		–	–			–
30	Urban Parts—Parties urbaines	7	18	12	–	–	4,426	–
	Guysborough	1,443			11,176	922	20,938	841
1	Beckerton	–				–	89	–
2	Caledonia				99		497	124
3	Charlo's Cove				56		282	11
4	Country Harbour				433		838	–
5	Crow Harbour				56		478	8
6	Glenelg (Forks)				994		1,530	–
7	Goldborough				–		84	–
8	Goshen				896		1,213	53
9	Guysborough				877		2,398	140
10	Hazel Hill				–		5	–
11	Intervale				1,064		805	–
12	Isaac Harbour				–		213	2
13	Lakedale				602		511	40
14	Larry's River				72		617	6
15	Liscomb				229		593	17
16	Manchester Lower				767		1,673	114
17	Manchester Upper				1,109		1,483	13
18	Marie Joseph				315		905	17
19	Melford	70			779		1,062	32
20	Mulgrave				12		106	3
21	New Harbour				295		471	39
22	Port Felix				–		–	–
23	Port Hilford				168		374	8
24	Roman Valley			230	690		576	119
25	Salmon River			284	985		824	19
26	Seal Harbour			6	46		359	–
27	Sherbrooke			86	79		322	–
28	Sonora			46	90		784	2
29	Tracadie			88	231		593	55
30	Whitehead			31	84		153	8
31	Wine Harbour			32	155		392	2
32	Urban Parts—Parties urbaines			15	–		708	9
	Halifax	1,997	5,609	4,729	6,430	3,898	114,773	3,378
1	Bedford Basin	13	33	33	–	144	1,199	39
2	Caribou Mines	8	8	2	16	2	58	7
3	Chezzetcook E	55	156	164	104	12	4,838	119
4	Chezzetcook W.—O	15	54	68	81	27	1,736	75

(1) Includes alfalfa, clovers and all grasses.

TABLEAU 38. Bétail et grandes cultures par subdivisions, Nouvelle-Ecosse, 1931—suite

Crops—Grandes cultures

All field crops / Toutes cultures	Wheat / Blé	Barley / Orge	Oats / Avoine	Rye / Seigle	Mixed grains / Grains mélangés	Other cereals and flax / Autres céréales et lin	Cultivated hay(1) / Foin cultivé(1)	Potatoes / Pommes de terre	Roots / Racines	Other crops / Autres cultures	Orchards and vineyards / Vergers et vignobles	Market gardens / Jardins maraîchers	N°
ac.	ac.	ac.	ac.	ac.	ac.	ac.	ac.	ac.	ac.	ac.	ac.	ac.	
17,381	1	171	853	-	7	33	14,444			338	1,905	21	
552	-	5	19	-	-	-	510			-	35	-	1
822	-	6	35	-	4	1	203			2	3	-	2
430	-	2	8	-	-	-	372			12	15	-	3
452	-	-	18	-	-	-	378			11	26	-	4
461	-	4	10	-	-	-	400			4	45	-	5
397	-	-	13	-	-	-	336			16	30	-	6
869	-	3	38	-	-	2	745			34	41	-	7
118	-	-	4	-	-	-	99			1	-	-	8
379	-	-	12	-	-	-	318			-	-	-	9
1,179	-	17	115	-	2	15	925			18	-	5	10
188	-	-	-	-	-	-	175			-	-	-	11
1,862	-	8	116	-	-	-	1,583			18	-	12	12
521	-	20	50	-	-	2	370			3	-	-	13
534	1	20	73	-	-	6	361			1	-	-	14
310	-	9	12	-	-	-	246			-	-	-	15
658	-	-	4	-	-	-	505			39	-	-	16
829	-	1	35	-	-	2	717			-	-	-	17
872	-	15	47	-	1	-	743			32	-	1	18
886	-	1	30	-	-	-	760			28	-	-	19
152	-	3	14	-	-	-	101			4	-	-	20
1,573	-	28	77	-	-	3	1,234			38	-	1	21
664	-	8	27	-	-	-	558			17	-	-	22
1,059	-	16	34	-	-	-	863			32	-	1	23
579	-	2	39	-	-	2	501			11	-	-	24
106	-	-	1	-	-	-	96			-	-	-	25
115	-	-	-	-	-	-	114			-	-	-	26
677	-	1	9	-	-	-	650			7	14	1	27
611	-	2	13	-	-	-	556			10	74	-	28
-	-	-	-	-	-	-	-			-	-	-	29
26	-	-	-	-	-	-	25			-	1	-	30
9,368	11	51	1,292	-	2	18	5,863		59	1,504	60	1	
6	-	-	-	-	-	-	5		-	-	-	-	1
357	2	1	85	-	-	-	249		4	-	1	-	2
6	-	-	1	-	-	-	1		-	-	-	-	3
328	-	-	38	-	-	-	254		4	10	-	1	4
43	-	-	-	-	-	-	-		-	-	-	-	5
1,458	1	1	178	-	-	-	1,228		5	15	3	-	6
32	-	-	1	-	-	-	29		-	1	-	-	7
1,022	3	21	162	-	-	6	774		8	18	12	-	8
660	-	8	121	-	-	1	422		3	50	9	-	9
5	-	-	1	-	-	-	2		-	-	-	-	10
676	1	5	70	-	-	-	560		4	7	8	-	11
46	-	-	-	-	-	-	43		-	1	-	-	12
224	3	1	129	-	-	3	62		1	4	-	-	13
131	-	-	2	-	-	-	106		-	7	-	-	14
127	-	-	-	-	-	-	112		-	-	-	-	15
958	-	3	100	-	-	-	181		6	644	5	-	16
772	-	2	78	-	-	-	390		3	260	-	-	17
147	-	-	-	-	-	-	9		-	131	-	-	18
385	-	-	11	-	-	-	20		1	328	10	-	19
39	-	-	-	-	-	-	36		-	-	1	-	20
141	-	-	13	-	-	-	112		-	-	1	-	21
28	-	-	-	-	-	-	25		-	-	-	-	22
120	-	1	-	-	-	-	100		3	10	-	-	23
161	-	1	79	-	-	8	38		4	1	4	-	24
313	-	2	93	-	-	-	184		2	3	-	-	25
40	-	-	-	-	-	-	40	-	-	-	-	-	26
242	-	2	30	-	-	-	191	12	1	6	2	-	27
123	-	3	3	-	2	-	85	26	4	-	-	-	28
394	-	-	78	-	-	-	276	36	4	-	1	-	29
59	-	-	1	-	-	-	54	4	-	-	-	-	30
85	-	-	10	-	-	-	65	5	1	4	-	-	31
240	1	-	8	-	-	-	210	16	1	4	3	-	32
21,837	33	131	2,075	-	53	50	17,774	859	318	344	231	229	
10	-	-	-	-	-	-	5	4	1	-	3	-	1
27	-	-	-	-	-	-	21	5	-	1	-	-	2
473	-	-	-	-	-	-	427	30	16	-	-	-	3
158	-	1	2	-	-	-	139	13	2	1	-	-	4

(1) Comprend la luzerne, les trèfles et toutes les herbes.

TABLE 38. Live Stock and Crops by Subdivisions, Nova Scotia, 1931—Con.

N	Subdivision / Subdivision	Horses / Chevaux	Cattle — Bêtes à cornes — Cows in milk or in calf / Vaches en lactation ou en gestation	Others / Autres	Sheep / Moutons	Swine / Porcs	Poultry — Volailles — Hens and chickens / Poules et poulets	Others / Autres
		No.	No.	No.	No.	No.	No.	No.
	NOVA SCOTIA-Con.—NOUVELLE-ECOSSE-suite							
	Halifax-Con.—fin							
5	Cole Harbour	3	2	1	–	–	93	3
6	East Dover	4	17	23	3	13	265	6
7	Eastern Passage	56	94	50	–	124	2,476	83
8	Fall River	45	156	99	189	51	1,077	44
9	Ferguson's Cove	1	4	3	–	2	31	–
10	French Village	29	113	138	2	79	5,073	2
11	Gay's River	171	622	422	318	148	3,731	278
12	Hackett's Cove	6	73	94	6	10	3,091	14
13	Hammonds Plains	57	102	87	31	80	1,761	23
14	Herring Cove	–	–	–	–	–	–	–
15	Hubbard Cove	12	31	22	–	34	893	–
16	Ingram River	20	50	28	17	69	1,340	25
17	Jeddore	40	131	74	21	41	2,204	35
18	Lawrencetown	70	97	116	–	44	4,773	104
19	Little River	80	301	229	258	74	1,268	131
20	Meaghers Grant	109	314	297	197	81	2,163	97
21	Middle Musquodoboit	226	652	692	1,109	199	5,939	648
22	Musquodoboit Harbour	28	120	108	113	94	2,513	–
23	Musquodoboit Upper	234	626	752	1,352	125	5,932	814
24	Northwest Arm	19	95	37	–	8	1,119	3
25	Port Dufferin	41	114	93	523	44	1,433	149
26	Porter's Lake	6	11	12	73	8	317	2
27	Portuguese Cove	–	–	–	–	–	–	–
28	Preston	97			–	392	2,622	114
29	Preston Road	160			–	1,128	9,022	241
30	Sackville	126			32	291	33.986	30
31	Sambro	5			122	6	125	–
32	Seaforth	3			–	8	1,442	8
33	Sheet Harbour	29			69	20	887	–
34	Ship Harbour	38			240	51	2,823	23
35	Shoal Bay	31			441	67	2,046	118
36	Smith Cove	39			560	71	1,266	85
37	Sober Island	3			–	3	139	–
38	Spry Bay	27			275	29	1,208	8
39	Spryfield	28			2	21	1,238	6
40	Terence Bay	9			–	–	–	–
41	Upper Prospect	6			36	11	387	–
42	Indian Reserves—Indiennes	6			13	3	30	–
43	Urban Parts—Parties urbaines	42			27	284	2,429	44
	Hants		8				79,102	
1	Avondale						2,381	
2	Burlington						1,952	
3	Falmouth						6,518	
4	Gore						6,524	
5	Kempt						3,798	
6	Maitland						7,731	
7	Martock						2,638	
8	Nine Mile River						5,080	
9	Noel						6,473	
10	Rawdon						2,425	
11	Rawdon & Uniacke						3,221	
12	Ste. Croix						4,233	
13	Scotch Village					165	3,095	
14	Shubenacadie					334	9,981	
15	South Newport					366	6,477	
16	Walton					134	3,494	
17	Windsor Forks					137	2,747	
18	Indian Reserves—Indiennes					–	5	74
19	Urban Parts—Parties urbaines					10	117	1,260
	Inverness	4,384	9,052	8,693	43,200	2,766	58,835	1,975
1	Broad Cove Marsh	194	358	417	2,517	106	2,471	61
2	Cheticamp	251	447	490	3,782	322	4,573	52
3	Creignish	120	226	177	1,283	53	1,175	10
4	Glencoe	287	684	584	2,721	145	3,041	42
5	Hillsboro	228	544	567	2,106	174	2,621	102
6	Judique	270	511	496	2,369	80	2,863	82
7	Lake Ainslie E.	147	369	289	1,463	108	2,277	210
8	Lake Ainslie W.-O.	84	226	186	728	76	770	47

(1) Includes alfalfa, clovers and all grasses.

TABLEAU 38. Bétail et grandes cultures par subdivisions, Nouvelle-Ecosse, 1931—suite

Crops —Grandes cultures

All field crops — Toutes cultures	Wheat — Blé	Barley — Orge	Oats — Avoine	Rye — Seigle	Mixed grains — Grains mélangés	Other cereals and flax — Autres céréales et lin	Cultivated hay(1) — Foin cultivé(1)	Potatoes — Pommes de terre	Roots — Racines	Other crops — Autres cultures	Orchards and vineyards — Vergers et vignobles	Market gardens — Jardins maraîchers	No. — N°
ac.	ac.	ac.	ac.	ac.	ac.	ac.	ac.	ac.	ac.	ac.	ac.	ac.	
10	-	-	-	-		-		2	-	-	-	-	
40								6	2				
85	-	-	27	-		-		23	12	1	1	14	
579	3	5	52	-		-		2	8	14	6		
2								1					
449	-	-	-		-			21	1		18		
2,678	8	12	373			(1)		43	36	10	42		
178	-	-	3					16	2		5		
282	-	-						15	1				
-													
100	-	-	2					2			4		
203								6			3		
347													
643	-	-	26					18	4		12	27	
1,672	1	45	165					19	26		12		
1,138	3	4	204					10	7		16		
3,917	16	42	547					44	43		25		
314	-	-	4					4			3		
3,382	-	15	535					23	7		18		
99	-	-	5					3	10		2		
339													
34	-	-	1					1					
-													
444	-	-	4				355		14	27			
716	-	-	28				518		42	5			
1,490	2	7	61				1,383		26	29			
2													
83	-	-	3				76						
187	-	-	3				61		1	110			
28	-	-	3				15						34
417	-	-	-				375		1	7			35
333	-	-	2				294		1				36
28	-	-	3				19			5			37
362							329		3				38
187							181						39
47							36						40
35							35						41
24	-	-	1				10	8	3	2		9	42
195	-	-	21	-	9		85	29	16	35		3	43
49,531	**141**	**501**	**6,636**	**12**								**52**	
2,067	2	5	330	3								7	1
2,483	6	18	201									7	2
3,047	6	13	484	4								7	3
3,507	12	16	392	-									4
2,224	1	14	241	2									
3,569	9	45	451	-									
2,247	6	33	315	-									
3,713	19	15	367	-									
3,586	6	101	652	-									
2,262	10	17	366	-									
1,375	1	1	166	-									
2,200	5	12	253	-									
2,852	17	21	417	3									
5,784	20	23	775	-									
4,001	12	47	477	-									
1,487	9	37	290	-									17
1,657	-	16	240	-									18
89	-	-	20	-								-	19
1,381	-	37	199	-	11							3	
40,355	**48**	**191**	**6,399**	**15**	**20**	**34**	**29,555**	**1,880**	**279**	**1,934**	**299**	**19**	
1,640	-	14	377	1	1	-	1,123	110	12	2	7	-	1
2,203	-	15	348	6	1	21	1,475	296	29	12	24	1	2
530	-	4	145	-	-	-	296	46	2	37	6	-	3
2,912	-	45	442	-	-	4	1,760	84	22	555	16	-	4
2,646	2	4	389	-	-	-	2,133	60	17	41	33	-	5
2,553	4	5	318	-	2	-	2,076	89	3	61	2	-	6
1,781	-	1	237	-	1	2	1,458	48	10	27	13	-	7
724	1	3	166	-	-	-	467	38	2	47	6	-	8

(1) Comprend la luzerne, les trèfles et toutes les herbes.

TABLE 38.   Live Stock and Crops by Subdivisions, Nova Scotia, 1931—Con.

No.	Subdivision / Subdivision	Horses / Chevaux	Cows in milk or in calf / Vaches en lactation ou en gestation	Others / Autres	Sheep / Moutons	Swine / Porcs	Hens and chickens / Poules et poulets	Others / Autres
		No.	No.	No.	No.	No.	No.	No.
	NOVA SCOTIA-Con.—NOUVELLE-ECOSSE-suite							
	Inverness-Con.—fin							
9	Margaree Harbour E............: ....,....	96	153	165			1,528	-
10	Margaree Harbour W.—O.......)..........	63	120	114			884	2
11	Margaree N.E.............................	275	356	464			2,947	132
12	Margaree S.W.-O..........................	262	470	647		:	2,785	61
13	Orangedale...............................	162	399	290		.	2,487	158
14	Pleasant Bay.............................	48	95	111			672	2
15	Poplar Grove.............................	189	393	458			2,850	133
16	Port Hastings...........................·	82	190	123			1,241	19
17	Port Hood................................	330	658	578			5,409	188
18	River Denys..............................	225	487	392			2,139	41
19	River Inhabitants..........,........,......	241	557	522			1,996	50
20	St. Joseph...............................	174	305	418			4,420	-
21	Strathlorne..............................	256	622	508			3,346	216
22	West Bay................................	111	256	177			1,786	97
23	Whycocomagh N.........................	206	450	425			2,783	133
24	Indian Reserves—Indiennes...............	7	24	26	-		18	-
25	Urban Parts—Parties urbaines...........	76	152	63	159		1.258	127
	Kings..................................	**4,625**	**8,259**	**9,052**		**4**		**1,983**
1	Aylesford................................	513	1,019	980				98
2	Cambridge...............................	164	234	254				30
3	Canard..................................	176	313	405				39
4	Canning.............................:...	277	409	600				57
5	Cornwallis...........................,...	1,084	1,671	1,624				383
6	Dalhousie.........................!....	33	99	142				-
7	Harbourville.............................	121	246	276				-
8	Horton....,..............,..............	1,020	1,920	2,442				512
9	Kingston................................	135	319	243				67
10	North Kingston...........................	198	439	315				248
11	Port Williams.......,....................	204	421	567				68
2	Scots Bay.............................,..	120	203	269				39
3	Sheffield Mills...........................	96	155	196				290
4	Somerset............,........,...........	366	594	568				128
15	Indian Reserves—Indiennes...............	1	3	4	-			-
6	Urban Parts—Parties urbaines...........	117	214	167	52			24
	Lunenburg..............................	**1,614**	**6,018**	**9,947**				**1,758**
1	Baker Settlement.........................	40	225	341				-
2	Barss' Corner............................	175	442	647				233
3	Blandford................................	5	71	193				12
4	Blockhouse..............................	39	139	248				51
5	Blue Rocks..............................	-	32	49				-
6	Chester Basin............................	25	82	120				62
7	Chester E...............................	34	89	126			2.	81
8	Chester W.-O............................	56	169	204				-
9	Conquerall Bank..........,.........	26	105	160				24
10	Dayspring.....,...:...	43	161	179				53
11	Dublin W.-O.............................	8	63	108				-
12	East Lahave (Park Creek).................	14	84	80			2.	15
13	Feltz S..................................	21	119	144			3.	33
14	First Peninsula...........................	26	132	136	111			511
15	First South..............................	34	130	196	30			74
16	Garden Lots...........,..................	11	58	147	220			50
17	Hebbville..,.............................	56	169	228	28			36
18	Hemford..................................	117	342	622	615			57
19	Indian Point........................,.....	15	85	143	102	78		51
20	Italy Cross...........................,....	44	199	367	136	17-.		27
21	Lahave Island...........................	-	9	12	-			19
22	Mader's Cove............................	13	25	84	2			-
23	Martin's Brook...........................	30	127	158	105			22
24	Midville Branch..........................	63	208	314	344			29
25	Mill Cove...............................	8	18	6	-			-
26	New Cornwall............................	80	204	426	747			15
27	New Germany E..........................	66	202	368	307			-
28	New Germany W.-O......................	29	91	185	36			13
29	New Ross E..............................	55	243	608	563			14
30	New Ross W.-O........,..................	52	153	304	258			-
31	Northfield..,.............................	131	391	771	1,222			24
32	Oakland........,......	10	85	142	20			33
33	Petite Rivière & Broad Cove....,.........	37	160	293	27			7
34	Pleasantville.............................	29	125	164	92			13
35	Riverport................................	5	76	58	-			-

1) Includes alfalfa, clovers and all grasses.

TABLEAU 38.   Bétail et grandes cultures par subdivisions, Nouvelle-Ecosse, 1931—suite

							Crops—Grandes cultures						
All field crops — Toutes cultures	Wheat — Blé	Barley — Orge	Oats — Avoine	Rye — Seigle	Mixed grains — Grains mélangés	Other cereals and flax — Autres céréales et lin	Cultivated hay(1) — Foin cultivé(1)	Potatoes — Pommes de terre	Roots — Racines	Other crops — Autres cultures	Orchards and vineyards — Vergers et vignobles	Market gardens — Jardins maraîchers	N°
ac.	ac.	ac.	ac.	ac.	ac.	ac.	ac.	ac.	ac.	ac.	ac.	ac.	
668	4	7	99	2	–	1	467			24		–	
605	7	3	113	–	–	–	451			7		–	
2,649	–	11	411	–	–	–	1,995			127		–	
2,826	–	3	349	–	1	–	2,342			21		–	
1,440	–	7	287	–	–	1	1,084			–		–	
310	–	–	45	–	–	–	249			–			
1,491	21	5	312	–	3	–	1,015			69		–	
1,047	1	–	123	–	–	–	778			89		1	
2,949	8	28	585	4	7	–	2,070			88		9	
1,579	–	–	278	1	1	1	1,225			7		–	
2,050	–	–	268	–	1	–	1,682			5		–	
1,451	–	24	251	–	2	2	630			386		3	
2,709	–	3	315	–	–	–	2,040			226		1	
1,037	–	9	153	–	–	–	828			2			
2,071	–	–	316	1	–	2	1,583			81		–	
57	–	–	–	–	–	–	38			–			
427	–	–	75	–	–	–	293			20			
65,169	33	590	10,614	25	717	642	46,295	3	•			209	
7,545	–	45	1,082	7	111	108	5,750					17	
2,043	–	13	318	–	–	51	1,006					–	
2,347	–	19	465	–	21	4	1,529					–	
4,177	–	81	702	–	2	22	2,846					18	
18,882	6	120	2,807	3	40	163	9,351	1				33	
524	–	1	18	–	–	3	473					–	
2,306	1	10	262	–	45	4	1,772					15	
14,452	4	77	2,247	–	76	82	11,039					22	
2,013	–	26	219	9	–	50	1,361					67	
3,808	5	28	426	–	77	50	3,093						
2,728	–	12	663	2	–	34	1,808						
1,599	1	18	242	–	–	1	1,194						
982	–	75	203	–	1	8	528						
5,479	6	57	771	1	237	34	3,832					24	
33	–	–	2	–	–	2	26		–	–	–		
1,251	1	8	187	3	7	26	687		48	219	1,152	12	
28,897	29	771	2,030	5	12	55	23,317		374	818		85	
232	–	27	69	1	–	–	87		13	4		–	
2,391	10	26	213	–	2	5	1,996		29	9		1	
297	–	–	2	–	–	–	267		1	1		6	
538	2	18	36	–	–	–	455		1	–		–	
77	–	4	4	–	2	–	33		–	–		–	
344	–	8	18	–	–	–	299		1	5		–	
488	–	14	25	–	–	–	405		7	5		–	
756	–	9	60	–	–	–	657		5	6		2	
661	–	10	33	–	1	–	579		7	3		3	
632	–	2	50	–	–	–	521		6	25		–	
345	–	8	6	–	–	1	307		2	–			
407	2	35	33	–	–	3	283		7	–		–	
483	–	20	10	–	–	–	413		–	1		1	
690	–	19	53	–	–	–	604		2	–		6	
668	–	25	54	–	–	–	548		3	–			
495	–	27	29	–	–	–	416		5	2			
1,020	–	8	55	–	–	2	896		19	2			
1,879	–	59	177	–	1	26	919		33	592			
439	–	4	6	–	–	1	760		22	48		3	
930	–	6	49	–	–	–	40			–		2	
47	–	–	2	–	–	–	258			–		1	
303	–	11	23	–	–	2	687			5			
610	2	25	57	–	–	–	612			5			
739	–	13	56	–	–	–	40			–			
47	–	–	–	–	1	3	1,145			1		–	27
1,315	4	32	79	–	2	1	995			2		–	28
1,155	3	9	83	–	–	1	365			–		2	29
416	–	7	24	–	–	4	891			60		–	30
1,072	–	1	42	–	–	–	407			–		3	31
486	–	3	36	–	–	6	1,072			5		3	32
1,572	3	111	230	–	–	–	413			–		3	33
471	–	21	25	–	–	–	845			4		–	34
1,148	3	81	104	–	–	–	705			–		–	35
775	–	13	21	–	–	–	226			–			
284	–	8	11	–	–	–							

(1) Comprend la luzerne, les trèfles et toutes les herbes.

TABLE 38. Live Stock and Crops by Subdivisions, Nova Scotia, 1931—Con.

No.	Subdivision / Subdivision	Horses / Chevaux	Cows in milk or in calf / Vaches en lactation ou en gestation	Others / Autres	Sheep / Moutons	Swine / Porcs	Hens and chickens / Poules et poulets	Others / Autres
		No.	No.	No.	No.	No.	No.	No.
	NOVA SCOTIA-Con.—NOUVELLE-ECOSSE-suite							
	Lunenburg-Con.—fin							
36	Rose Bay	6	119	270	–	76	2,284	31
37	Tancook	–	111	206	92	48	3,716	117
38	Upper Lahave	25	146	208	46	86	3,077	15
39	Vogler's Cove	5	60	90	20	48	2,300	–
40	Waterloo	134	388	621	464	224	3,421	7
41	Western Shore	10	45	77	16	35	331	12
42	Indian Reserves—Indiennes	–	–	–	8	2	7	–
43	Urban Parts—Parties urbaines	34	136	144	–	105	2,181	17
	Pictou	4,66						3,037
1	Abercrombie & Granton	9						–
2	Bailey's Brook	14						390
3	Barney River	18						93
4	Big Island	4						52
5	Bridgeville	10						19
6	Cape John	21						46
7	Caribou	13						97
8	Caribou River	8						73
9	Churchville	10						99
10	Dalhousie							47
11	East River St. Mary's							
12	Eureka							2
13	Fishers Grant							25
14	Fraser's Mountain & Linacy							77
15	Gairloch							73
16	Garden of Eden							41
17	Green Hill							31
18	Hopewell							38
19	Little Harbour							71
20	Lorne							324
21	McLellan's Brook							67
22	McLellan's Mountain							–
23	Merigomish							
24	Middle River							
25	Mill Brook	124						
26	Mount Thom							
27	Pictou Island							
28	River John							
29	River John West Branch							
30	Riverton							
31	Scotch Hill							
32	Scotsburn							
33	Sunnybrae							
34	Thorburn							–
35	Toney River					212		
36	Wentworth Grant					66		
37	Indian Reserves—Indiennes		–	–	–	–		–
38	Urban Parts—Parties urbaines		263	98	6	84		7
	Queens	365			1,235	614		162
1	Beach Meadows	–			–	24		
2	Brookfield N.	73			361	69		
3	Brooklyn	2			–	23		5
4	Caledonia	84			217	86		32
5	Greenfield	41			33	66		28
6	Hunt's Point	15			–	40		–
7	Kempt	63			237	75		7
8	Mill Village	22			27	34		24
9	Milton	23			–	23		2
10	Port Medway	9			82	33		26
11	Port Mouton	12			220	34		38
12	West Berlin	9			58	59		–
13	Western Head	9			–	45		–
14	Indian Reserves—Indiennes	–			–	–		–
15	Urban Parts—Parties urbaines	3		6	–	8	40	–
	Richmond	1,009	2,310	1,954	12,059	616	18,231	303
1	Arichat	24	77	60	352	27	863	–
2	Arichat E. & Petite de Grat	6	21	21	112	13	182	–
3	Arichat W.-O	19	40	29	215	10	311	–
4	Black River	98	215	208	1,060	53	1,062	97
5	D'Escousse	27	90	93	290	48	1,236	–

(1) Includes alfalfa, clovers and all grasses.

TABLEAU 38. Bétail et grandes cultures par subdivisions, Nouvelle-Ecosse, 1931—suite

All field crops — Toutes cultures	Wheat — Blé	Barley — Orge	Oats — Avoine	Rye — Seigle	Mixed grains — Grains mélangés	Other cereals and flax — Autres céréales et lin	Cultivated hay(1) — Foin cultivé(1)	Potatoes — Pommes de terre	Roots — Racines	Other crops — Autres cultures	Orchards and vineyards — Vergers et vignobles	Market gardens — Jardins maraîchers	No.
ac.	ac.	ac.	ac.	ac.	ac.	ac.	ac.	ac.	ac.	ac.	ac.	ac.	
712	-	26	21	-	-	-	628	33	4	-	-	-	36
352	-	1	-	-	-	-	318	30	-	3	10	38	37
671	-	16	23	-	-	-	581	39	11	1	.26	1	38
366	-	31	5	-	-	-	279	42	3	6	13	1	39
1,748	-	19	167	4	3	-	1,440	75	28	12	153	2	40
165	-	5	8	-	-	-	137	14	1	-	11	-	41
15	-	-	1	-	-	-	13	1	-	-	-	-	42
456	-	9	40	-	-	-	373	15	6	13	38	2	43
62,354	853	1,894	13,644	37	755	367				874		69	
1,351	11	11	258	-	8	1				16		-	1
2,367	162	12	358	-	-	-				22		-	2
2,407	14	12	493	-	7	2				100		-	3
393	43	3	73	-	-	-				29		-	4
1,393	8	32	355	-	-	6				36		-	5
3,240	13	342	626	-	-	4				2		-	6
1,835	23	105	343	-	42	3				14		1	7
1,156	7	43	221	-	3	1				-		-	8
1,306	14	22	260	-	10	8				74		-	9
3,005	8	114	870	-	62	51				12		-	10
700	2	8	125	-	-	6				16		-	11
287	-	1	75	-	-	-				30		-	12
405	15	5	65	8	-	-				15		-	13
1,544	16	12	196	-	-	13				68		1	14
1,467	7	19	358	-	1	11				13		-	15
1,109	3	7	275	-	-	2				-		-	16
3,445	21	67	797	-	103	10				19		17	17
1,338	4	12	198	-	4	5				15		-	18
2,349	83	40	415	7	1	4				78		3	19
1,566	14	67	354	-	13	37				12		-	20
853	-	16	218	-	-	3				5		-	21
690	3	13	132	-	-	3				37		1	22
1,908	66	24	257	-	14	4				45		27	23
2,523	28	50	633	-	28	49				10		2	24
1,587	25	41	527	20	30	22				-		2	25
2,592	6	68	695	-	2	19				13		2	26
880	43	22	209	2	-	-				4		-	27
4,490	39	264	1,026	2	76	52				17		1	28
2,625	29	80	608	-	128	18				56		-	29
467	6	25	132	-	10	8				12		1	30
1,868	16	80	417	-	33	2				3		9	31
1,833	5	70	498	-	80	6				9		1	32
1,593	6	25	286	-	4	8				13		-	33
166	-	-	3	-	-	-				20		-	34
2,484	33	104	759	-	61	8			31	-		-	35
1,796	12	13	411	-	8	1			9	4		-	36
3	-	-	-	-	-	-				-		-	37
1,333	70	65	118	-	27	3			16	52		3	38
5,846	-	13	217	1		22			66	40		17	
251	-	-	-	1		4			4	-		3	1
1,017	-	3	68	1		4			13	7		3	2
79	-	-	-	-		-			-	-		-	3
1,216	-	1	31	-		5			8	10		1	4
420	-	5	20	-		1			7	1		-	5
234	-	-	-	-		-			5	3		-	6
1,062	-	2	86	-		9			11	5		5	7
138	-	-	6	-		-			4	5		2	8
214	-	-	2	-		-			3	5		-	9
196	-	-	2	-		1			2	3		-	10
291	-	-	-	-		2			3	-		-	11
353	-	-	-	-		-			1	-		3	12
357	-	2	2	-		-			6	1		-	13
	-	-	-	-		-			-	-		-	14
18	-	-	-	-		-	17		-	-		-	15
5,624	-	12	814	-	1	2	4,088	503	117	87	49	2	
241	-	2	29	-	1	-	174	19	14	2	1	1	1
80	-	-	6	-	-	-	50	4	6	-	-	-	2
68	-	-	1	-	-	-	52	9	6	-	-	1	3
365	-	3	139	-	-	-	175	35	10	3	29	-	4
322	-	-	32	-	-	-	233	29	11	17	1	-	5

(1) Comprend la luzerne, les trèfles et toutes les herbes.

Table 38. Live Stock and Crops Subdivisions, Nova Scotia, 1931—Con.

No.	Subdivision	Horses — Chevaux	Cows in milk or in calf — Vaches en lactation ou en gestation	Others — Autres	Sheep — Moutons	Swine — Porcs	Hens and chickens — Poules et poulets	Others — Autres
		No.	No.	No.	No.	No.	No.	No.
	NOVA SCOTIA-Con.—NOUVELLE-ECOSSE-fin							
	Richmond-Con.—fin							
6	Framboise	164	189	155	1,060	20	954	–
7	Grand River	05	286	209	1,809	51	1,381	20
8	Inhabitants River	88	181	171	814	48	1,584	12
9	L'Ardoise	95	98	179	1,243	47	1,218	8
10	Loch Lomond	60	165	95	841	22	568	12
11	Point Tupper	23	64	42	101	10	294	11
12	Poulamon	23	81	16	33	12	195	–
13	Red Islands	75	204	121	952	37	1,192	49
14	River Bourgeois	92	197	164	791	77	3,621	81
15	Rockdale	94	142	223	1,334	72	1,659	3
16	St. Peter's	109	254	162	1,034	66	1,870	10
17	Indian Reserves—Indiennes	7	6	6	18	3	41	–
	Shelburne	12		1,335	1,795			346
1	Barrington Head & Passage	2		139	32			31
2	Churchover & Rosary			54	36			9
3	Clyde River & Cape Negro			76	13			115
4	Green Harbour	1		62	3			4
5	Jordan Bay			81	365			28
6	Jordan River			86	1			13
7	North Cape Island			173	–			114
8	North East Harbour			56	294			–
9	Ohio			190	141			7
10	Port Latour			36	19			8
11	Sable River & Louis Head			172	630			–
12	Sandy Point			41	61			–
13	Shag Harbour			54	200			7
14	Woods Harbour			106	–			10
15	Indian Reserves—Indiennes		–	9	–			–
16	Urban Parts—Parties urbaines		17	9	–			–
	Victoria			3,125	12,027			794
1	Baddeck			350	998			114
2	Baddeck Centre			7	–			–
3	Bay St. Lawrence			142	568			5
4	Big Baddeck			215	1,017			23
5	Big Bras d'Or			73	176			9
6	Boularderie (pt.)			346	1,270			287
7	Cape North			286	760			–
8	Englishtown			35	215			7
9	Ingonish			119	240			40
10	Iona			258	1,001			22
11	Little Narrows N. & S.			220	969		2.	93
12	Middle River			582	1,595			167
13	Neil's Harbour			–	–		–	
14	New Campbellton	27		53	228	20	681	–
15	North River	83		153	677	54	1,200	–
16	North Shore	71		85	602	24	1,211	–
17	South Gut	77		119	823	29	903	
18	Washabuck	62		82	888	35	1,020	
	Yarmouth	584		4,401	1,861			
1	Amirault Hill			206	–			
2	Arcadia			371	113			
3	Argyle Head & Lower Argyle			367	322			
4	Belleville			379	40			
5	Brooklyn			201	–			
6	Carleton			380	82			
7	Chegoggin			412	206			
8	Eel Brook			114	–			–
9	Hebron			275	39			
10	Kemptville			264	231			
11	Ohio			287	89			
12	Plymouth			186	35			
13	Port Maitland			195	125			
14	Pubnico E			67	2			3
15	Pubnico Head			55	–			14
16	Pubnico W.-O			188	150			17
17	Rockville			300	415			239
18	The Islands			46	12			
19	Tusket	6		75	–			20
20	Urban Parts—Parties urbaines	4		33	–			–

(1) Includes alfalfa, clovers and all grasses

TABLEAU 38. Bétail et grandes cultures par subdivisions, Nouvelle-Ecosse, 1931—fin

Crops—Grandes cultures

All field crops — Toutes cultures	Wheat — Blé	Barley — Orge	Oats — Avoine	Rye — Seigle	Mixed grains — Grains mélangés	Other cereals and flax — Autres céréales et lin	Cultivated hay(1) — Foin cultivé(1)	Potatoes — Pommes de terre	Roots — Racines	Other crops — Autres cultures	Orchards and vineyards — Vergers et vignobles	Market gardens — Jardins maraîchers	No.
ac.	ac.	ac.	ac.	ac.	ac.	ac.	ac.	ac.	ac.	ac.	ac.	ac.	
275	-	-	1	-	-	-	245	25	4	-	-	-	6
355	-	-	149	-	-	-	153	35	1	17	-	-	7
666	-	4	42	-	-	-	554	44	6	16	4	-	8
562	-	1	55	-	-	-	443	58	5	-	-	-	9
276	-	-	88	-	-	2	160	24	2	-	4	-	10
122	-	-	11	-	-	-	98	12	1	-	1	-	11
152	-	-	4	-	-	-	107	23	18	-	-	-	12
588	-	2	121	-	-	-	411	42	11	1	-	-	13
564	-	-	48	-	-	-	458	40	8	10	3	-	14
214	-	-	7	-	-	-	142	58	7	-	-	-	15
768	-	-	76	-	-	-	619	39	13	21	6	-	16
26	-	-	5	-	-	-	14	7	-	-	-	-	17
1,909	-	1	16	-	-	11	**1,636**			40	204	**3**	
211	-	-	-	-	-	-	190			1	19	-	1
102	-	-	-	-	-	-	88			-	14	-	2
137	-	-	3	-	-	-	120			-	2	-	3
87	-	-	-	-	-	-	74			-	20	-	4
132	-	-	3	-	-	-	111			-	30	-	5
39	-	-	1	-	-	4	11			-	28	-	6
269	-	-	-	-	-	-	260			-	-	-	7
107	-	-	-	-	-	-	99			-	10	-	8
186	-	-	1	-	-	5	154			4	46	-	9
45	-	-	-	-	-	-	27			14	2	-	10
229	-	1	2	-	-	-	194			16	18	1	11
89	-	-	6	-	-	2	63			3	10	1	12
81	-	-	-	-	-	-	70			2	-	-	13
164	-	-	-	-	-	-	151			-	-	1	14
-							-						15
31	-	-	-	-	-	-	24		3	-	5	-	16
17,699	2	65	2,694	12	4	9	**12,753**	692	127	1,341		**2**	
2,351	-	7	205	-	-	4	1,713	42	23	357	-		1
99	-	1	5	-	-	-	85	1	-	7	-		2
415	-	-	61	-	-	-	324	24	1	5	-		3
656	-	3	57	-	1	1	411	33	16	134	-		4
461	-	1	139	1	1	-	255	11	-	53	-		5
2,348	-	-	489	-	-	-	1,274	68	19	498	-	2	6
1,421	-	6	168	-	-	-	1,092	70	2	83	-	-	7
265	-	-	54	-	-	1	193	14	1	2	-	-	8
220	-	-	5	-	-	-	151	62	-	2	-	-	9
1,378	1	5	234	-	-	-	898	82	16	142	-	-	10
1,208	-	7	233	10	-	-	909	40	9	-	-	-	11
2,871	1	13	366	-	2	3	2,365	58	26	37	-	-	12
-							-		-	-			13
163	-	7	62	-	-	-	65		1	18	-	-	14
1,017	-	3	179	-	-	-	800		1	-	12	-	15
1,709	-	2	208	-	-	-	1,437		-	-	2	-	16
709	-	6	127	-	-	-	532		2	3	5	-	17
408	-	4	102	1	-	-	249		11	-	10	-	18
9,907	4	57	397	1	13	8	**8,195**		347	203		**43**	
304	-	-	-	-	-	-	276		-	-		-	1
370	-	4	46	-	-	-	202		28	36		2	2
624	-	2	12	-	-	-	538		26	6		6	3
385	-	-	2	-	-	-	303		3	-		-	4
419	-	-	35	1	-	1	318		16	8		2	5
444	3	1	39	-	6	3	276		32	29		6	6
1,499	1	32	84	-	6	-	1,238		50	44		9	7
152	-	-	1	-	-	-	124		1	-		-	8
1,166	-	4	41	-	-	-	1,018		41	23		5	9
454	-	-	10	-	-	-	407		16	2		-	10
1,155	-	-	12	-	-	3	1,052		28	25		5	11
258	-	-	7	-	-	1	201		8	2		3	12
684	-	6	40	-	-	-	556		40	2		2	13
135	-	-	3	-	-	-	122		-	-		-	14
71	-	-	-	-	-	-	64		1	-		-	15
520	-	-	9	-	-	-	421		13	6	1	-	16
1,084	-	7	49	-	-	-	958		37	4	8	2	17
31	-	-	-	-	-	-	-		-	16	2	1	18
103	-	-	1	-	-	-	86		2	-	21	-	19
49	-	1	6	-	1	-	35		5	-	-	-	20

(1) Comprend la luzerne, les trèfles et toutes les herbes.

APPENDIX
CENSUS SCHEDULES

APPENDICE
FORMULES DE RECENSEMENT

89540—13½

FORM 2

LOCATION OF FARM

Prov...........................Elect. Dist....   ....
Municipality...
(If Improvement District give number)
Enumeration Subdistrict No...............................

For use in Prairie Provinces only

Sec............Tp..........R.............M.............
Sec............Tp..........R.............M.............
Sec............Tp..........R.............M.............
Sec............Tp..........R..............M.............
(Use separate line for each section or part of section)

CENSUS OF AGRICULTURE

(GENERAL FARM SCHEDULE)

DOMINION BUREAU OF STATISTICS

R. H. COATS, Dominion Statistician

SEVENTH CENSUS OF CANADA, 1931

1. **All questions must be answered.** Inability to obtain exact data does not justify failure to answer a question. The most accurate returns that the circumstances permit must be obtained. If farm records or accounts are kept, take information from them. If such records are not available, careful estimates should in all cases be obtained or made.

2. Farm Operator. All replies on this schedule should relate to the farm occupied June 1, 1931, by the person named in answer to Inquiry No. 1, who is called "Farm Operator." The term "Farm Operator" is employed in the Census to designate the person who directly works the farm, whether as owner, hired manager, tenant or cropper. Note

carefully that farms should be
3. **Definition of Farm.** Include as a
produced in the year 1930 agric
under crop of any kind or emp
4. **Occupied Farm Land** has refere
purposes situated within the e
June 1, 1931. It does not refe
district.

FARM OPERATOR, JUNE 1, 1931

1. Name...
2. Post Office address...Age.......................
3. Birthplace..
4. How long have you lived in Canada (if not Canadian-born)?................................years.
5. How many years have you farmed (a) as Owner?......years (b) as Tenant?......years.
6. How long have you operated the farm you now occupy?........years............months.

FARM WORKERS, 1930

7. How many persons 14 years of age and over were employed the year round on this farm in 1930? (exclusive of housework)
   (a) Members of family (including operator), M......F...... (b) hired men, No..........
8. How many persons were hired temporarily for seasonal work on this farm in 1930? (exclusive of housework) M...............................F..................

FARM POPULATION, 1931

9. Total number of persons, all ages, living on this farm June 1, 1931? M..........F.........
10. How many persons left this farm in the last 12 months to live permanently in a city, town or village? M.............................F...................
11. How many persons who formerly lived in a city, town or village have in the last 12 months come to live permanently on this farm? M..........................F.........................

FARM ACREAGE AND TENURE, JUNE 1, 1931

12. Total number of acres in this farm...
    (Give all lands operated by the person or persons named under Inquiry No. 1, including outlying or separate fields, pasture or woodland which are situated in your enumeration subdistrict)
13. How many acres in this farm do you (a) own?........... (b) rent from others?...........
14. How many acres of land rented are improved?..
15. What do you pay as rent per year? (If rent paid in kind give cash value) $................
16. Do you operate this farm on shares?...
    (Answer Yes or No. If answer (yes) give fraction paid as ⅓, ½, etc.)
17. Do you operate this farm for others as hired manager? (Answer Yes or No)......   ....

CROPS

Grains:

49. Wheat, fall sown..
50. Durum wheat, spring sown......
51. Other wheat, spring sown........
52. Barley.................................
53. Oats....................................
54. Rye, fall sown.....................
55. Rye, spring sown..................
56. Corn, for husking.................
57. Flax, for seed......................

CONDITION OF FARM LAND

18. Acres of improved land in this farm in 1931.................................ac.............
    (Give all land which has been brought under cultivation, and is now fit for
    the plough, including orchards, gardens, and land occupied by buildings)
19. Acres of woodland in this farm in 1931...ac............
    (Give land covered with natural or planted forest trees, which will, now or
    later, yield)
20. Acres of unbroken prairie or natural pasture in this farm in 1931.....................ac ....
21. Acres of wet marsh or other waste land in this farm in 1931.....................ac   ....
    Note—The totals of 18, 19, 20, and 21 must add to the acreage given under Inquiry 12.
22. Number of forest trees planted and growing on this farm in 1931   ...no..............
23. How many acres of the improved land will be under pasture in 1931?.......ac... ....
24. How many acres of the improved land will be summer fallowed in 1931?......ac.. ....
    (Do not include in 24 land reported under 23)

25. How many acres of improved land in this farm in 1930?.....................ac ....
26. How many acres of the improved land were in pasture in 1930?...................ac......
27. How many acres of the improved land were summer fallowed in 1930?.........ac............
    (Do not include in 27 land reported under 26)

FARM VALUES, JUNE 1, 1931

28. Total value of this farm (including land and buildings)............................. $.............
    (Give the amount for which the farm would sell under ordinary conditions)
29. Value of all buildings included in 28... $.............
    (In the case of institutions include only the value of buildings used for farm
    purposes)
30. Value of all implements and machinery used on this farm......................: $.............
    (Include threshing machines, engines, motors, automobiles, trucks, com-
    bines, tools, wagons, carriages, harness, dairy apparatus, etc.)

FARM MORTGAGE, JUNE 1, 1931

31. Total mortgage on this farm, June 1, 1931 $................ Interest paid in 1930 $.............
    If there was no mortgage write "none". Report only for owned farms.

FARM EXPENSES ON THIS FARM IN 1930

32. Amount expended in 1930 for hay, grain, mill feed and other products (not
    raised on this farm) for use as feed for domestic animals and poultry... $.............
33. Amount expended in 1930 for commercial fertilizers..................... $.............
34. Amount expended in 1930 for spraying chemicals...................... $.............
35. Amount expended in 1930 for field and garden seeds................... $.............
36. Amount paid for electric current for light and power in 1930............. $.............
37. Taxes paid or payable on land and buildings of this farm in 1930. (Do
    not include income tax or poll tax)................................. $.............
38. Amount expended in money in 1930 for farm labour (exclusive of housework). $.............
39. Number of weeks of farm work done by hired labour, all ages, in 1930 (exclu-
    sive of housework)... Weeks.......
40. Estimated value of house or of room and board furnished farm labourers in
    1930 (exclusive of housework)....................................... $.............

FARM FACILITIES, JUNE 1, 1931

41. What kind of road adjoins this farm?..
    (Indicate whether asphalt, concrete, macadam, gravel, improved or unim-
    proved dirt road)
42. Distance in miles to nearest market town.......................To R. R. Station...............
43. Give the number on this farm of the following: (a) Threshing machines.....................
    (b) Tractors................... (c) Automobiles....   .... (d) Motor trucks...............
    (e) Combines................. (f) Binders.......   .... (g) Headers.....................
    (h) Milking machines....... (i) Cream separators.. .... (j) Silos....................
    (k) Gasoline engines (stationary)......... (l) Electric motors (for farm work)...............
44. Has this farmhouse running water (a) In kitchen?............. (b) In bathroom?..............
45. Has this farmhouse a telephone?.................. 46. Radio?.................................
47. Has this farmhouse electric light?.................... 48. Gas?.............................
                    (Answer Inquiries 44 to 48 by yes or no)

:
....
....
....—...
....
....
....
....

....
....
....
:
....
..
....

(Give name)

Miscellaneous Field Crops:

81. Tobacco...........:.............................
82. Hops....................................
83. Flax, for fibre.........................
84. Hemp....................................
85. Other crops..............................
                    (Give name)

94. Wheat.............
95. Oats................
96. Barley·············
97. Rye......,.......

I

106. Was any part of t
107. Name and addr
     ....
Draw a circle aroun

tomatoes, green peas,
use only $...................

Harvested on this farm in 1930				Acres or fraction of an acre planted in 1931
Acres or fraction of an acre **1**	Quantity **2**	Unit of measure **3**	Value **4**	**5**
....	....	....	$.........	....
....	....	....	$.........	....
as....	....	....	$.........	....
....	....	....	$.........	....
....	....	....	$.........	....
....	....	....	$.........	....
....	....	....	$.........	....
....	....	....	$.........	....
....	....	....	$.........	....
....	....	....	$.........	....
....	....	....	$.........	....
....	....	....	$.........	....
....	....	....	$.........	....
....	....	....	$.........	....
....	....	....	$.........	....

:	0..................		....
	is	....	lb..........
		....	lb..........
		....	gal........
		....	lb..........
		....	lb.........
		....	lb..........

stock)

	Products of 1930		Number of trees **June 1, 1931**	
	Quantity	Value	Not of bearing age	Of bearing age
....	bu..........	$.........	....	....
....	bu..........	$.........	....	....
....	bu..........	$.........	....	....
....	bu..........	$.........	....	....
....	bu..........	$.........	....	....
....	lb..........	$.........	....	....

under orchard June 1, 1931...........................**acres**

Harvested on this farm in 1930			Acres or fraction of an acre under crop, 1931
Acres or fraction of an acre	Quantity	Value	
....	qts..........	$.........	....
....	qts..........	$.........	....
....	qts..........	$.........	....
....	qts..........	$.........	....
....	qts..........	$.........	....
....	qts..........	$.........	....
....	qts..........	$.........	....

Bees and Bee Produc
199. Hives of bees, June 1,
200. Honey produced in 193
201. Beeswax produced in 1

Young animals raise
whether retained on
any young animals
202. Colts and fillies, Nun
203. Lambs, Number

.... .of bearing age, Number.......
)), pounds..,..........................
331............................:.. acres

	Value	Quantity	Value
	$............	cords............	$............
	$............	cords............	$............
	$............	no............	$............
	$............	no............	$............
x x	x x x	no............	$............
x x	x x x	no............	$............
x x	x x x	cords............	$............
M....	$............	M. ft. B.M ...	$............
	$............		$............

	Number	Value
r in calf.........		$...............
ilk or in calf...		$...............
		$...............
		$...............
		$...............
		$...............

Domestic animals and poultry slaughtered on this farm in 1930 **for home use or for sale:** (Include only animals raised on this farm)

	No.	Value		No.	Value
206. Cattle....................... (Other than calves)		$............	210. Hens and chickens...		$.....
207. Calves......................		$............	211. Turkeys...................		$.....
208. Sheep and lambs.....		$............	212. Geese......................		$.....
209. Swine......................		$............	213. Ducks......................		$.....

Domestic animals and poultry sold alive in 1930: (Include only animals raised on this farm)

	No.	Value		No.	Value
214. Horses........................		$............	221. Swine.........................		$.....
215. Colts and fillies........		$............	222. Hens, old stock........		$.....
216. Milch cows................		$............	223. Chickens of 1930......		$.....
217. Calves........................		$............	224. Turkeys, all ages......		$.....
218. Other cattle..............		$............	225. Geese, all ages.........		$.....
219. Sheep........................		$............	226. Ducks, all ages.........		$.....
220. Lambs.......................		$............	227. Other.........................		$.....

Animals bought in 1930, by this farm operator: (Do not include purchases by drovers or dealers)	Number bought in 1930 1	Of number bought in 1930 how many were		
		Sold alive in 1930 2	Slaughtered on farm in 1930 3	On farm June 1, 1931 4
228. Horses...................................				
229. Steers....................................			x x x	
230. Cows and heifers..................				
231. Calves...................................				
232. Sheep and lambs..................				
233. Pigs (born in 1930)...............				

Pure-bred animals, June 1, 1931: (Report the number and breed of any animals on this farm that are registered or are eligible for registration. All animals reported here must be included under Inquiries 158-190)

	Give Breed	Number
234. Mares and fillies..............................		
235. Stallions and stallion colts...............		
236. Cows and heifers, all ages..............		
237. Bulls and bull calves......................		
238. Sheep and lambs............................		
239. Swine...		
240. Hens..		

Co-operation in marketing, in 1930: (Include only products of this farm sold to or through a farmers' marketing organization)

241. Eggs................ $.........	245. Cattle.......... $.........	249. Potatoes...... $.........
242. Wool................ $.........	246. Pigs............. $.........	250. Roots............ $.........
243. Sheep and lambs $.........	247. Wheat.......... $.........	251. Fruit, all kinds $.........
244. Poultry, all kinds.. $.........	248. Other grains.. $.........	252. All other farm products... $.........

Co-operative purchasing of farm supplies, in 1930:
253. Value of supplies bought from or through a farmers' co-operative organization $...............
254. Specify articles bought...

SITE DE LA FERME

Province.....................Dist. élect......................
Municipalité...
(Si c'est un district d'amélioration, en donner le numéro)
Sous-district d'énumération N°.............................

Prov. des prairies seulement

Sec.........Tp.........R.............M.........
Sec.........Tp.....,....R............M.........
Sec.........Tp.......,..R............,M.........
Sec.........Tp.......,..R.............M.........
(Employer une ligne séparée pour chaque section ou partie de section)

RECENSEMENT AGRICOLE

FORMULE AGRICOLE GÉNÉRALE

BUREAU FÉDÉRAL DE LA STATISTIQUE

R. H. COATS, Statisticien du Dominion

SEPTIÈME RECENSEMENT DU CANADA, 1931

1. **Il doit être répondu à toutes les questions.** Même s'il est impossible de fournir un renseignement avec exactitude, il faut donner une réponse. Il faut insister pour obtenir les informations les plus précises possible. S'il est tenu un registre ou des comptes, il faut y puiser les informations. Dans le cas contraire les estimations doivent être faites avec le plus grand soin.

2. **Exploitant de ferme.** Toutes les réponses portées sur cette formule doivent se rapporter à la ferme occupée le premier juin 1931 par la personne dont le nom apparaît à la question N° 1, que l'on appelle "exploitant de ferme". Le terme "exploitant de ferme" est employé dans le recensement pour désigner la personne qui travaille personnellement

la ferme, soit comme propriété...
Rappelez-vous que les fermes de...
réellement les opérations agrico...

3. **Définition de ferme.** Considérez...
qui a produit en 1930 une récol...
culture ou en pâturage en 1931.

4. **Ferme exploitée** s'applique uniqu...
située le 1er juin 1931 dans les...
me ne comprend pas la terre dé...

EXPLOITANT DE FERME, 1er juin 1931

1. Nom..
2. Adresse postale...Age...............
3. Lieu de naissance..
4. Durée de la résidence au Canada (s'il n'y est pas né)......................année
5. Combien de temps avez-vous travaillé sur une ferme?
   (a) comme propriétaire............années (b) comme locataire............années
6. Depuis combien de temps exploitez-vous cette ferme?............années............mois

TRAVAILLEURS DE LA FERME, 1930

7. Nombre de personnes de 14 ans ou plus employées en permanence sur cette ferme, l'exploitant compris: (sans compter les travaux ménagers)
   (a) Membres de la famille (y compris l'exploitant), H.......F...... (b) Engagés, no...........
8. Hommes engagés **temporairement** sur cette ferme pour les récoltes de 1930? (sans compter le service domestique) H............F...........

POPULATION DE LA FERME, 1931

9. Nombre de personnes, tous âges, vivant sur cette ferme le 1er juin 1931? H.......F...........
10. Combien de personnes ont quitté cette ferme dans les derniers douze mois, pour vivre **en permanence** dans une cité, ville ou village? H............F...........
11. Combien de personnes qui vivaient d'abord dans une cité, ville ou village sont venues dans les derniers douze mois, vivre **en permanence** sur cette ferme? H.......F...........

SUPERFICIE ET TENURE DE LA FERME, 1er juin 1931

12. Superficie totale de la ferme en acres ....
    (Donnez les terres exploitées par la ou les personnes désignées dans la question 1, y compris lots ou terrains détachés, pâturages et terre boisée situés dans votre sous-district d'énumération).
13. De combien d'acres de cette ferme êtes-vous? (a) **propriétaire**.......(b) **locataire**.........
14. Combien d'acres louées sont défrichées?..............................
15. Combien de loyer payez-vous par année? $..................
    (Si le loyer est payé en nature, en donner la valeur en argent)
16. Etes-vous de moitié, ou dit tout autre partage?..................
    (Répondre oui ou non. Si la réponse est (oui), indiquer la part payée, ⅓, ¼, ⅕, etc.)
17. Exploitez-vous cette ferme comme **gérant?** (Répondre, oui ou non)..................

ÉTAT DE LA TERRE

18. Acres de terre défrichée sur cette ferme en 1931.......................... ac...........
    (Donner toute la terre en culture et maintenant labourable, y compris les vergers, les jardins et la terre occupée par les bâtiments)

RÉCOLTES

:
....
. Orge...............
. Avoine...............
. :..............
....

19. Acres de terre boisée sur cette ferme en 1931................................... ac...........
   (Donner la terre en forêt naturelle ou arbres plantés et qui maintenant ou plus tard fourniront du bois)
20. Prairie non défoncée ou pâturage naturel sur cette ferme en 1931........ .... ac...........
21. Acres en marécage ou autre terrain improductif sur cette ferme................. .. ac...........
   NOTE.—L'addition de 18, 19, 20 et 21 doit donner le même chiffre que la réponse 12.
22. Nombre d'arbres forestiers plantés et poussant sur cette terre en 1931.......... no..........
23. Combien d'acres défrichées seront en pâturage en 1931?........................ ac...........
24. Combien d'acres de terre défrichée seront en jachère durant l'été de 1931?... ac...........
   (La terre mentionnée à 23 ne doit pas paraître à 24)
25. Combien y avait-il d'acres de terre défrichée sur cette ferme en 1930?.......... ac:..........
26. Combien d'acres de terre défrichée étaient en pâturage en 1930?.............. ac...........
27. Combien d'acres de terre défrichée ont été en jachère d'été en 1930?............ ac...........
   (La terre mentionnée à 26 ne doit pas paraître à 27)

VALEUR DE LA FERME, 1er juin 1931
28. Valeur totale de cette ferme (terrain et bâtiments)................................. $............
   (Donner le prix auquel la ferme pourrait être vendue dans des conditions ordinaires)
29. Valeur de tous les bâtiments figurant dans 28.................................... $............
   (Dans le cas d'institutions, ne donner que la valeur des bâtiments annexés à la ferme)
30. Valeur de l'outillage et de la machinerie agricole................................ $............
   (Comprenant batteuses, engins, moteurs, automobiles, instruments, machines, outils, voitures, camions, harnais, outillage pour la fabrication du beurre et du fromage, etc.)

HYPOTHÈQUES DE LA FERME, 1er juin 1931
31. Total des hypothèques sur cette ferme, au 1er juin 1931 $................. Intérêts payés en 1930 $.............(S'il n'y a pas d'hypothèque, marquez "aucune". Cette réponse ne concerne que les propriétaires)

DÉPENSES DE CETTE FERME EN 1930
32. Dépenses en 1930 pour foin, grain, issues de meunerie, etc., (non produits sur cette ferme) ayant servi à la nourriture des bestiaux et des volailles... $............
33. Montant dépensé en 1930 pour engrais chimiques................................ $............
34. Montant dépensé en 1930 pour vaporisations chimiques......................... $............
35. Montant dépensé en 1930 pour grains et graines de semence.................... $............
36. Montant dépensé pour éclairage ou énergie électrique en 1930.................. $............
37. Taxes payées ou dues sur terrain et bâtiments de cette ferme en 1930.......... $............
   (Ne comprend pas l'impôt sur le revenu ni la taxe de capitation)
38. Gages payés pour main-d'œuvre agricole (travaux ménagers non compris). $............
39. Nombre de semaines de travail par la main-d'œuvre engagée, tous âges, en 1930 (travaux ménagers non compris).. semaines......
40. Valeur estimative du logement et de la pension de la main-d'œuvre agricole engagée en 1930.. $............
   (Travaux ménagers non compris)

FACILITÉS DE LA FERME, 1er juin 1931
41. Quelle est la sorte de chemin conduisant à cette ferme?..........................
   (Asphalte, béton, macadam, gravier, en terre améliorée ou non améliorée)
42. Distance en milles (a) de la ville la plus rapprochée ayant un marché...............
   (b) de la station de chemin de fer..
43. Donner le nombre possédé de: (a) Batteuses.........(b) Tracteurs......(o) Automobiles......
   (d) Camions automobiles.................(e) Combines...............(f) Lieuses...............
   (g) Etêteuses...........(h) Trayeuses.........(i) Ecrémeuses.,......(j) Silos.............
   (k) Moteurs à gazoline (fixes).........(l) Moteurs électriques (pour usage général seulement)...................
44. Cette ferme-a-t-elle de l'eau courante?
   (a) dans la cuisine?...............(b) dans la chambre de bain?......................
45. Cette ferme a-t-elle un téléphone?.................. 46. Un radio?.....................
47. L'éclairage à l'électricité?.................. 48. Le gaz?.........................
   (Répondre aux questions 44 à 48 par oui ou non)

:
....
....
e..................
....
....
....
. .
....
fourragères...............

Autres grandes cultures:

81. Tabac.................................
82. Houblon..............................
83. Lin fibreux...........................
84. Chanvre..............................
85. Autres cultures (Les nommer)......

106. Ce
107. No

Tr

es (y compris oignons, tomates, pois
pour consommation sur la ferme
.... $............

Quantité 2	Unité de mesure 3	Valeur 4	Acres ou fraction d'acre semées en 1931 5
....	....	$............	....
....	....	$............	....
....	....	$............	....
....	....	$............	....
....	....	$............	....
....	....	$............	....
....	....	$............	....
....	....	$............	....
....	....	$............	....
....	....	$............	....
....	....	$............	....
....	....	$............	....

	Nombre d'arbres, 1er juin 1931	
Valeur	Ne rapportant pas	D'âge à rapporter
$............	....	....
$............	....	....
$............	....	....
$............	....	....
$............	....	....
$............	....	....

....................................acres

	0	Acres ou fraction d'acre en culture en 1931
Quantité	Valeur	
pintes........	$............	....
pintes........	$............	....
pintes........	$............	....
pintes........	$............	....
pintes........	$............	....
pintes........	$............	....
pintes........	$............	....

171 **Lait produit en** : ....

Comp

		Quantité	Valeur
173.	:	liv............	$............
174.		liv............	$............
175.	....	gal............	$............
176.	....	liv............	$............
177.	....	liv............	$............
178.	....	liv............	$............

Moutons et agneaux, 1er juin 1931:

	Nombre	Valeur
179. Agneaux au-dessous d'un an............		$............
180. Brebis d'un an et plus............		$............
181. Béliers d'un an et plus (pour la reproduction)............		$............
182. Moutons d'un an et plus............		$............

Tonte de la laine en 1930:

183. Nombre de moutons tondus en 1930............	nomb............	x x x x
184. Poids et valeur des toisons en 1930 **(laine non lavée)**............	liv............	$............

185. **Chèvres, 1er juin 1931:** (tous âges) nomb............ Valeur $............

Porcs, 1er juin 1931:

	Nombre	Valeur
186. Porcelets au-dessous de six mois............		$............
187. Truies pour la reproduction, 6 mois et plus............		$............
188. Verrats pour la reproduction, 6 mois et plus............		$............
189. Tous autres porcs de 6 mois et plus............		$............

Volailles, 1er juin 1931:

	Nombre	Valeur		Nombre	Valeur
190. Poules, adultes............	....	$............	193. Canards et canetons............		$............
191. Poulets couvés en 1931............	....	$............	194. Oies, tous âges............		$............
192. Dindons, tous âges............	....	$	195. Autres volailles (Les nommer).		$............

	Quantité	Valeur
ule ven-	douz............	x x x x
....	douz............	$............
....	nomb............	$............

	Quantité	Valeur
199. Ruches d'abeilles au 1er juin 1931............	nomb............	$............
200. Miel produit en 1930............	liv............	$............
201. Cire produite en 1930............	liv............	$............

ter, No........D'âge à rapporter, No...........
n 1930),...................livres...............
1.......................acres.

	Nombre	Valeur			Nombre	Valeur
206. Bêtes à cornes (Autres que veaux)............				210. Poules et poulets....		$.....
207. Veaux.........				211. Dindons............		$
208. Moutons et agneaux..				212. Oies........		$
209. Porcs..........				213. Canards...........		$

	Nombre	Valeur			N mbre	Valeur
		$		221. Porcs...........		$
		$		222. Poules, adultes.......		$
		$		223. Poussins de 1930.....		$
		$		224. Dindes, tous âges....		$
		$		225. Oies, tous âges....		$
		$		226. Canards, tous âges...		$
		$		227. Autres........		$

Employés sur la ferme — Vendus

Quantité	Valeur	Quantité	Valeur
ordes.....	$......	cordes......	$......
ordes.....	$......	cordes......	$
omb.....	$......	nomb......	$
omb.....	$	nomb......	$
x x x x x	x x x	nomb......	$
x x x x x	x x x	nomb......	$
x x x x x	x x x	cordes......	$
. pds.....	$	M. pds....	$
	$		$

Animaux achetés par l'exploitant de cette ferme en 1930:

(Ne comprend pas les achats par les bouviers et les trafiquants)

Du nombre acheté en 1930, combien

	Nombre acheté en 1930	Vendus vivants en 1930	Abattus sur la ferme en 1930	Sur la ferme le 1er juin 1931
	1	2	3	4
228. Chevaux.........			x x x	
229. Bouvillons.......				
230. Vaches et génisses.......				
231. Veaux.......				
232. Moutons et agneaux......				
233. Porcs (nés en 1930)......				

Animaux de pur sang, 1er juin 1931: (Donner le nombre et la race de tous les animaux de cette ferme qui sont enregistrés ou susceptibles de l'être. Tous les animaux énumérés ici doivent être compris dans les réponses des questions 158 à 190)

	Race	Nombre
234. Juments et pouliches.......		
235. Étalons et poulains.......		
236. Vaches et génisses (tous âges)........		
237. Taureaux et veaux mâles.......		
238. Moutons et agneaux.......		
239. Porcs.......		
240. Poules.......		

Ventes coopératives en 1930: (Ne comprend que les produits de cette ferme vendus à une association de fermiers ou par son intermédiaire)

241. Œufs............	$........	245. Bêtes à cornes	$..........		$......
242. Laine............	$........	246. Porcs.........	$..........		$
243. Moutons et agneaux......	$........	247. Blé.......			$
244. Volailles de toutes sortes......	$........				

TE FERME, 1er JUIN 1931, ET PRO-UX EN 1930

	Nombre	Valeur
as de deux ans...........		$
....		$
tion)..............		$

1931:

	Nombre	Valeur
....		$
tion ou en gestation..		$
tation ni en gestation..		$
x ans........		$
....		$

CENSUS OF AGRICULTURE

DOMINION BUREAU OF STATISTICS

R. H. COATS, DOMINION STATISTICIAN

SEVENTH CENSUS OF CANADA, 1931

ENUMERATOR'S RECORD

Number of this farm in regular order of visitation...

Enumerated this...........................,.................day of..............................,............................1931

Signed..Enumerator

Checked by...Commissioner

The information required on this schedule has reference only to **"vacant farms"** and **"abandoned farms"**, that is to parcels of land, part or all of which had been brought under the plough and cropped but are now unoccupied; in the Prairie Provinces it refers to farms upon which a certain amount of breaking was done and crops grown, and in the other provinces to farms, part or all of which had been cleared of trees and stumps and cropped but are now either "vacant" or "abandoned."

VACANT FARMS.—A **"vacant"** farm is one which is unoccupied at the date of the Census and on which a crop of any kind was not harvested in 1930 nor is under crops of any kind in 1931. If, however, the farm is enclosed and used for pasture it should not be classed as a **vacant farm** but should be enumerated on the regular farm schedule as an **"occupied farm."** Great care should be taken to report all farms properly, whether as **"Occupied farms"; "Vacant farms" or "Abandoned farms."**

ABANDONED FARMS.—An **"abandoned"** farm is one which has been unoccupied during the last several years, is in arrears for taxes, and has to all appearances been deserted by the owner. If however, taxes have been paid, the farm should be classed as a **"vacant farm"** and not as an **"abandoned farm."** The payment of taxes indicating that the owner has not *deserted* the farm but intends to reoccupy it at a later date. The enumerator should make careful inquiry on this point so that the farm may be properly classified either as an **abandoned farm** or as a **vacant farm.**

Information to reply to inquiries on this schedule may be obtained from farmers living in the vicinity of the unoccupied farm. It would be advisable for the enumerator, before starting the census of his area, to consult the local assessor's office and obtain a list of all farms which fall under the categories to be enumerated on this schedule, particularly as regards sections 1, 2, 3 and 4. An estimate of acreage of improved land and of the value of the farm may probably be correctly obtained from the occupiers of neighbouring farms.

1. L

Province...

Municipality..
(If Improvement District g

Name of farmer living next to this fa

5. FAR

Total value of this farm including bui
(Give the amount for which it is

Value of all buildings included above

6. FARM

What kind of road adjoins this farm?
(Indicate whether asphalt, concre

Distance to nearest market town......

Distance to nearest R.R. Station......

Principal reasons why farmer has left
(To ans

....

....

....

RECENSEMENT DE L'AGRICULTURE

BUREAU FÉDÉRAL DE LA STATISTIQUE

R. H. COATS, statisticien du Dominion

SEPTIÈME RECENSEMENT DU CANADA, 1931

ANNOTATIONS DE L'ÉNUMÉRATEUR

Numéro de la ferme dans l'ordre régulier des visites...

Enumérée ce..jour d...1931

Signé...Enumérateur

Visé par...Commissaire

Les informations en réponse à ce questionnaire ne couvrent que les fermes "**inoccupées**" et les fermes "**abandonnées**", c'est-à-dire toute parcelle de terre qui, en tout ou en partie, a déjà été labourée ou cultivée mais qui est maintenant inoccupée; dans les Provinces des Prairies, elles couvrent les fermes sur lesquelles une certaine proportion a été **défoncée** et cultivée, et dans les autres provinces, les fermes qui, en tout ou en partie, ont été **déboisées, essouchées et cultivées**, mais qui sont maintenant "inoccupées" ou "abandonnées."

FERMES INOCCUPÉES.—Une ferme est "**inoccupée**" quand, à la date du Recensement, elle n'a pas d'occupant, n'a donné aucune récolte en 1930 et n'est sous aucune culture en 1931. Cependant, si la ferme est clôturée et sert au pâturage elle ne doit pas être classifiée comme "**ferme inoccupée**", mais doit plutôt être énumérée sur la formule régulière comme une "**ferme occupée**". Il faut distinguer très soigneusement entre une "**ferme occupée**", une "**ferme inoccupée**" et une "**ferme abandonnée**".

FERMES ABANDONNÉES.—Par "**ferme abandonnée**" il faut comprendre une ferme inoccupée depuis quelques années, dont les taxes sont en souffrance, et qui a toutes les apparences d'être désertée par son propriétaire. Cependant, si les taxes ont été payées, elle doit être classifiée comme "**ferme inoccupée**" et non comme "**ferme abandonnée**". Le paiement des taxes est une indication que le propriétaire n'a pas "**déserté**" la ferme mais qu'il a l'intention de l'occuper plus tard. L'énumérateur doit s'enquérir soigneusement de ce détail afin que la ferme soit proprement classifiée comme "**inoccupée**" ou "**abandonnée**".

Les informations répondant au présent questionnaire peuvent être obtenues des fermiers vivant dans les voisinage de la ferme inoccupée. Il serait sage pour l'énumérateur, avant de commencer ses visites, de consulter le bureau local des cotiseurs et d'obtenir la liste de toutes les fermes tombant dans une des catégories couvertes par la présente formule, particulièrement en ce qui concerne les sections 1, 2, 3 et 4. Les occupants des fermes du voisinage sont probablement en état de donner des informations assez exactes sur la superficie défrichée et sur la valeur de la ferme.

1. SITUA

Province...

Municipalité...
(Si district d'amélioration en dor

Nom du fermier voisin de cette ferme..

6. FACILITÉS

Quelles sortes de routes mènent à cette
(Dire si c'est une route en asp

Distance de la ville la plus rapprochée

Distance de la station de chemin de fer

Principales raisons pour lesquelles le pro
(Les informations en réponse à ce

....

....

....

FORM 7

DOMINION BUREAU OF STATISTICS

Seventh Census of Canada, 1931

ANIMALS, ANIMAL PRODUCTS, FRUITS, ETC., NOT ON FARMS

Province..................................Electoral District.......................... {Enumeration Subdistrict }
(Write name and number) {Sous-District de Recensement}
(Écrire le nom et le numéro)

....

Page and line of "Population Schedule" on which owner or occupier is enumerated.	NAME of occupier, owner, manager or other person in charge.	HORSES, JUNE 1, 1931 (Include all horses)			
		Colts under 1 year.	Colts and fillies 1 year old and under 2 years of age.	Mares 2 years old and over.	All other horses.
Page.	Line.		Number.	Number.	Number.	Number.
Page et ligne du tableau de population sur lequel le **propriétaire** ou occupant est inscrit.	NOM de l'occupant, propriétaire, gérant ou exploitant à un titre quelconque.	CHEVAUX, 1er JUIN 1931 (Comprend tous les chevaux)			
		Poulains de moins de 1 an.	Poulains et pouliches entre 1 an et 2 ans.	Juments de 2 ans et plus.	Tous autres chevaux.
Page.	Ligne.		Nombre.	Nombre.	Nombre.	Nombre.
1	2	3	4	5	6	7

	MULES	CATTLE, JUNE 1, 1931 (Include all cattle)					SWINE	POULTRY ON HAND, JUNE 1, 1931	
Total value of all horses.	Mules all ages.	Calves under 1 year.	Heifers 1 year old and under 2 years of age.	Cows and heifers 2 years old and over, not in milk or in calf.	Cows and heifers 2 years old and over, in milk or in calf.	All other cattle.	Hogs and pigs on hand June 1, 1931.	Hens, (old stock), 4 months old and over.	Chickens hatched in 1931 and on hand June 1, 1931.	Other fowl. Write name.
	Number.	Number.	Number.	Number.	Number.	Number.	Number.	Number.	Number.	Number.
	MULETS	BÊTES À CORNES, 1er JUIN 1931 (Comprend toutes les bêtes à cornes)					PORCS	VOLAILLES À LA BASSE-COUR, 1er JUIN 1931	
Valeur totale des chevaux.	Mulets et mules de tout âge.	Veaux de moins de 1 an.	Génisses entre 1 an et 2 ans.	Vaches et génisses de 2 ans et plus, ni en lactation ni en gestation	Vaches et génisses de 2 ans et plus en lactation ou en gestation	Toutes autres bêtes à cornes.	Porcs et pourceaux au 1er juin 1931.	Poules (adultes) et poulets de 4 mois et plus.	Poussins nés en 1931 et en mains au 1er juin 1931.	Autres volailles (Les nommer)
$	Nombre.	Nombre.	Nombre.	Nombre.	Nombre.	Nombre.	Nombre.	Nombre.	Nombre.	Nombre.
8	9	10	11	12	13	14	15	16	17	18

BEES, JUNE 1, 1931		ANIMAL PRODUCTS, 1930 (Do not include articles purchased)						PURE-BRED ANIMALS REGISTERED OR ELIGIBLE FOR REGISTRATION ON JUNE 1, 1931 (Included in Columns 4 to 18)	
								Horses	
Hives owned and kept on this plot.	Hives owned but kept elsewhere.	Cows milked in 1930.	Total Milk produced in 1930.	Home-made Butter produced in 1930.	Eggs produced in 1930.	Honey produced in 1930.	Wax produced in 1930.	Number.	Breed.
Number.	Number.	Number.	Gallons.	Pounds.	Dozen.	Pounds.	Pounds.		
ABEILLES, 1er JUIN 1931		PRODUITS ANIMAUX EN 1930 (À l'exclusion de ceux achetés)						ANIMAUX DE RACE PURE ENREGISTRÉS OU SUSCEPTIBLES DE L'ÊTRE AU 1er JUIN 1931 (Compris dans les colonnes 4 à 18)	
								Chevaux	
Ruches en mains gardées sur ce lopin de terre.	Ruches en mains gardées ailleurs.	Vaches traites en 1930.	Total du lait produit en 1930.	Beurre fait à domicile en 1930	Œufs produits en 1930.	Miel produit en 1930.	Cire produite en 1930.	Nombre.	Race
Nombre.	Nombre.	Nombre.	Gallons.	Livres.	Douz.	Livres.	Livres.		
19	20	21	22	23	24	25	26	27	28

BUREAU FÉDÉRAL DE LA STATISTIQUE   **FORMULE 3**

SEPTIÈME RECENSEMENT DU CANADA, 1931

ANIMAUX ET LEURS PRODUITS, FRUITS, ETC., NON DANS LES FERMES

No................................(in Municipality of)
　　　　　　　　　　　　　　 (dans la municipalité de) (Insert name and state whether city, town, village or rural municipality.)
(Enumerator
(Recenseur
　　　　　　　　　　　　　　　　　　　　(Écrire le nom et spécifier si c'est une cité, une ville, un village ou une municipalité rurale.)

PURE-BRED ANIMALS REGISTERED OR ELIGIBLE FOR REGISTRATION ON JUNE 1, 1931 (Included in Columns 4 to 18)				GARDENS AND HOTHOUSES		
Cattle		Poultry		Square feet under glass June 1, 1931. Number.	Value of vegetables and vegetable plants produced in 1930. $	Value of flowers and flowering plants sold in 1930. $
Number.	Breed.	Number.	Breed.			

ANIMAUX DE RACE PURE ENREGISTRÉS OU SUSCEPTIBLES DE L'ÊTRE AU 1er JUIN 1931 (Compris dans les colonnes 4 à 18)				JARDINS ET SERRES		
Bêtes à cornes		Volailles.		Superficie sous verre, en pieds carrés au 1er juin 1931. Nombre.	Valeur des légumes et plantes potagères produits en 1930. $	Valeur des fleurs et plantes de fleurs vendus en 1930. $
Nombre.	Race.	Nombre.	Race.			
29	30	31	32	33	34	35

FRUIT TREES IN 1931 AND FRUIT IN 1930
(Report all trees under each class whether bearing or not bearing)

Apples		Peaches		Pears		Plums	
Trees in 1931.	Fruit produced in 1930.	Trees in 1931.	Fruit produced in 1930.	Trees in 1931.	Fruit produced in 1930.	Trees in 1931.	Fruit produced in 1930.
Number.	Bushels.	Number.	Bushels.	Number.	Bushels.	Number.	Bushels.

ARBRES FRUITIERS EN 1931 ET FRUITS EN 1930
(Énumérer tous les arbres fruitiers par espèces, en rapport ou non)

Pommes		Pêches		Poires		Prunes	
Pommiers en 1931.	Fruits produits en 1930.	Pêchers en 1931.	Fruits produits en 1930.	Poiriers en 1931.	Fruits produits en 1930.	Pruniers en 1931.	Fruits produits en 1930.
Nombre.	Boiss.	Nombre.	Boiss.	Nombre.	Boiss.	Nombre.	Boiss.
36	37	38	39	40	41	42	43

FRUIT TREES IN 1931 AND FRUIT IN 1930
(Report all trees under each class whether bearing or not bearing)

GRAPES AND SMALL FRUITS PRODUCED IN 1930

Cherries		Other Fruit		Grapes.	Strawberries.	Raspberries.	Currants and gooseberries.	Other small fruit (state kind).
Trees in 1931.	Fruit produced in 1930.	Trees in 1931.	Fruit produced in 1930.					
Number.	Bushels.	Number.	Bushels.	Pounds.	Boxes.	Boxes.	Quarts.	Quarts.

ARBRES FRUITIERS EN 1931 ET FRUITS EN 1930
(Énumérer tous les arbres fruitiers par espèces, en rapport ou non)

RAISINS ET PETITS FRUITS PRODUITS EN 1930

Cerises		Autres fruits		Raisins.	Fraises.	Framboises.	Cassis et groseilles de toutes sortes.	Autres petits fruits (Les nommer).
Cerisiers en 1931.	Fruits produits en 1930.	Arbres en 1931.	Fruits produits en 1930.					
Nombre.	Boiss.	Nombre.	Boiss.	Livres.	Boîtes.	Boîtes.	Pintes.	Pintes.
44	45	46	47	48	49	50	51	52

CPSIA information can be obtained
at www.ICGtesting.com
Printed in the USA
LVOW13s1613160518
577402LV00031B/764/P